湿热地区耐久性水泥混凝土路面铺筑技术

The Paving Technology of Durable Cement Concrete Pavement in Hot Wet Area

熊剑平　邓家喜　等　著

人民交通出版社股份有限公司
China Communications Press Co.,Ltd.

内 容 提 要

本书在总结大量湿热地区水泥路面铺筑关键技术多年应用的基础上，分析了普通水泥路面技术在湿热地区可持续性发展中面临的挑战、机遇和发展方向，并通过对大量工程实体检测和长期观测结果的研究分析，对相关技术成果进行了改良、提升和实体工程实践完善，提出了较为系统的湿热地区耐久性水泥混凝土路面铺筑技术。

本书内容丰富，系统全面，可供从事道路工程研究、设计、施工人员及大专院校相关专业师生学习参考。

图书在版编目(CIP)数据

湿热地区耐久性水泥混凝土路面铺筑技术 / 熊剑平等著. — 北京 ：人民交通出版社股份有限公司，2016.4

ISBN 978-7-114-13066-3

Ⅰ. ①湿…　Ⅱ. ①熊…　Ⅲ. ①湿热区—耐用性—水泥混凝土路面—路面施工　Ⅳ. ①U416.216

中国版本图书馆 CIP 数据核字(2016)第 121606 号

书　　名：湿热地区耐久性水泥混凝土路面铺筑技术
著 作 者：熊剑平　邓家喜　等
责任编辑：丁润铎　钱　堃
出版发行：人民交通出版社股份有限公司
地　　址：(100011)北京市朝阳区安定门外外馆斜街 3 号
网　　址：http://www.ccpress.com.cn
销售电话：(010) 59757973
总 经 销：人民交通出版社股份有限公司发行部
经　　销：各地新华书店
印　　刷：北京市密东印刷有限公司
开　　本：720×960　1/16
印　　张：18
字　　数：317 千
版　　次：2016 年 4 月　第 1 版
印　　次：2016 年 4 月　第 1 次印刷
书　　号：ISBN 978-7-114-13066-3
定　　价：55.00 元

前　言

广西壮族自治区（以下简称广西）作为典型的湿热地区之一，是我国在高等级公路建设中水泥路面里程最多的省份。本书在总结广西等湿热地区水泥路面铺筑关键技术多年应用的基础上，分析了普通水泥路面技术（设接缝有传力杆或无传力杆的无配筋普通水泥混凝土路面）在湿热地区可持续性发展中面临的挑战、机遇和发展方向，并通过对大量工程实体检测和长期观测结果的研究分析，对相关技术成果进行了改良、提升，依托实体工程予以完善，提出了较为系统的湿热地区水泥路面耐久性提升技术。

在经典的水泥路面建模设计中，通常假定路面板置于连续、完好、完整的基础上，面层与基层、路面结构与路基之间均为连续紧密接触状态，路面各结构层内部均匀、各向同性且无缺陷，并同时在标准荷载作用下运营。但水泥路面的实际工作状态与理想建模工作状态相差较大，主要表现在以下方面：

1. 路基的工后差异沉降导致路面结构和路基之间出现显著脱空

湿热地区由于气候炎热多雨，部分路段因填料来源限制而使用各种不良土质填筑路基，填方路基的基底、边部与中部间、填挖交接处、路基与结构物交接处等部位会出现明显的工后差异沉降量，从而导致路面结构与路基之间出现显著的脱空。

2. 层间水的冲刷和溶蚀、温度变形差等作用导致基层和路面板之间出现显著脱空

雨水会从普通水泥路面的接缝或裂缝处下渗至路面板与基层层间，并在车辆动荷载的反复压力作用下形成高速运动的层间水，产生冲刷和溶蚀作用，导致路面板和基层之间出现显著的冲刷溶蚀类脱空；当基层刚度较高和外界温度明显降低时，整体性的基层和路面板之间由于温度变形差异，会存

在较为显著的温度翘曲类脱空。

3. 施工条件变化导致路面混凝土内部存在显著的施工变异性

由于现场施工条件(环境气候条件,路面混凝土的原材料质量、搅拌和运输及摊铺条件、摊铺密实与成型工艺等)与试验室试件制备的标准条件不同,导致路面混凝土的施工性能与设计目标之间存在较大的变异性,形成外分层和内分层质量变异现象,同时平整度和抗滑等表面功能也无法满足设计要求。

4. 重载和超载导致路面板的损坏速度远远高于标准荷载条件

超载和重载车辆在我国公路运营车辆中已占有一定比率,会导致路面板的疲劳开裂寿命成倍降低,特别是当路面板和基层、路面结构与路基之间出现脱空时,路面板极易出现断裂、断角或错台等严重病害。

本书对上述四种影响因素进行了系统的分析研究,相应提出了针对缓解路基差异沉降变形影响采用的路床稳定性技术和粒料变形协调层技术,针对减小基层与路面板之间的冲刷溶蚀脱空和温度翘曲脱空影响程度所采取的基层与功能层组合技术,针对抵御重载和多雨环境影响的面层结构尺寸设计与接缝设计技术和路面综合排水技术,针对降低路面混凝土施工变异性的水泥路面施工变异性控制技术。上述技术被集成再创新并融合为"哑铃式"路面结构设置与施工技术,并已在多个实体工程中得到不同程度的应用,表现出了较传统水泥路面铺筑技术更为优越的使用性能和经济社会效益。此外,本书针对如何缓解或克服传统水泥路面存在的缺陷和不足,介绍了几种水泥路面养护和性能提升技术。

本书是编写组成员多年研究和工程实践的总结,也是对近年来湿热地区水泥路面技术应用经验和教训的回顾和反思,集成了包括国家西部交通建设科技项目"水泥混凝土路面施工变异性及控制技术研究"(项目编号:2007 318 22301-5)、"道路水泥混凝土组成设计研究"(项目编号:2005 318 812 02)、"水泥混凝土路面基层长期性能研究"(项目编号:2006 318 000 05)和广西交通科技项目"耐久性路面实用技术"(项目编号:桂交综合发[2008]75

号）等多个省部级交通科技项目成果。"哑铃式"路面技术通过在多个实体工程中不同程度的应用实践和不断完善下，已成为较为系统的指导湿热地区水泥路面建设的实用性技术体系，相关技术成果获得了2014年广西科技进步二等奖。

本书是在广西道路结构与材料重点实验室的支持资助下编写的，主要人员编写分工如下：第1章、第3章、第5章、第7章、第8章由熊剑平、邓家喜、王浩、李平编写；第2章、第4章、第6章、第9章由梁军林、熊剑平、王浩、张红波、谭华、岳爱军、李平编写；全书由熊剑平负责规划和统稿，邓家喜、王浩进行审稿和校正。本书在编写过程中得到了交通运输部公路科学研究院田波研究员的指导和帮助，中国公路学会原副理事长顾敏浩教授在本书编写过程中给予了很多意见和建议，在此一并感谢。书中不足之处在所难免，请广大专家和读者提出宝贵意见。

作　者

2016年4月

目　录

第1章　国外水泥路面技术的发展与现状

1.1　水泥路面的使用状况

西方国家倾向于在交通量繁重的路段修建水泥路面，水泥路面在高速公路网中占有一定比率。美国和德国多使用无配筋带传力杆的普通水泥混凝土路面（以下简称 JPCP），荷兰、比利时和法国则有采用连续配筋路面（以下简称 CRCP）的传统。在欧洲，水泥路面被视为长寿命路面，设计寿命一般为 25 ~ 30 年，实际使用寿命一般会更长，如图 1-1 和图 1-2 所示比利时两条寿命超过 50 年的道路，其中图 1-1 为比利时 1925 年铺筑的第一条水泥路面道路——洛林大道，使用至 2003 年才进行罩面。

图 1-1　比利时第一条水泥路面——洛林大道

注：图片为未罩面前影像。

欧洲在 20 世纪后半期已完成了大规模的基础性建设，近年来在水泥路面建设方面主要是加铺改造，大多数是在旧水泥路面上采用沥青罩面，也有部分采用普通水泥混凝土或者配筋混凝土罩面，如图 1-3 和图 1-4 所示。

图 1-2　比利时第一条水泥混凝土罩面路面

注:图片拍摄于 2006 年，此时该路面已服务 45 年。

图 1-3　英格兰采用薄层沥青罩面加铺旧水泥路面

图 1-4　比利时在 E40/A10 公路旧水泥路面上加铺连续配筋混凝土罩面

水泥路面在美国同样被认为能够有效承受重载作用，因此在城市附近的州际公路中铺筑了更多的水泥路面，且使用寿命大多可超过设计期限，如图1-5所示。1991年FHWA调查发现，很多路面实际承载了相当于设计两倍的交通量。

a)华盛顿的I-5公路

b)加利福利亚的I-10公路

图1-5　美国两条长寿命水泥路面

注：图片拍摄时两条公路已分别使用33年和51年。

1.2　路面结构设置

1.2.1　典型结构

美国在20世纪50～70年代的交通大发展时期修筑的公路水泥路面典型结构形式如表1-1所示。

美国交通大发展时期的公路水泥路面典型结构　　表1-1

修筑时期	垫层类型/厚度	基层类型/厚度	面板类型/厚度
1970年	粒料垫层（碎石和砂砾为主）/(20～40cm)	CTB/(10～15cm)	变横缝间距(3～4.5m)普通混凝土面板/(22～28cm)
1960年	部分未设；部分采用砂砾垫层/(30cm以上)	CTB/(10～15cm)；碎石/(15cm以上)	等(变)横缝间距(3.5～6m)普通混凝土面板/(22～30cm)
1950年及以前	砂砾或碎卵石垫层/(30～60cm)	CTB/(7.5～15cm)	等(变)横缝间距(3～5m)普通混凝土面板/(20～25cm)

注：CTB：水泥稳定基层。

在20世纪70年代后，鉴于欧洲的轴载较美国更重，但水泥路面的使用性能更为良好，由FHWA、美国各州公路与交通运输协会（AASHTO）、美国国家高速公路研究合作计划（NCHRP）三方合作，以吸收各国先进实践经验提高美国水泥路面铺筑技术水平为目的，从1990年开始先后派出了70个参观队伍，对欧洲、南非和加拿大的水泥路面设计与施工技术进行了详细考察，相关研究报告提供了欧洲使用最广泛的两类重载水泥路面——带传力杆普通混凝土路面(JPCP)和连续配筋混凝土路面(CRCP)的结构形式，如表1-2所示。

西方部分国家重载水泥路面典型结构　　表1-2

国家	面板类型(厚度)	面板长度	基层(厚度)	垫层(厚度)
法国	CRCP(17～25cm)	—	LCB/CTB(12～22cm)	未明确
	JPCP(22～28cm)	4～5.5m	LCB(12～22cm)	未明确
奥地利	JPCP(25cm)	5.5～6m	5cm厚AC功能层+20cm	按所需的最小承受力设置
德国	JPCP(26～30cm)	5m	CTB/LCB(15～25cm)	粒料层(30～60cm)
	JPCP(26～30cm)	4～5m	10cm沥青稳定基层	粒料层(30～60cm)
	JPCP (30cm)	4～5m	30cm碎石基层	粒料层(30～60cm)
荷兰	CRCP(26～28cm)	—	20cm LCB	40cm厚砂垫层
比利时	CRCP(23cm)	—	6cm AC+20cm LCB	粒料层(>20cm)
	JPCP(25cm)	5～6m	6cm AC+20cm LCB	粒料层(>20cm)
加拿大	JPCP(25～32cm)	4～6m	15cm粒料基层	考虑抗冻厚度
	CRCP(27～29cm)	—		
南非	JPCP(23cm)	4.5m	CTB(150mm)	天然砂砾(2×150mm，G10/1 200mm)
日本	JPCP(25cm)	4.5m	6cm AC+CTB(150mm)	天然砂砾(2×150mm，G10/1 200mm)

注：LCB：贫混凝土基层；CTB：水稳基层；AC：沥青基层。

美国在学习欧洲经验之后，由FHWA和密歇根州交通局(MDOT)合作，于1993年在克莱斯勒高速公路(NB I-75)底特律段铺筑了1mile[1]的德国路面结构试验段，并在相邻处采用密歇根州传统路面结构铺筑了对比路段(图1-6)。如表1-3所示，并通过长期观测以探求欧洲路面设计经验是否对美国有所帮助。

欧洲路面设计和密歇根州传统路面设计　　表1-3

类别	德国试验段路面结构	密歇根传统路面结构试验路
路基	移除旧路面结构后确保路基达到95%的压实度	旧路路基
垫层	40.6cm的碎石垫层，采用良好级配(低渗透性)并压实到最大重度的100%	利用旧路的30.5cm砂垫层

[1] 1mile＝1 609.344m。

续上表

类别	德国试验段路面结构	密歇根传统路面结构试验路
基层	15cm 的贫混凝土基层，板长 4.5m，横缝位置与路面对齐	10.2cm 厚 6% 水泥稳定排水基层
面层	19cm + 6.4cm 厚双层式路面，顶层为露石表面（图 1-6），横缝间距为 4.75m	28cm 钢筋网增强路面，横缝间距为 12m
成本	为密歇根传统路面结构的两倍	—

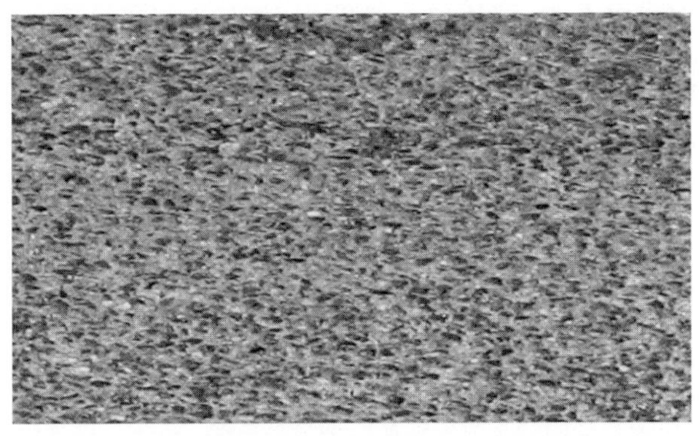

图 1-6　密歇根州修筑的露石表面试验段

2007 年，两个部门在试验路运营 15 年后联合进行了检测，结果是两者的路面破损率都不高，均表现出良好的性能，但密歇根州传统钢筋混凝土路面结构的使用性能更为优异，养护工作量更少。露石表面则因为施工工艺不熟，导致表面集料间距太大，露石表面未充分达到抗滑、降噪效果，剥落开裂的情况较严重。

在不断地对比验证之后，美国借鉴了欧洲的大厚度粒料垫层与沥青混凝土功能层设计理念，并沿用了美国长期以来使用效果良好的柔性基层和排水基层设计，将其充实到本国的水泥路面设计之中，如美国伊利诺伊州 2008 年铺筑的一条高速公路的结构为：330mm 厚度的设传力杆的普通混凝土路面板 + 40mm 厚的 AC-16 沥青混合料上基层 + 250mm 厚的级配碎石中基层 + 260mm 厚的级配砂砾下基层。普通公路从造价等方面考虑，更多地采用了半刚性基层，如美国加利福尼亚州采用的典型水泥路面结构形式为：25cm 厚路面板 + 15cm 厚贫混凝土基层 + 15 ~ 20cm 厚的级配碎石垫层。美国纽约州规定设计寿命为 50 年的水泥路面典型结构为：225 ~ 325mm 厚的路面板 + 100mm 厚水泥稳定排水基层 + 300mm 厚粒料底基层，在外侧车道加宽 0.6m。

1.2.2 路基

国外对路基施工质量非常重视，尤其是路床的压实控制和路床填料的质量，常直接采用山砂、碎石、砂砾或者旧水泥路面再生料等粒料类填料填筑路床。对路基承载力和模量的要求则大同小异，如对路基的密实度（压实度）国外大多规定不应低于95%，在最上层的30~50cm厚度内不得低于98%~100%。德国要求路基的最低承载模量为45MPa；日本规定面板下地基反力模量不得小于35MPa；比利时要求路基的CBR值不得低于100%~300%。一般如果规定的压实度和路基模量难以达到，相关规范会建议通过换填粒料或其他方法对路基补强。

欧洲国家从路基施工开始便注重排水，如德国和奥地利等国的路床表层坡度为4%，以加快排除从中央分隔带进入主车道的水；重交通车道下路床表面的坡度通常会增至4.5%，以确保排水更快。

为了保证路面实际工作状态符合层状体系结构计算理论，国外对路基提出了较高的平整度要求，如美国要求高速公路路基、基层和路面平整度指标都低于3mm。相比之下，我国要求面层的平整度为3mm，路基的平整度要求则放宽至10mm，基层的平整度要求为5mm，导致了路基与路面施工交接的问题。

路基的差异沉降是水泥路面开裂错台的根源之一，国外对此常采取如掺各类结合料稳定路基、辅助强夯或冲击压实、使用粒料垫层等措施以缓解，但如果路基填筑高度较高或土质不好时，这些措施有时难以达到预期效果。对此国外常采用分期修建的方法，允许在铺筑路面前路基有一定的沉降，如奥地利在山区快速干道中先铺筑约14cm的临时沥青面层，在观测的基础上经过4~8年的使用沉降期，确认路堤沉降中止后再加铺22cm的连续配筋混凝土面层。美国在部分山区高速公路也有类似的要求。

1.2.3 粒料层

国外对粒料层的设计与施工非常重视，如欧洲不少国家虽然在规范中要求粒料层的厚度设计只需满足抗冻性要求，但倾向于采用较抗冻要求更厚（如30cm或以上）的粒料层。粒料层中的细料很少，如德国不允许NO.100号筛（0.015mm）的通过率超过15%。美国的高速公路和机场道面施工时会控制粒料层的级配，限制0.5mm以下细料的含量，如机场规范要求将0.075mm的通过率控制在3%~5%。

南非对路基填筑质量格外重视，除了对不良路基填料会采用水泥或石灰处治外，典型路面结构都会采用粒料层，如高速公路会在未处治基层下设置15~

30cm的粒料或稳定粒料层。南非数十年来还在底基层下使用厚度超过1m的碎石粒料层(以下简称G1),该粒料层由最大粒径为37.5mm的密级配、破碎、未风化坚硬的碎石组成,要求所有的碎石包括细集料都必须从同一类母岩得到,G1层的压实度接近改进AASHTO压实密度的105%～108%。后期的检测表明,使用多年后的G1层的外貌接近水稳结构层,没有松散的征兆。

国外较少使用压实度检验粒料层的压实质量,许多国家包括德国、奥地利和美国的一些州使用承载板来检测路基和粒料层的施工质量;奥地利等国还使用智能压实控制设备,利用压路机的自动反馈功能检验压实质量;南非发明了一种叫加载模拟器(HVS)的设备用于在现场模拟加速测试路面的施工质量。

近年来,从环保角度考虑,各国在粒料层中采用了多类回收材料,包括废旧沥青混合料、混凝土破碎料和其他建筑废料等。

1.2.4 基层

欧洲国家多使用半刚性基层和刚性基层,美国倾向于使用柔性基层,包括各类排水基层。

20世纪20年代的学者一般认为,基础强度的大小对路面板在车轮荷载作用下所产生的内部应力影响不大,因此对路面板下是否设置基层并不予以重视,甚至将面板直接铺筑在土基上。但20世纪40年代中期后,各国普遍认识到水泥路面大多由于土基不稳定而导致开裂破坏,出于防冻或其他目的,许多国家开始重视基层的设置,并一般采用20～25cm厚的天然砂砾、水泥土、石灰土以及水泥或石灰加固砂砾基层。

20世纪50年代后很多国家对基层进行了大量调查研究。意大利的调查表明坚硬基层上的水泥路面经40年的使用后仍良好,而铺在土基上的仅十余年即破坏;匈牙利的调查表明碎石基层上的路面有98.3%处于良好状态,1.2%和0.5%处于中等和恶劣状态,而直接铺筑在土基上的处于良好状态的面板为85.6%,处于中等和恶劣状态的分别达到9.1%和5.3%;比利时的试验路表明,25cm厚砂、15cm厚碎石和15cm厚水泥土三种基层上的路面在使用4年后,三者的路面板破坏率分别是23.4%、21%和0%;联邦德国认为在20cm厚的水泥土基层上的路面板板底弯拉应力比直接设在土基上的要减小到1/7以下。

20世纪60年代后各国推广使用强度高、稳定性和平整度好的水泥稳定基层和贫混凝土基层。欧美各国在干线公路中多采用水泥稳定基层和贫混凝土基层,也有部分国家和地区采用沥青稳定碎石或砂砾基层,个别国家采用粉煤灰、石灰或粉煤灰和石灰混掺的稳定基层。

使用透水基层(包括路肩下部的排水管道)是美国重交通路面防止水破坏和唧泥的重要技术措施,目的是迅速排除进入路面内部的水分。透水基层有三种,第一种是无砂大孔贫混凝土基层,水泥用量为 100 ~ 180kg/m^3;第二种是沥青稳定类多孔基层;第三种是非稳定类的碎石粒料基层。三种透水基层都是开级配,非稳定碎石粒料的最小渗透系数为 150 ~ 6 000m/d,透水性贫混凝土、水泥或沥青稳定粒料的渗透系数为 300 ~ 6 100m/d。加拿大和日本也倾向在重交通公路中采用沥青稳定开级配排水层。

厚度与强度是基层两个最重要的设计与施工指标,美国国家高速公路和交通运输协会(AASHTO)的试验路说明,不论何种基层,当厚度在 8 ~ 23cm 范围内,其上的路面板的破坏率是相同的,但如将一设有 15cm 厚基层的面板和一无基层的面板相比,前者的使用年限较后者要长 1/3,因此水泥路面虽然要求设置基层,但厚度不必过大,15 ~ 30cm 已足够。这与经典结构设计理论中认为荷载主要由面板承受,基层不是主要的受力结构层,因此不必太厚太强的理念相通。从表 1-3 中可以看出,国外的水稳基层和贫混凝土基层的厚度一般不会超过 20cm,如德国新建或改建路面主要使用 15cm 的贫混凝土或水稳基层;奥地利多使用 20cm 左右的贫混凝土基层;美国的水稳基层或贫混凝土基层厚度大多在 15 ~ 20cm 之间,柔性的沥青稳定基层的厚度大都在 15 ~ 30cm 之间,粒料基层由于承载力差,结构设置厚度要大一些,有时候会超过 40cm。

美国的实测表明:当轴载 10t、轮载 5t 时,基层上仅承受 0.03MPa 的应力,因此基层的强度不必要求很高,最重要的是均匀性和稳定性要好。FHWA 在 1993 年组织的调查中发现,许多 20 世纪 50、60 年代或之前修建的路面未设基层和垫层,仅控制路基的压实度,但由于上路床使用了粒料且压实质量较好,路面的使用情况尚好,错台不大,绝大多数水泥路面设置基层的目的与其认为是提供支撑不如认为是防止唧泥。相关观测也表明,提供了均匀支撑的低强度基层比支撑不均匀的高强度基层的使用性能要好,高强度基层反而因为温度应力过大,导致面板出现温度开裂现象。因此,一些国家对基层的强度进行了限制,如德国水泥稳定基层的 28d 设计抗压强度为 6MPa,贫混凝土基层的 28d 设计抗压强度为 12MPa;美国机场道面规范规定水稳基层的 7d 抗压强度不超过 5.2MPa,压实层厚限制在 20cm。限定贫混凝土基层的 7d 最低强度为 5.2MPa,28d 最高强度为 8.3MPa;日本倾向于使用排水性的水稳基层或沥青基层,贫混凝土基层的 28d 无侧限最高抗压强度为 12MPa。当然这里需要说明的是,国外普遍使用圆柱体抗压强度,同等强度下的测试值大约等同于我国所使用的立方体抗压强的 80%。

1.2.5 功能层

功能层又称中间层、分隔层、封层等，是设置在面板和基层之间的厚度较薄、一般起功能辅助而非结构承载目的的结构层次。以往功能层被认为是基层的附属物，但随着现代路面技术对路面结构层间作用的愈发重视，功能层逐渐演变为一个单独的结构层次并发挥其作用和功能。

有学者认为当路面板和(半)刚性基层达到有效黏结时，路面受到车辆荷载后，路面板和基层整体受力，此时主要依靠基层底部受拉，面板以受压为主，面板破坏趋势减小。但也有学者认为，基层相较面层更不受拉，受拉时易开裂，无法给面板提供有效支撑，反而因自身破坏而导致面板过早出现病害。因此，面板和基层之间黏结抑或分离两种模式哪种对路面受力更为有利仍在争论中，不过近年来工程界更倾向于层间分离模式。

早期为了便于面板的伸缩滑动和降低面板内部的温度应力，大多数国家会在面板与碎(砾)石基层之间铺筑 2 ~ 5cm 厚的砂质整平层。但在应用中发现，砂垫层不易压实，施工期间又易被运料车扰动，浇筑混凝土时砂垫层又会吸水而影响混凝土的品质，导致面板与基层之间形成软弱夹层，在面板接缝处引起唧浆等病害。因此 20 世纪 60 年代后各国趋向于取消砂垫层，改为铺设塑料薄膜、1 ~ 2cm 厚的沥青砂以及 5 ~ 10cm 厚的沥青砂砾(碎石)混合料，部分国家还采用了薄层沥青混凝土。

20 世纪 70 年代后，奥地利、法国、比利时和澳大利亚等国多采用 4 ~ 6cm 厚的沥青混凝土作为水稳或贫混凝土基层与路面板之间的功能层，如比利时在 1977 年前倾向在 20cm 厚的 CRCP 和 20cm 厚的贫混凝土基层之间设置 6cm 厚的沥青混凝土功能层；在 1977 ~ 1991 年间为了节省造价取消了功能层，但随后便发现了贫混凝土基层的溶蚀破坏和纵缝唧浆等问题；1992 年研究发现了 CRCP 设计的几个问题后，相关标准设计重新引入了 6cm 厚的沥青混凝土功能层。

德国早期追求路面板和水稳基层或贫混凝土基层之间的黏结，为了提高黏结效果还会在基层顶面拉毛，同时在基层对应于面板横缝的位置切缝。20 世纪 70 年代后，德国更多地采用在水稳基层上铺筑 5mm 厚的土工布、无纺聚乙烯或聚丙烯织物功能层的做法，德国认为混凝土浇筑时砂浆会浸润土工布，使其具备足够的刚度，可作为有效的分隔层和排水层，但此时面板厚度需较黏结状态增加 1cm。

美国在 20 世纪 90 年代前不太重视功能层，部分项目不采用功能层，也有直接采用水稳基层养护用的塑料薄膜或土工布作为功能层。20 世纪 90 年代美国通过学习欧洲理念,逐渐将沥青混凝土功能层引入重交通水泥路面设计中,部分专家对德国采用的土工布功能层也很感兴趣,但并未大面积推广。

1.2.6 面层

德国和奥地利普遍使用接缝带传力杆的 JPCP 路面结构,板厚为 25 ~30cm,板长为3.5 ~5.0m(图 1-7)。比利时和荷兰则在重交通等级公路中更多地采用25cm 左右的 CRCP 路面结构,配筋率一般在 0.7% ~0.75%(图 1-8)。美国多使用 JPCP,但也在属于州际公路的复合式路面下面层中使用 CRCP,州内公路则视各州公路管理部门的偏好而定,如德克萨斯州水泥路面里程只占州内公路总里程的5% ~6%,但绝大多数为 CRCP,而水泥路面里程占公路总里程比率较高(30%)的加利福尼亚州基本不使用 CRCP 路面结构。

图 1-7 使用超过 50 年的奥地利 JPCP 路面

图 1-8 早期的欧洲 CRCP 路面施工工艺

欧洲国家从经济和环保角度出发，近年来更多地使用双层水泥路面结构，上面层多为露石混凝土路面，如在干线公路中最常使用的25cm厚双层路面结构，一般21cm厚的下面层抗磨耗能力不高甚至是回收混凝土集料（最大粒径32mm）配制的普通混凝土，4cm厚的上面层则使用高质量、耐磨耗的小粒径集料（8～11mm）配制的露石混凝土。双层水泥路面施工技术在奥地利和比利时已使用了很多年，是这两个国家重交通路面的标准结构，2006年后也成为德国高速公路的标准施工技术。露石表面一般是通过喷洒缓凝剂延长路表砂浆的凝结时间后，在摊铺混凝土完成后20min内撒养护剂和覆盖塑料薄膜养护24h后，采用机械刷去砂浆做成露石表面。双层摊铺技术需要下面层水泥路面摊铺完成后将传力杆和拉杆插入板中再摊铺第二层，两层混凝土必须湿接湿结合，对此可采用两个滑模摊铺机联合施工或一个专门的大型滑模摊铺机施工。

奥地利在路面内部排水设施施工中，为了迅速排除由面板接缝下渗的外部水，在对应面板横缝的基层顶部位置设置了专用排水带，一般由从内侧车道（超车道）的中央铺设到应急车道的外边缘（图1-9）。

图1-9　奥地利的路面横向排水带

1.3　路面铺筑材料

1.3.1　胶凝材料

欧美国家大都使用硅酸盐水泥或混合水泥铺筑水泥路面，如加拿大安大略省允许将磨细矿渣（最大掺量为水泥质量的25%）、粉煤灰（最大掺量为水泥质量的10%）或二者的混合料（粉煤灰和矿渣混合料的最大掺量为水泥质量的25%，但粉煤灰掺量不超过水泥质量的10%）掺入水泥中。德国和奥地利对水泥技术指标的要求基本相似，后者更多使用掺20%～30%矿渣的水泥，二者对水泥的细度都有所限制（<350kg/m^2），要求摊铺后2h内不能凝结。德国由于在20世纪80年代起在几个使用5～10年的路面观察到有疑似碱集料反应导致的开裂，因此限制水泥的碱含量小于0.8%。其他国家如荷兰则同时使用多类水泥，甚至包括高掺量粉煤灰水泥（含30%～35%粉煤灰）和高掺量矿渣水泥（超过60%矿渣）。美国也常在混凝土中掺入掺量不大于30%的粉煤灰。

1.3.2 集料

欧洲水泥路面用集料必须符合欧洲EN 12620标准，该标准的要求高于房建等普通土木结构物，其具体内容包括对抗冻融、轻组分、粒形、针片状、磨光值（传统路面为50%，露石表面为53%）的限制，以及对减轻碱集料反应的指导性要求。与我国过多强调集料的强度不同，国外更为注重集料的颗粒形状参数等指标，集料的最大粒径也普遍小于我国，如欧洲与美国的集料最大粒径多为20～25mm，只有少数国家如荷兰采用最大粒径32mm的石料；加上国外社会石场普遍规模化生产，集料的级配和粒形较好，含泥量低，因此虽然常使用破碎卵石等非高强度集料，但混凝土的均匀性优于我国。

欧洲常用的双层式路面的下面层常采用回收材料和便宜的砂砾石，如奥地利等国的旧水泥路面回收料的使用率为100%。上面层一般要求使用高抗冻、高耐磨性的集料，最大粒径范围为8～11mm。与我国使用压碎值评价集料强度不同，欧洲多采用石料磨耗值和磨光值评估集料，如在奥地利只有洛杉矶磨耗值不大于20的石料（如玄武岩）才可用于上面层。欧洲优质的集料大都分布在北欧，如德国常从挪威进口粗集料。

与我国的人工砂多用于低强度混凝土不同，欧洲由于生产工艺较先进，人工砂的质量较好，如德国在双层式路面中的上面层中会采用人工砂，并要求其最低含30%的硅质岩类以防止磨损，河砂因为环保等要求导致料源受限制，质量有时反而无法保证。

美国重交通等级公路水泥路面大都采用最大粒径为25mm的集料，当采用滑模摊铺工艺时，对集料的进场和保管等质量要求较高，如砂石材料应储藏在砂石储料罐中，以防受到雨水的影响。此外，对砂石材料的超粒径粒料含量和含泥量等指标都控制得很好。

1.3.3 外加剂

丹麦认为影响路面混凝土耐久性的主要因素是水灰比及碱集料反应，因此未引气混凝土的耐久性比引气混凝土要好，但其他欧洲国家普遍在路面混凝土中引气。美国要求路面混凝土必须引气，考虑到滑模摊铺振捣时路面混凝土的含气量会有50%的损失，要求新拌混凝土的到场含气量为6%～7%。引气的目的不单纯是为了提高抗冻性，更是为了提高新拌混凝土的和易性与均匀性，利于摊铺振捣和减少塌边、麻面。

我国由于砂石材料普遍级配不良和含泥粉量高，因减水的需要必须掺入高掺量减水剂。欧美各国对集料的级配和含泥量等指标控制较好，混凝土不需要掺加太多的减水剂。国外专家多推崇引气剂，但对减水剂的使用争议颇大，部分国外专家不太推崇在混凝土中使用高效减水剂，认为其会增加混凝土的黏性，对滑模施工有不利影响。

在露石表面施工中，为了延缓混凝土表面砂浆的凝结时间会用到缓凝剂，如糖蜜外加剂和柠檬酸外加剂等。

1.3.4　混凝土配合比

德国从2000年开始采用欧洲混凝土标准EN 206-1，该标准和德国标准DIN 1045-2共同构成了德国路面混凝土技术标准。该标准的特点是在耐久性设计中引入了暴露等级，其中道路和桥面是最高暴露等级为XF4（高抗渗和盐冻条件）。该标准定义了道路的最大水灰比（0.5）、最低强度等级（C30/37）、最小水泥用量（320kg/m^3）、最小含气量（4%）。德国混凝土路面附加指南（ZTV Beton-STB 2001）确定了露石表面的最大水灰比为0.45，最小水泥用量为350kg/m^3。

奥地利铺面标准（RVS 8S.06.32）要求双层式路面中的下面层混凝土的28d抗弯拉强度超过5.5MPa，最低抗压强度35MPa；上面层混凝土的28d最低抗弯拉强度为7MPa，抗压强度最低40MPa。按照该强度设计和不同的施工工艺，采用立模摊铺施工工艺时，下面层混凝土的最低水泥用量为320kg/m^3；上面层为370kg/m^3，含气量为3.5%～5.5%。采用滑模摊铺施工时，下面层混凝土的最小水泥用量为350kg/m^3；上面层为400kg/m^3，含气量为4.0%～6.0%。

荷兰、芬兰等国使用C35/45强度等级的路面混凝土，使用最低水泥用量为320kg/m^3、最大水灰比为0.55的引气混凝土。

比利时路面混凝土的配合比设计主要考虑抗冻融循环与抗化冰盐侵蚀，要求混凝土的最大水灰比为0.45，最小水泥用量为375kg/m^3，抗压强度不低于60MPa，吸水量低于质量的6%。

美国滑模摊铺混凝土的配制抗弯拉强度目标为4.5MPa,但实际会超过6.0MPa。混凝土的设计水灰比为0.38～0.45,掺配粉煤灰与高效减水剂,水泥用量为400～500kg/m³,砂率为40%～50%。采用高水泥用量和高砂率的目的是为了让混凝土表面易修饰和确保平整度。

1.4 施工工艺与检测设备

1.4.1 施工机具与工艺

国外的路面混凝土基本采用强制拌和楼搅拌方式,采用翻斗车、罐车与运拌车的混合运输方式;在运距较长时以后两者为主,如美国要求当运距超过16km时必须采用搅拌车运输,以减少运输过程中的离析现象。

滑模摊铺是欧美各国常用的摊铺方式,仅英国仍有部分路面采用立模摊铺方式。近年来随着面层的加厚,对滑模摊铺技术进行了改进,如采用多项技术措施确保厚板的振捣质量,包括使用振捣频率高达1万次/min的超高频率振捣棒和加密振捣棒等。

双层式路面摊铺常使用两个滑模摊铺机一前一后施工,如德国采用两个螺旋输送器和两个抹灰刮板,混凝土先倾倒在前一个摊铺机供给第一个螺旋输送器和抹灰刮板,铺筑下面层,在第二个螺旋输送器和抹灰刮板开始铺筑上面层之前,传力杆和拉杆插入装置开始工作;在传力杆和拉杆安置后,采用侧向布料机输送第二个螺旋输送器和抹灰刮板所用的混凝土。摊铺机后紧跟一个自动浮板、麻布拖拽梁和养护梁。德国因为防止噪声的缘故一般不刻槽。双摊铺机摊铺双层式路面如图1-10所示。

图1-10　双摊铺机摊铺双层式路面

拉杆和传力杆的布设是重要的工序之一，美、德等国早期使用前置支架法（又称挂篮法），在路面摊铺前将带传力杆的支架固定在基层顶，从而降低混凝土摊铺振捣导致的传力杆空间偏差，如图1-11所示。

a)近景

b)远景

图1-11　前置支架法

前置支架法需要增加支架成本和安装人工等费用，摊铺准备时间也会延长，因此现代的滑模摊铺机都会附带传力杆自动插入装置（DBI）。双层式路面摊铺是当下面层摊铺完成后，将传力杆和拉杆插入下面层后，再摊铺上面层，如图1-12所示。

图1-12　DBI插入法埋设传力杆

路面混凝土经长途运输后会产生一定的离析，导致路面的均匀性及平整度下降，国外对此普遍采用侧向布料机来解决该问题，其包含了一个搅拌系统和布料系统。运料车可将混凝土卸入侧向布料机的料仓内，经短暂搅拌后混凝土的离析会大大降低，随后由可调整高度和长度的传送皮带将混凝土均匀地撒布在摊铺机的前方，经此工序后路面的均匀性和平整度都得以显著改善，如图1-13所示。

图1-13　侧向布料机协助布料

欧美国家非常重视路面表面纹理的制作，目标是在获得最佳的抗滑和耐磨耗性能的同时降低行车噪声。欧美国家传统在混凝土收面抹平后使用纵向麻袋拖拉拉毛方法制作细构造（图1-14），采用横向、纵向刻槽和金刚石研磨（Diamond Ground）等工艺制作粗构造德国在2000年前不在公路路面上刻槽，而更多的使用拉毛工艺，这可能与德国降雨量不大，不需要通过横纵向槽协助排除轮胎下流动水有关。近年来，露石表面成了部分欧洲国家的标准作面工艺，法国有时采用在表面砂浆中加入极硬的细砾石（石钉）的技术。

图1-14　麻袋纵向拉毛工艺

1.4.2　检测技术

国外多采用基于钻芯芯样强度、面板厚度和表面功能（平整度和粗糙度）的大量测量值的平均或标准偏差值评价水泥路面的施工质量，如加拿大规定任一点抗压强度不满足要求、厚度值低于规定值的一定比率、任何表面粗糙度值不满足一定值时都要求施工方整改；当面层的不平整度大于10mm和基层的不平整度大于15mm时，要求必须采用金刚石研磨方式处理。

国外多采用抗弯拉强度设计路面混凝土，但现场多采用抗压强度检验，其中应用最广泛的是圆柱体抗压强度。英联邦国家和我国一样使用立方体抗压强度。圆柱体抗压强度的测值大约是立方体抗压强度的80%。此外，劈裂抗拉强度也在现场用于复核抗弯拉强度。

国外在水泥路面的现场检测方面拥有很多先进的技术，较为成熟的技术如下：

1）成熟度仪

使用成熟度仪（Maturity Degree Analyzer）可根据由试验得到的混凝土的强度和时间、温度的关系曲线，预测混凝土的强度发展，从而准确地预测路面板的切缝和其他工序时机，如图1-15所示。

2）便携式含气量仪

便携式含气量仪（Air-Void Analyzer，AVA）是一种便携式、用于分析新拌混凝土的含气量的仪器，如图1-16所示。

图1-15　成熟度仪

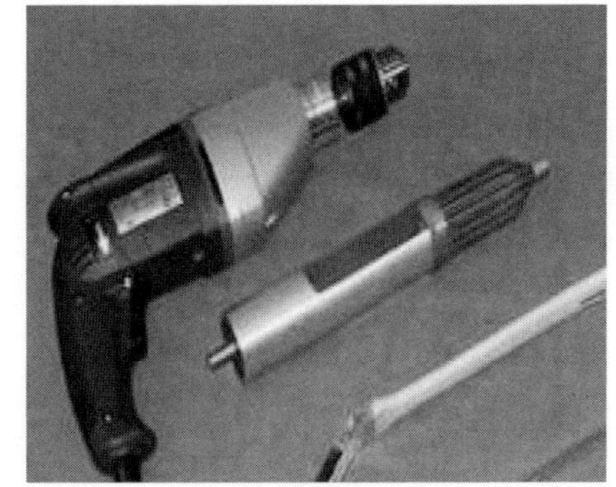

图1-16　便携式含气量仪

3）气孔分析仪

超级气孔分析仪（Super Air Meter，SAM），可用于在现场测试新拌混凝土的

图 1-17 气孔分析仪

气孔分析参数,与传统的气压式含气量测定仪相比,不仅能够测定混凝土的气孔分布参数,而且比显微镜气孔结构分析法要快捷方便得多,如图 1-17 所示。

4)表面渗透系数测定仪

表面渗透系数测定仪通过迅速测试混凝土表面的氯离子快速渗透系数(Average Rapid Chioride Pemeability),从而快速评价混凝土的耐久性,如图 1-18 所示。

5)钢筋定位仪

采用钢筋定位仪(MIT-SCAN)可定位检测水泥路面的传力杆以及配筋,改进版还可以实时测试路面板的厚度,如图 1-19 所示。

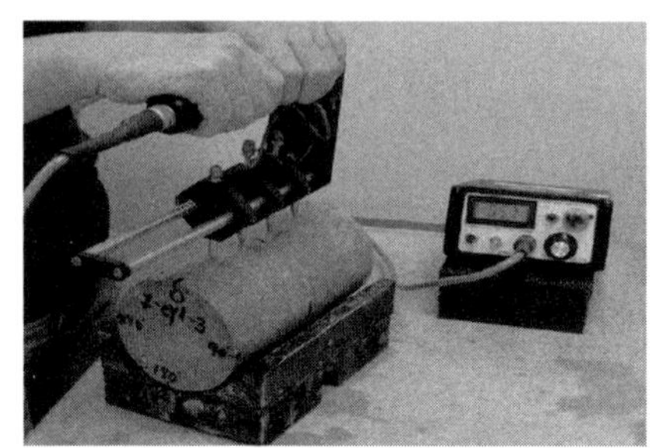
图 1-18 表面渗透系数测定仪

图 1-19 钢筋定位仪

1.5 欧美技术的可借鉴之处

1.5.1 欧美水泥路面技术的研发现状

经过 20 世纪 30 ~ 80 年代的数十年大规模交通基础建设,西方国家的公路网已基本完善,当前公路管理部门的大部分工作是对已有的道路进行养护和少量的升级改造,研发投入大大减少。水泥路面由于在高等级公路路面中占比不大,使用寿命较长,技术体系被认为较为成熟稳定,加上水泥是一种相当稳定和成熟的工业化产品,水泥混凝土属于水硬性胶凝材料体系,受原材料、配合比等因素的影响不像沥青混合料那么显著,设计方法和质量控制不像沥青混合料那

么复杂,因此欧美最近几十年在水泥路面技术上投入的研发力量并不大。如美国在20世纪90年代开展的美国公路战略研究计划(SHRP)虽然研究方向包含了沥青路面、路面性能、混凝土与结构和公路运输4个领域,但80%的研究资金投入到沥青路面技术研发上,混凝土领域方面的研究则注重高性能结构物混凝土,在水泥路面技术方向的研究投入极少。美国从2006年开始的"第二期国家战略公路研究计划"(SHRP 2)、欧洲在21世纪开始展开的"欧洲道路战略研究计划(SERRP)"也均将大部分研究重点置于沥青路面技术上。

虽然研发资金和实体工程都很有限,但欧美仍有一些研究人员坚守在水泥路面技术的研发岗位上,很多建设经验和技术值得学习和借鉴,特别是国外的施工组织与现场质量控制水平,是我国目前水泥路面建设中最为缺少的。

1.5.2　美国技术的可借鉴之处

FHWA曾在20世纪90年代初针对美国不同气候地区的95个路面段落,评价了水泥路面性能的影响因素,研究技术报告的主要结论包括:

(1)水泥稳定基层是使用性能最差的基层类型,路面易出现唧泥、错台和开裂等病害,其原因是基层不透水且易汇集水分。

(2)贫混凝土基层路面的性能也较差,这是因为贫混凝土基层路面板所受的温度翘曲应力较大,面板易出现横纵向裂缝,同时水分易留置在路面内部。

(3)密级配沥青稳定基层路面的性能有好有差,与设计是否合理相关。

(4)直接铺筑在土基上的厚板路面对错台和交通量的影响特别敏感。

(5)粒料集料基层路面的性能总体良好,其中开级配集料透水性基层路面的性能更好,其优点是路面板的温度翘曲应力小和基层透水性好,此时需控制基层的渗透率大于0.3m/d。但透水性基层路面的板角挠度大,接缝传荷能力低,会影响路面的长期性能,所以接缝需设置传力杆。

综合该报告结论和该时期的美国一些设计和施工规范及指南可知,美国在20世纪50~70年代交通大发展时期修筑的大部分水泥路面至今使用状况良好,部分寿命已达30~50年(图1-20),总结得到以下几点经验:

(1)保证路基的承载能力。具体措施包括选用良好的路基填料,控制路基填土高度,使用较厚的粒料层。这些措施能够控制路基的差异沉降,确保路基对路面的承载力不至于衰减较快。

(2)加强路面的内部排水作用。美国多个州偏爱排水性能良好的粒料基层而非稳定类基层,推荐在主干线路面中采用开级配粒料类排水性基层。但也有几个州认为水泥或沥青稳定开级配基层可为路面板提供良好和均衡的支持,降低路面接缝的挠度,基层和面板之间的黏结还可提高接缝的传荷能力,降低接缝处沉降,更适用于干线公路。

a)远景

b)近景

图 1-20　1969 年建设的亚特兰大机场公路(I-85)使用至今性能良好

(3)确保路面施工的管理与监控力度,甚至对接缝的设计和锯缝、填缝施工都非常注意。如美国水泥路面的平整度要求虽然与我国接近,但与我国目前高速公路水泥路面交工平整度合格率不高的现状不同,美国水泥路面的交工合格率很高,甚至为此采取了很多奖罚措施。如部分项目在路面完工后采用加利福尼亚式平整度检测,如颠簸累积值在 11 ~ 15.8mm/km 之间时,付总工程款的 100%;小于 0.47mm/km 时需支付 110%;大于 22mm/km 则仅需支付 90%。

(4)控制重载和超载的比率。合理的车辆荷载控制是美国能够正常使用排水基层或者粒料基层的重要保证。

这些成功的经验可为我国所借鉴,特别是在保证路基的承载力、加强路面排水功能、确保路面施工的管理与监控等方面正是我国目前所欠缺的。排水性基层在我国目前虽有一些试验路,但以往由于无法有效地控制车辆超载以及施工质量达不到设计要求,会导致路面的错台率显著增大而难以大面积推广。如何通过有效的整体性设计和施工控制,在重载水泥路面中成功的应用排水性基层以及粒料基层,仍需要更多的实践和总结。

1.5.3　欧洲技术的可借鉴之处

欧洲公路的允许轴载较美国更重,但水泥路面的使用寿命更长,通过分析,得到以下值得借鉴的设计理念:

1)双层式路面

奥地利、比利时、荷兰等从环保和成本角度考虑使用双层式路面,下面层使

用质量差的本地集料或回收材料，上面层采用优质集料制作的露石表面。如近年来奥地利的干线公路多在沥青功能层和基层上铺筑双层式路面，下面层厚度为21cm，采用耐磨耗性不高的集料或回收集料（最大粒径32mm）；露石上面层厚度为4cm，使用高耐磨性的小粒径集料（8～11mm）。

德国新慕尼黑二号机场路面采用14cm厚的进口花岗岩混凝土上面层和22cm厚的本地圆砾石混凝土下面层，构成了36cm的经济型结构，为此还专门开发了双层摊铺机。德国从2006年5月起，高速公路的标准结构也改为双层式路面（图1-21），上面层采用4cm厚的露石表面（图1-22）。

图1-21　双层式路面摊铺工艺

图1-22　双层式路面常用的露石表面

2）路基与粒料层

欧洲水泥路面多采用刚性或半刚性基层，但厚度不大，对强度也有所限制，如德国贫混凝土基层的厚度为 12 ~ 15cm,7d 圆柱体抗压强度上限值为 12MPa(相当于我国的立方体抗压强度 15MPa 左右)。

欧洲对垫层(或称底基层)和路床的质量较为重视,会采用较高质量的填料填筑路床,不少国家喜欢使用山砂、碎石或砂砾填筑路床。欧洲国家采用较美国更厚的粒料垫层,垫层厚度一般超过 30cm,粒料质量较高,特别是级配更佳,虽非开级配但细料含量较少,因此排水性能更好。

3)功能层

欧洲国家普遍在路面板和基层之间采用沥青混凝土或无纺土工布等功能层。德国在 20 世纪 70 年代前认为面板和贫混凝土基层之间应处于黏结状态,为此在基层顶面拉毛,认为通过该措施面板和基层可保持 2 ~ 10 年的黏结。70 年代后,德国修改了相关设计,在面板和基层之间采用 5mm 厚的土工布功能层,其厚度比我国常用的"两布一膜"要厚,认为达到该厚度的多孔土工布在浸润砂浆后具有一定的刚度,在与基层分离的同时与面板也有足够的黏合力,可充分地隔离面板和基层,并起到结构层间排水效果,如图 1-23 所示。

图 1-23　德国采用的 5mm 无纺土工布隔离层

在欧洲国家中,德国普遍使用土工布功能层,奥地利、比利时及英、法等国更习惯于采用 4 ~ 6cm 厚的沥青混凝土功能层。这种设计理念在被美国学习和使用后,近年来又成为我国的研究和应用热点。

4)加宽车道

欧洲在外侧车道面板常规加宽 0.5m,以防止车轮在路面板纵向边缘行驶,从而降低路面板的应力和弯沉。

第2章　湿热地区水泥路面的特点及路面技术的发展

湿热地区由于石灰岩储量丰富，水泥工业发达，是我国水泥路面发展的重点地区之一，典型的湿热地区如广西目前仍保有高速公路水泥路面1 100km以上，具体可参见本书附表。湿热地区水泥路面技术的发展与我国发展大环境总体同步，但由于气候特点和使用环境所限又具有鲜明的特点。分析湿热地区水泥路面的典型损坏模式，回顾湿热地区水泥路面技术的发展史与现状，明确相关技术面临的挑战和机遇，预测其发展方向，可以为我国湿热地区水泥路面耐久性的整体提升提供相关技术建议。

2.1　水泥路面的典型损坏模式

2.1.1　水泥路面理论的三大假设与实际

在经典的水泥路面建模中，在设计行车荷载条件下，为了计算的便利，普遍设定了三大假设条件。

假设Ⅰ：路面结构置于连续、完好、完整的基础上。

假设Ⅱ：面层与基层为光滑紧密接触，基层对面层均匀支承。

假设Ⅲ：路面各结构层为均匀、各向同性无缺陷的整体性结构。

上述三大假设是经典路面结构设计计算的理论前提，但按照这种建模条件计算设计的路面结构，很快会出现因承载力不足而导致的结构性断裂损坏问题。为此，路面结构设计又采用了所谓的“力学—经验法”，即通过铺筑试验路并根据相关检测结果修正计算模型，但修正参数的物理意义不够明确、试验路结果不适用于非试验路工况工程的现象非常普遍。部分学者还发现，通过综合分析对已有工程的长期观测检测结论和使用经验，得到的路面结构组合设置的合理性往往要优于计算法，从而提出了纯“经验法”的概念。目前，国内外的大部分路面结构设计体系，包括我国的设计规范，都在不同程度上体现了“重结构组合，轻结构计算”的理念。

国外对路面设计参数的获得十分重视，如美国从1987年开始的路面长期使用性能研究计划（LTPP）的一个主要任务就是获得准确的路面设计参数。我国则由于缺少大量结构参数特别是结构层间接触状态参数的检测和跟踪观测结果，因此即使在高性能计算机和有限元计算软件帮助下的今天，很多参数的取值仍然参考美国LTPP的相关成果，一些假设性的参数依据也不足，导致由此建立的结构设计模型不太符合我国实际工况，计算准确性不高。

现有理论建模的三大假设与实际工况的不符合性主要体现在以下方面：

（1）路基的差异沉降变形导致假设Ⅰ难以成立。

（2）基层和面层之间的层间脱空导致假设Ⅱ不符合现场工况。

（3）路面混凝土施工的变异性导致假设Ⅲ与实际脱节。

（4）我国普遍存在的重载超载现象也导致了计算模型的使用荷载条件与实际相差较大。

由于实际使用条件与理论建模的假设条件不同，导致通过结构计算得到的路面结构在运营中难以达到预定的使用寿命与功能，成了影响水泥混凝土路面健康持续发展的关键因素之一。

2.1.2 结构性破坏模式

普通水泥混凝土路面主要依靠24～30cm厚、平面面积20m^{2}左右的素混凝土路面板抵抗车轮荷载和温湿变化带来的拉应力和剪应力的疲劳作用。与桥梁、房建、坝体等大体积混凝土结构物相比，薄壁大截面形式的路面板的抗弯拉能力相对较弱，如果路面板下的支承能力发生不均匀变化，结构性的弯拉断裂会成为路面板破坏的最主要形式。

水泥路面的结构性断裂属于结构强度与变形的力学范畴，在经典水泥路面设计体系中，水泥路面结构设计参考弹性地基板模型，地基可假设为弹性地基、弹性半空间地基或层状弹性地基，路面板可假设为弹性薄板或中厚板，当采用强度较高的水稳、贫混凝土基层或分双层板铺筑时，按双层板进行分析。当作用于路面板的荷载应力和温度应力为循环应力时，板底会产生弯拉疲劳作用，当累积疲劳损伤达到临界值时，板底的疲劳裂纹会不断扩展直至路面板出现开裂和断裂破坏。

为了便于计算，经典的水泥路面设计模型会设定各种假设条件，其中一个最基本的假设条件就是路面板底被连续均匀地支撑，这意味着如若确保计算模型的正确性，对于广西常用的半刚性或刚性基层路面，必须确保路面工程实体满足

两个要求，一是基层和路基之间均匀连续无脱空，二是路面板与基层之间也是连续紧密接触的。但实际上，由于湿热地区的气候和土质分布特点，路基的差异沉降、基层的溶蚀和冲刷、基层和面板温度变形量的差异均较其他地区要大得多，并会导致面板底或基层底出现脱空，从而破坏地基对基层、基层对路面板支承的均匀连续性；当脱空量和范围超过允许值时，在荷载应力作用下，路面板将要承受较理想状态下要大得多的板底疲劳拉应力，导致面板错台乃至面板疲劳断裂。有限元计算结果表明，为了应对路面板底脱空对路面使用性能的影响，需要设置较厚的面板，而当脱空范围较大时，即使采用较厚的面板也无法抵御其影响，如表 2-1 所示。

可抵抗一定脱空面积的最小路面板厚度(单位:cm)　　表 2-1

脱空部位	脱空范围($L_x \times L_z$)(m×m)	标准轴载(kN)				
		$P=100$N	$P=150$N	$P=200$N	$P=250$N	$P=300$N
横缝脱空有传力杆	0.4×1.6	20	26	32	*	*
	0.6×2.4	20	32	*	*	*
	0.8×3.2	23	*	*	*	*
	0.2×4.0	20	20	20	23	26
	0.6×4.0	23	29	32	*	*
	1.0×4.0	29	*	*	*	*

注:“ * ”表示在此种工况下，面板厚 32cm 也不能满足要求。

由于目前水泥路面的预防性养护措施仍较为缺失，路面板疲劳开裂后会很快发展为结构性断裂以及破碎板、严重错台、唧泥等各类病害(图 2-1)。图 2-2 和图 2-3 为摘自广西 2002 年通车的某高速公路养护部门的逐年病害调查记录，从中可见，路面的裂缝和破碎板在竣工(通车 3 年)后发展十分迅速，相关处治经费占用了该公路年度养护经费的最大比率。

图 2-1　路面板开裂后会迅速转化为严重错台、唧泥、断板等严重病害

2.1.3　表面功能劣化模式

路面为使用者所提供的表面服务功能包括行车安全性和行车舒适性。行车

安全性要求水泥路面具有良好的初始抗滑性能和抗滑耐久性,行车舒适性则需要水泥路面保持良好耐久的平整度、长期的低错台率和低噪声。

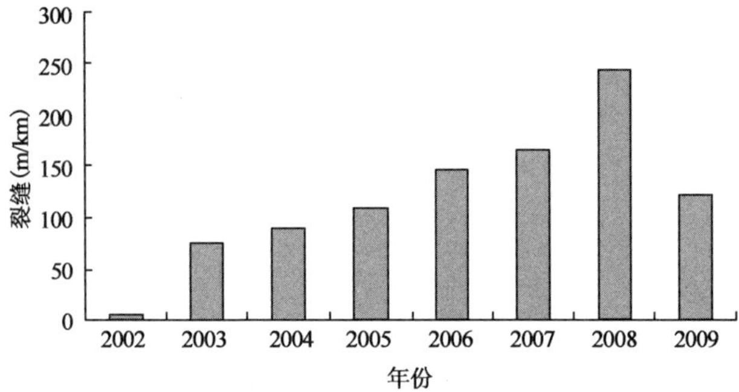

图 2-2　广西某高速公路通车后的断裂数量

注:2009 年仅为一季度数据。

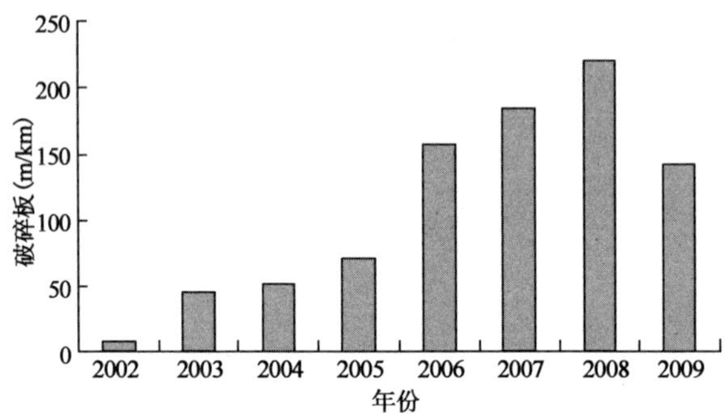

图 2-3　广西某高速公路通车后的破碎板数量

注:2009 年仅为一季度数据。

1)抗滑性能

水泥路面的抗滑能力主要由人为的在混凝土表面砂浆中制作的细构造和粗构造所提供。其中细构造是车轮和路面之间基本附着力的来源,粗构造是车轮下雨水的排水通道,可防止车轮在雨天因水漂打滑。

(1)抗滑构造组成

粗构造通过刻(拉)槽方式制作,对潮湿路面高速行车(>80km/h)车轮的摩擦性能起着主要作用。刻槽是在混凝土硬化后采用金刚石刀片刻出矩形、梯形或半圆形槽,拉槽则是在混凝土硬化前采用齿耙等工具拉出各类槽。刻槽是在混凝土硬化后制作形成,对表面砂浆的凝结硬化过程并无影响,因此粗构造规格的制作精度、耐久性等都优于拉槽。目前,高速公路和大部分重交通量地方公路的粗构造制作采用刻槽方式,一些低交通量公路会采用拉槽方式。

刻槽按照制作方向可以分为横(向)槽和竖(向)槽两类(图2-4)。横槽在平直路段更利于路面排水,防水漂能力优于纵槽,但噪声较大。纵槽则是在转弯路段的排水性能更好,噪声也较低,但在长大纵坡路段的摩擦系数低于横槽,因此更多的用于隧道、桥面和水平转弯路段。河北等地的经验表明,重型货车在长大纵坡路段行驶时,纵槽的抗滑能力有时会较难满足使用要求。广西近年来还发现,很多使用纵槽的高速公路长大隧道水泥路面的滑移事故率很高,有些不得不采用薄层沥青混凝土罩面措施。

a)纵向刻槽

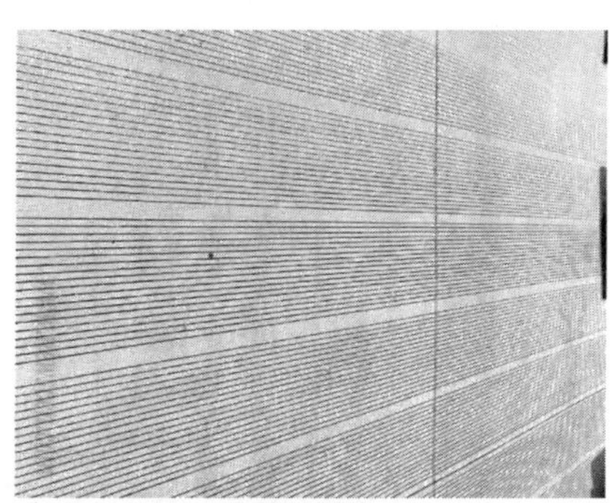

b)横向刻槽

图2-4 刻槽制作方法

纵槽因噪声较小,而且可以逐车道施工,因此在美国和部分欧洲国家普遍使用。为了解决纵槽在车行方向摩擦力较弱的缺点,部分国家采用了金刚石横向研磨纹理(Diamond Grind)的方式,其构造深度低于横向刻槽,可认为是对纵向刻槽抗滑力不足的补充。美国有个别州甚至不刻槽,仅仅使用金刚石研磨纹理作为粗构造,且近年来出现了第二代金刚石研磨技术,据称可以提供更好的抗滑能力、更低的噪声和更优质的平整度,如图2-5所示。

a)金刚石研磨纹理

b)刻槽

图2-5 水泥路面两种抗滑形式对比

细构造提供了轮胎和路面的基本附着力即抗滑力，以及低速行驶时雨水的部分排水通道。细构造小部分由砂浆表面的原始粗糙度提供，大部分则依靠拖拽旧麻袋、土工布和钢刷刷毛等方式形成，在隧道、桥面等对抗滑力要求较高的路段会采用抛丸、稀盐酸腐蚀、高压水射流等方式制作。

与国外重视细构造制作相比，国内较为注重粗构造施工，但对细构造制作略为忽视，很多低等级公路甚至完全不做细构造，完全依靠刻（拉）槽提供抗滑力（图2-6），导致路表面过于光滑，车辆在高速行驶转弯时易发生侧滑现象。

图2-6　拖拽麻袋或土工布是低成本高效能的细构造制作方式

（2）抗滑性能的劣化模式

抗滑性能的劣化主要是由于抗滑构造深度会随着路表砂浆的磨损、剥落和被污染而逐步降低，因此混凝土表面砂浆的强度和均匀性、运营交通量是影响抗滑耐久性的主要内因和外因。

表面砂浆是由混凝土的内部砂浆通过内部振捣和表面振动提浆上浮得到，由于水泥浆的密度较集料要低，提浆时水泥浆上浮，当混凝土较干硬或均匀性较差时，如果过度使用提浆工艺，表面砂浆的水灰比会显著增大至形成浮浆，其强度和耐磨耗能力较差，成为混凝土中最薄弱的部分，在车轮长期作用下会较快被磨蚀。这就是所谓的“外分层”现象。

抗滑构造会随着公路交通量增大而降低，如广西在2008年通车的三条高速公路水泥路面除了一个项目在交工试运营期间进行了补刻槽处理外，其他项目由竣工检测得到的抗滑构造深度合格率均有所下降，如图2-7所示。

抗滑性能是可修复的表面功能，细构造的损失可通过酸洗、抛丸等措施处理，粗构造则可以通过金刚石研磨、补刻槽等多种方式恢复。在美国，金刚石研

磨已成为水泥路面恢复抗滑性能和舒适性的标准方式之一。

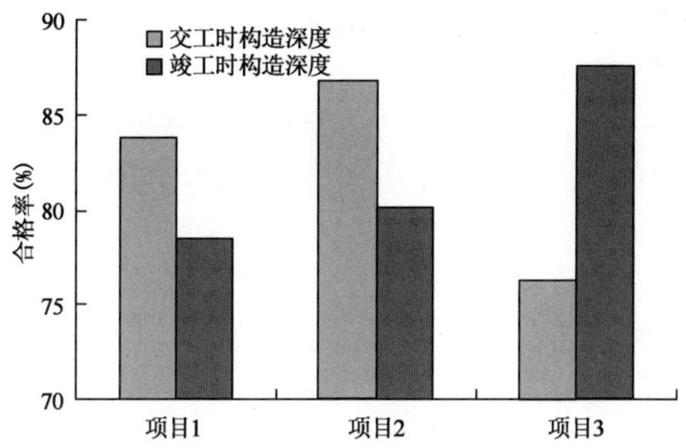

图2-7 广西某几条高速公路水泥路面交、竣工时的抗滑构造深度合格率

2)平整度

与抗滑构造不同,平整度劣化后很难修复,其指标合格率会随着接缝错台量的增大和裂缝数量的增加而不断降低。平整度降低是路面表面功能劣化的主要模式。近年来水泥路面在高等级公路中的发展缓慢,平整度不佳而影响到社会各界对修筑水泥路面的印象和信心是主要原因之一。

平整度受混凝土的工作性、施工队伍管理技术水平、施工气候环境、供料和运输及摊铺机械的配套、辅助机械配备等因素影响很大,目前采用的滑模大厚度全幅摊铺工艺和后置式插入传力杆方式更是对平整度控制的极大考验。如我国在2005~2010年通车的几条高速公路水泥路面就是未能根据新的施工要求及时调整相关工艺,加上工期的影响,交工平整度合格率普遍不高。运营期间则由于断板、错台、开裂等原因,路面平整度更是会持续下降,图2-8所列的广西同年

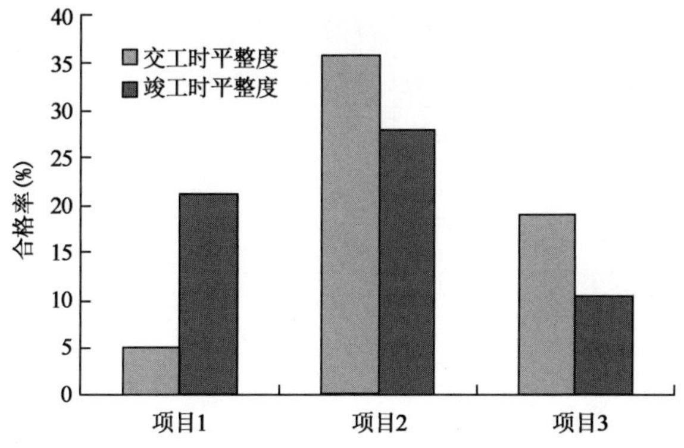

图2-8 广西某几条高速公路水泥路面的交工和竣工时平整度状况

完成的三个高速公路项目中,除了项目1在交工后由于平整度较差进行了全线整修之外,其他两个项目虽然对部分路段进行了处理,但从交工至竣工验收的三年中,平整度仍有所下降。

通过预防性养护工作可以部分恢复路面的平整度,除了修补裂缝、注浆抬板、修补错台等病害处治方式外,采用金刚石研磨方式处理平整度较差的部位,能够显著恢复平整度,但耗资较大,作业时也影响正常通车。

2.2 湿热地区使用环境对水泥路面的影响

2.2.1 湿热地区的定义

本书编写组部分成员是国家西部交通建设科技项目"道路水泥混凝土组成设计研究"的主要研究人员,该项目的主要成果之一是针对水泥路面结构与材料设计,提出了耐久性气候分区的概念,并采用温度设计指标(月平均最低气温 T_c)和湿度设计指标(年平均降雨量),将全国分为12个耐久性设计气候分区,如表2-2和图2-9所示。

水泥路面耐久性气候分区及工作环境特征　　表2-2

分区类型	T_c(℃)	交通分级	编号	N_e(10^4 次)	气候荷载耦合效应描述	主要工作环境作用形式
严寒Ⅰ	≤ -8	特重	Ⅰ-1	>2 000	严寒+特重	盐冻、弯拉疲劳、磨耗
		重	Ⅰ-2	100~2 000	严寒+重	盐冻、弯拉疲劳、磨耗
		中等	Ⅰ-3	3~100	严寒+中等	盐冻、弯拉疲劳
		轻	Ⅰ-4	<3	严寒+轻	盐冻、弯拉疲劳
寒冷Ⅱ	-8~-3	特重	Ⅱ-1	>2 000	寒冷+特重	盐冻、弯拉疲劳、磨耗
		重	Ⅱ-2	100~2 000	寒冷+重	盐冻、弯拉疲劳、磨耗
		中等	Ⅱ-3	3~100	寒冷+中等	盐冻、弯拉疲劳
		轻	Ⅱ-4	<3	寒冷+轻	盐冻、弯拉疲劳
微冻Ⅲ	-3~3	特重	Ⅲ-1	>2 000	微冻+特重	普通冻融、弯拉疲劳、磨耗、收缩开裂
		重	Ⅲ-2	100~2 000	微冻+重	普通冻融、弯拉疲劳、磨耗、收缩开裂
		中等	Ⅲ-3	3~100	微冻+中等	普通冻融、弯拉疲劳、收缩开裂
		轻	Ⅲ-4	<3	微冻+轻	普通冻融、弯拉疲劳、收缩开裂

续上表

分区类型	T_c（℃）	交通分级	编号	N_e（10^4 次）	气候荷载耦合效应描述	主要工作环境作用形式
无冻Ⅳ	>3	特重	Ⅳ-1	>2 000	无冻＋特重	弯拉疲劳、磨耗、收缩开裂
		重	Ⅳ-2	100～2 000	无冻＋重	弯拉疲劳、磨耗、收缩开裂
		中等	Ⅳ-3	3～100	无冻＋中等	弯拉疲劳、收缩开裂
		轻	Ⅳ-4	<3	无冻＋轻	弯拉疲劳、收缩开裂

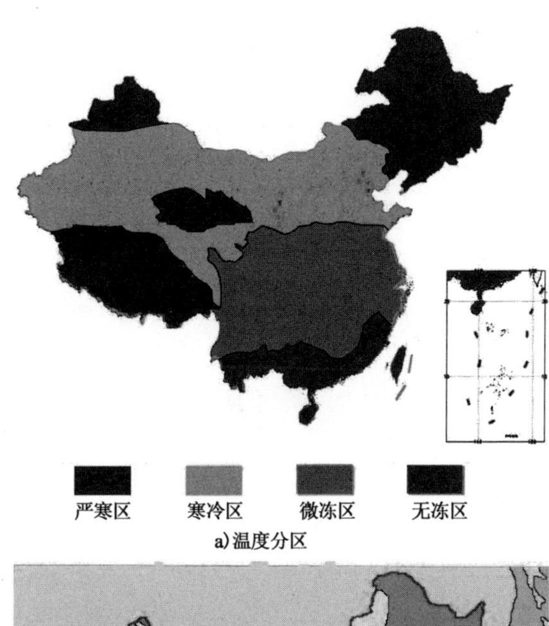

a)温度分区

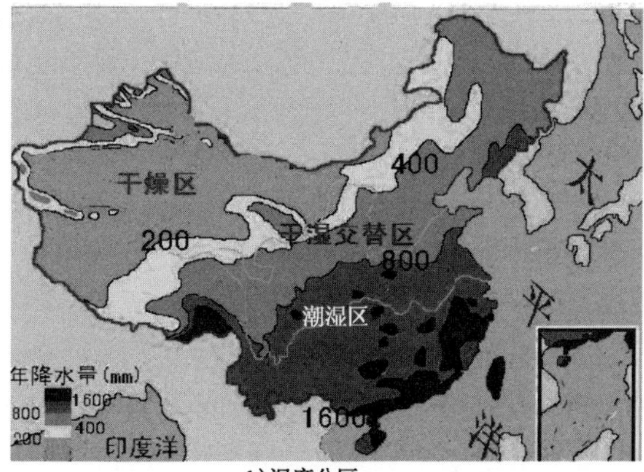

b)湿度分区

图2-9　水泥路面耐久性设计分区

根据该气候分区的地理位置分布,我国华南地区如广西和广东大部、海南以及福建、云南的部分地区等夏季炎热多雨且持续时间长,属于典型的无冻潮湿气候分区即湿热气候地区。湿热地区由于降雨量大,昼夜和夏季高温季节降雨前后路面顶温度变化幅度大,不良土质分布广泛,加剧了水泥路面各类病害的发展速度。以下将列举湿热地区使用环境对水泥路面的主要影响。

2.2.2 路基差异沉降导致的路基与基层之间的脱空

由于长期处于高温多雨环境下,我国南方地区以高液限土为代表的各类红色土壤分布较为广泛,该类土天然含水率高,压实控制难度大,加上多雨气候的水破坏作用普遍,综合导致路基差异沉降量较大。与美国倾向沥青混凝土(或级配碎石)等柔性基层不同,我国普遍使用半刚性或刚性基层,基层的承载力足够但抗变形能力不足,对路基是否能够提供均匀连续支承的要求也较高,当路基产生差异沉降时,基层与路基之间便会形成脱空,破坏受力模型中地基支承的条件。基层与路基之间的脱空包括温度变化脱空和路基差异沉降脱空。

1)温度变化脱空

由于较为密实的路面板温度传导能力较强,而空隙率较大的基层温度传导能力较弱,因此在环境温度变化时,路基的温度变形量远低于基层,导致路基和基层之间发生温度脱空。不过由于路基属于弹性体系,可适应一部分脱空量,因此该温度脱空数量级较小。

2)差异沉降脱空

路基的差异沉降脱空量较温度脱空大几个数量级,这是因为由非透水性填料填筑的填土类路基会在摊铺后几年内发生相当于路基填高的1% ~5%的沉降变形,且由于土质的变化、压实功的改变和结构部位的不同,填土路基内不同部位区域的自然沉降变形量差异较大,导致基层与路基之间产生显著的脱空。

(1)填方路基

填方路基的沉降按照时间变量可分为施工沉降和工后沉降,按沉降类别可分为压缩沉降以及与上部荷载、时间过程、土体含水率相关的排水固结沉降。一般路基填筑越高,填料越细,天然含水量越大,沉降特别是工后沉降量越大。

由于路面板设有接缝,因此如果整段路基发生均匀性的沉降则问题并不大,但由于路基在不同部位的压实度、填土高度、填料类型、含水量等的分布有着显著变化,路基内部在空间分布上更多的是出现各类差异沉降变形。例如影响路面板使用寿命较为显著的路基横向差异沉降变形,在路基的横向范围内,路基边

缘部位只有单向约束，而中间部位存在多向约束，路基的沉降变形量在平面上是两侧大、中间小，存在明显的横向差异沉降。根据经验和估算，路基边部和中部的差异沉降最大会达到路基填高的2%。因此，在现实中不难发现，高速公路虽然施工管理要严格得多，但部分高填方路段因路基沉降而导致面板纵向开裂的风险有时会高于填方高度总体较低的低等级公路。

(2)填挖交界处

一般挖方路堑不会发生明显的沉降变形，但填方路基的沉降变形量较大，加上湿热地区的降雨量大，填挖交界处的填料易被外界水冲刷流失，综合导致填挖交界处产生显著的差异沉降。即使在进行了挖台阶等处理方法后，填挖交界处的差异沉降仍会达到路基填筑高度的0.5%～1%。

(3)结构物部位

桥涵结构物不允许有沉降，因此结构物与路基接触的部位也会因为路基沉降而产生明显的差异沉降变形。如果结构物台背的回填材料未按要求采用透水性材料时，接触部位的填料受外界水冲刷的影响，细粒土还会严重地被冲刷流失，导致差异沉降量更大；如果不采取回填透水性材料等措施，该沉降量最大将达到路基高度的3%。

(4)不良填料路基

当路基采用不良填料填筑时，填方路基的差异沉降变形问题显得更为突出。湿热地区不良土质面积大、土层厚，如广西境内便广泛分布高液限粉土和高液限黏土，不少公路沿线几十公里内都难以找到合格填料，很多公路也因此允许在某些条件下按相关规定使用不良土填筑路基。

①高液限粉土路基

高液限粉土虽然颗粒均匀，但颗粒较细，可压实性差，即使路基的压实度达到要求后仍表面松散，承载力不足，坡面位置更易受雨水冲刷而造成大面积水毁。高液限粉土的透水性强，地表水及地下水容易透过路基，导致颗粒被冲刷流失，在填挖交界、路基与结构物结合处等部位更为明显，路基差异沉降量很大。由于颗粒较细且易吸水饱和，饱水的高液限粉土路基受到施工中的压实机械振动作用或运营中的重型车辆振动作用都会液化，路基承载力大大降低，整体破坏趋势显著提高，如图2-10所示。

②高液限黏土路基

高液限黏土的颗粒也较细，吸水性大，有一定的膨胀性，干缩后易开裂，且大多处于过湿状态，即使经过多天晾晒后也难以压实，采用重型压实工艺后还易产生软弹。如俗称“公路癌症”、困扰我国南方地区公路建设的膨胀土便是高液限黏土的典型类别。

压实后的高液限黏土路基整体强度较低，边坡及路床易产生塑性流动和黏性流动等非线性变形，当路基侧向约束不足时，路基易产生整体滑塌破坏。当填土较高时，路基会产生较大的横向差异沉降，在旱季易开裂，雨季裂缝还会扩展，导致部分路基产生整体滑动破坏。

a）高液限粉土

b）高液限黏土

图 2-10　不良填料填筑的路基

此外，高液限黏土路基的稳定时间很长，当外部水有途径进入路基中时，高液限黏土在行车荷载振动作用和路床动水压力作用下，内部黏聚力逐步降低甚至为 0，原本不超过 15°的内摩擦角值也会降低 2°～3°，导致后期回弹模量很低且离散性很大，工后差异沉降变形量更大。在排水不畅的情况下，路基在自身恒载和车辆荷载作用下可产生较大的流变变形，不断地发生塑性滑动破坏，无法如同一般路基那样随着时间的延长而逐步稳定。

3）路基的差异沉降稳定期

根据对广西部分高等级公路路基的长期观测结果可知，粗粒土路基的差异沉降稳定时间需要 3 年左右，细粒性黏土或粉土路基的稳定时间则长达 5 年以上。对于高液限黏土特别是膨胀土路基，如不采用处理措施，路基的工后沉降会随着时间的延长不断加大。

在解决路基的差异沉降问题方面，欧美等国除了在施工中采用各类预防措施外，也推崇在路基施工完成后先铺筑临时路面，待路基工后沉降稳定后再铺筑永久性路面的办法。如奥地利在修建山区高等级公路的水泥路面前先铺筑 10～15cm左右的临时沥青路面，允许 7 年的自然沉降期。美国对一些干道水泥路面和机场道面也有着类似的要求。

广西公路建设任务重、资金紧张，通车后的资金压力和社会压力使得分期修

建方式不太可行。如何在施工过程中采用各种措施,缓解路基的差异沉降变形,减少基层和路基之间的脱空量,是提高路面耐久性的重要手段。

2.2.3 水和温度变化作用导致的基层与面层之间的脱空

基层稳定、连续的支撑是混凝土路面板能够充分抵御车轮荷载作用的必要保证,但层间水的冲刷与溶蚀作用、面板和基层之间的温度变形不协调等问题,都会导致面板和基层之间产生脱空,进而引发面板开裂、接缝错台和唧泥等严重病害。

1)层间水溶蚀和冲刷导致的脱空

湿热地区年降雨量大,而普通水泥混凝土路面板由于设置了接缝,填缝料在运营中会破损流失,雨水就会从接缝处下渗至面板与基层之间,土路肩也会有部分外界水渗透至这个位置。由于较为致密的水稳类基层一般不设接缝,该层间水无法继续下渗,当路面内部排水系统未能充分发挥作用时,水会长期滞留在面板和基层之间,并在行车荷载的压力下形成高速水流,对基层顶面形成冲刷和溶蚀作用。

冲刷和溶蚀虽然在本源上都是由层间水引起的,但机理有很大的不同。冲刷主要是物理作用,当基层顶面抗冲刷能力较差时,由于车辆反复行驶,在高速层间水的反复冲刷作用下,基层材料中的细小颗粒会逐渐流失,最终形成路面板与基层之间的冲刷脱空。冲刷脱空是广西20世纪90年代高速公路普遍使用的二灰稳定类基层的最主要破坏形式,如图2-11所示。

图2-11 接缝板处的二灰稳定基层(黑色芯样)冲刷较为明显

溶蚀是物理和化学的结合作用。在动水压力作用下,水泥稳定材料中的可溶性和交换性离子会流失,无机结合料会分解,沥青结合料也可能剥落,这些都会导致基层材料的强度降低,整体性遭到破坏。溶蚀作用发生的部位和结果和冲刷类似,因此常会被误认为是冲刷,溶蚀出现后可观察到路面接缝或裂缝有白色粉末状浆体(碳酸钙类结晶体)渗出。

施工工艺上可利用振动轮胎压路机的搓揉振动作用促使水稳和贫混凝土基层表面充分提浆,从而提高基层表面的抗冲刷性和抗溶蚀性。但由于基层材料中的水泥浆含量较低,基层表面硬化后强度和密度也不高,加上搓揉振动作用的变异性很大,因此基层表面的抗冲刷和抗溶蚀能力不会太高。此外,合理进行路面接缝设计,减少雨水的下渗,可以降低板底动水压力的不利影响。

在基层顶部设置各类辅助抗冲刷和抗溶蚀的功能层被证明是比较有效的手段,但如热沥青石屑封层或乳化沥青稀浆封层等功能层因厚度小,抗冲刷和抗溶蚀性能较弱,施工控制难度较大,更易破碎积水,反而成为冲刷溶蚀的重灾区。欧美等国提倡使用3~6cm的沥青混凝土功能层,近年来逐渐被我国公路工程界所接受并应用推广。

2)温度翘曲变形导致的脱空

为了解决二灰稳定基层抗冲刷性不强的缺点,2000年后的水泥路面设计逐步采用了强度更高、抗冲刷性能更好的水稳基层和贫混凝土基层。早期路面使用的水稳基层的强度虽然高于二灰稳定基层,但厚度仅有20cm,在基层和路面板之间的接触状态上并未显现出太多问题。但在2008年后修筑的几条高速公路中,由于采用了两层水稳基层或水稳基层和贫混凝土基层的组合基层,不但整体强度更高,基层总厚度接近以前的两倍(达到40cm),导致了基层的总体刚度大大提高。这样当温度变化时,特别是在经历了从夏季下午到凌晨或者夏季高温时段暴雨后这种环境温度迅速降低的周期后,由于基层本身位于面板下部,受温差变化的影响较小,加上刚度较大,温度翘曲变形程度较路面板要小得多,导致在负温度梯度时,板边、板角与基层层间会因此产生明显的温度翘曲脱空。考虑到板角是施工的薄弱部位,周边缺乏约束,受力条件较板中恶劣,凌晨又往往是重型货车行驶的时段,当板角脱空时,车辆的冲击力和荷载应力会导致板角断裂。板角断裂也因此成为近年来高速公路水泥路面的主要破坏形式之一。基层和面板之间的温度翘曲脱空如图2-12所示。

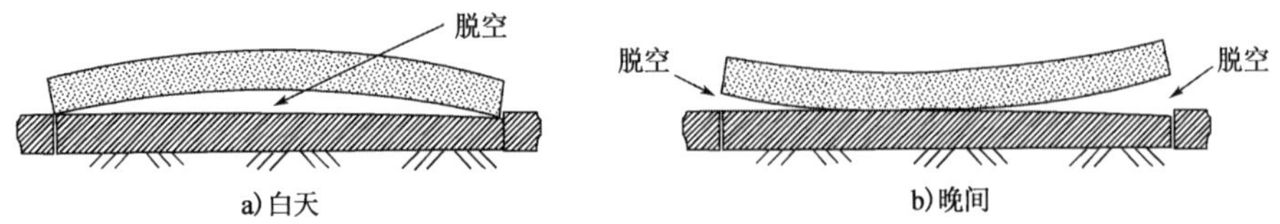

图2-12 基层和面板之间的温度翘曲脱空

在经典的水泥路面设计模型中，临界荷位假定位于接缝边缘中部，并假设基层与路面板光滑接触，此时如采用高强大厚度基层，临界荷位的计算荷载应力很小。该状态与温度升高、路面板角向下翘曲变形的状态相符，与白天升温时段的路面板角动弯沉检测结果也匹配，并由此引出高刚度基层路面的承载能力很强，不会出现翘曲脱空的错误结论。因此，在观测高强大厚度基层路面板角的翘曲脱空时，不能仅仅依靠白天升温时段的动弯沉检测结果，更需要注意夜间降温时段的翘曲脱空情况。

对温度翘曲脱空的防治可通过设计和施工优化达到，包括：在面板设计中合理控制缩缝间距，降低面板中的收缩应力和温度翘曲应力；在基层设计与施工中，控制基层的厚度和强度以降低基层的整体刚度；在基层与面板间设置沥青混凝土功能层也被证明是减少基层与路面板间脱空程度的有效手段。

3）基层开裂破损导致的脱空

当基层由于设计、施工、养护不当时或长时间临时通车时，基层顶部易产生开裂破损，虽然浇筑面板时下渗的水泥浆能够修复一些可见缺陷，但一些不可见缺陷或裂缝在运营中会扩展延伸，而从路面板接缝下渗的层间水会在断裂处停留并反复冲刷，导致开裂破损范围增大，最终形成层间脱空，如图2-13所示。

图2-13　基层顶部的开裂和破损

通过优化基层材料的配合比设计，减少细料含量，严格控制施工含水量，做好养护工作和交通管制，可以减少基层的开裂破损，但采用各类功能层减少层间水的影响和修复裂缝破损是更为有效的方法。

2.2.4　施工条件变化导致的路面混凝土的施工变异性

1）内分层和外分层的出现

由于现场施工条件与试验室试件制备条件不同，导致路面混凝土的施工性能与设计目标往往存在较大的变异性，其中施工环境气候条件、施工管理因素（原材料进场和存储、搅拌和运输及摊铺）和摊铺工艺因素（密实工艺与成型工艺）是路面板内部存在施工变异性的源头。

配合比设计不当，原材料来源不稳定、存放不规范，防雨、防串料、防污染措施不到位，施工气温过高或波动较大等因素，都会影响到路面混凝土施工质量的均匀性和稳定性；搅拌楼操作人员技术能力不足或不尽责、设备不稳定、搅拌方量长期大于额定方量等问题，也会导致搅拌楼出料的质量波动性大；运输过程中未采用搅拌车运料，混凝土可能会出现离析分层和表面假凝现象，如果在摊铺前未能重新拌和，混凝土也会产生明显的质量变异；摊铺前的卸料和布料工艺不当，会导致混凝土分布不均匀，不利于摊铺；运输能力不足而导致摊铺机停机等料，摊铺机设备未调试好、履带行走基底不平整密实等因素，会导致摊铺平整度下降和质量波动。各类施工不利因素可通过精细化施工控制予以减轻甚至基本消除，如优化配合比设计、严格控制集料进场、对集料实行分类堆放和覆盖搭棚、不使用过热水泥、避免不利天气施工或采取预防措施、对搅拌楼设备定期标定和合理使用、科学规划运距和运输车辆数量、采用搅拌车运料和侧向布料机辅助布料、根据摊铺情况实时调试摊铺机机械参数、加宽水稳基层或采用其他办法提供坚实的摊铺机行走轨道等都是有效的手段。

相比之下，密实工艺和表面成型工艺带来的影响要隐蔽得多，也更难以解决。表面成型工艺（图2-14）导致的外分层结构较容易理解，由于制作抗滑构造要求路表面有一定厚度的砂浆，当混凝土过黏稠导致提浆时间较长时，表面砂浆往往含砂量小且水灰比高，成为混凝土表面的薄弱部位，形成外分层结构。内分层则是由于内部密实工艺所形成的。内部密实工艺一般采用插入式振动密实方法（图2-15），插入式振捣棒的振动波作用必然导致行进轨迹周围区域的砂浆富集而集料远离，当存在拖行情况或振动烈度达到一定幅度后，该区域早期收缩开裂的风险增大，形成了内分层结构。

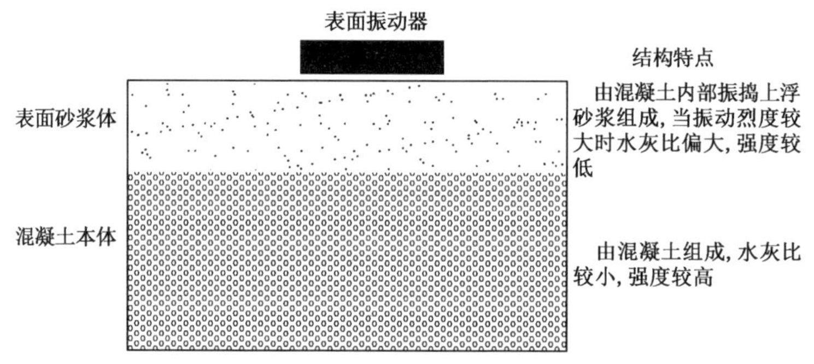

图2-14　采用表面振动提浆工艺引起的外分层结构

摊铺机械与工艺是影响内外分层程度的最大因素。三辊轴摊铺机的密实工艺采用排式振捣棒插入式振捣方式，表面提浆工艺采用振动轴表面离心振动提浆方式，内外分层现象显现得较为突出；相比之下，滑模摊铺时混凝土的密实过程在振动仓内进行，振捣棒不直接插入路面板中。表面提浆工艺则采用提浆夯

实杆和振动搓平梁组合进行，二者的频率为 100 次/min 左右，远低于三辊轴振动离心轴的 300 次/min。因此，在确保供料及时、混凝土工作性适宜等条件下，滑模摊铺路面的内外分层程度要远低于三辊轴摊铺路面。

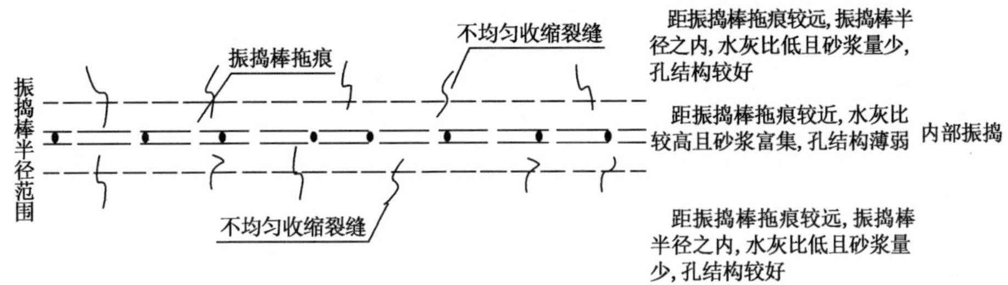

图 2-15　采用内部振捣密实工艺引起的内分层结构

密实和成型工艺带来的施工变异性无法避免但是可以减少，一般大厚度全幅施工路面的施工变异性要远高于薄板分幅施工的路面，体现为路面板的平面和立面两个截面上混凝土的弯拉强度和收缩性的变异性显著增大，内部和表面开裂趋势增加，路面板对板底支承程度变化的敏感性增强。当外分层现象较明显时，表面砂浆的质量和均匀性还会降低，平整度显著下降，抗滑构造的损失速度加快。

2）平整度的劣化

平整度的好坏受路面混凝土的工作性、施工管理技术水平、施工环境气候、供料和运输及摊铺机械的配套、辅助机械配备等因素影响很大。如广西在 20 世纪 90 年代修筑的第一批高速公路水泥路面，虽然路面混凝土制备普遍采用中小型拌和楼，供料能力不强，但因为采用三辊轴机组或小型滑模机分幅摊铺，作业速度较慢，面板厚度较薄，对供料速度的要求不高，供料、运输和摊铺速度基本匹配，摊铺机等料待料的现象不多。此外，混凝土强度设计要求不高（<4.5MPa），设计水灰比不太低，减水剂掺量不大，混合料黏性不大，采用三辊轴立模施工有时还采用流动性混凝土和表面提浆工艺，该类混凝土振捣时易提浆，修饰作面难度不大，都利于平整度的控制。此外，早期建设单位自主权较大，对平整度的控制较为重视，可灵活采用奖罚制度，施工单位也由此注重细节控制，因此早期的高速公路水泥路面平整度合格率大都高于 90%。

与之形成对比的是，广西在 2008 年修筑的几条高速公路，由于采用了滑模一次性全幅摊铺方式，面板厚度提高至30～32cm，因此对供料速度的要求提高，此时混凝土的生产和运输能力与摊铺速度常会无法匹配，摊铺机停机待料的现象时有发生；此外，为了提高混凝土的抗弯拉强度和降低用水量，使用了大量的减水剂，导致混合料的黏性较大，这虽然对减少塌边现象有利，但当施工气温、风速较高时，混凝土的工作性下降很快，振捣提浆的难度加大，表面砂浆过干过涩，超级抹平板的抹平效果大大降低；使用了较粗的传力杆（直径为38～40mm）也是一个影响因素，当采用后置式插入传力杆工艺时，由于混凝土黏性大而传力杆直径较粗，插入传力杆时反力过大，导致摊铺机被频繁顶起；认识不足和后期赶工现象也是影响平整度控制的重要因素，一线参建单位对平整度和抗滑构造等表面功能指标的重视程度普遍要低于强度和厚度等结构指标，特别当存在建设后期赶工的现象时，基层平整度不足，摊铺机的基准线控制精度不高、行走轨迹不平整密实、机械参数调试不到位，对已有缺陷二次整修不足等施工细节往往成为影响平整度的关键因素。

2.2.5　重载和超载导致的路面板加速损坏

超载重载车辆已成为水泥路面的最大杀手。路面属于刚性结构，当车辆荷载超过一定限度时，路面板的疲劳开裂寿命将成倍降低，甚至会出现一次性断裂现象，这在国内外诸多文献分析中已得到了证实。

不限制车辆的载重，仅依靠路面结构和材料优化并不能根治超载重载破坏问题，但提高路面的承载力仍是有效途径之一。水泥路面主要依靠刚性路面板受力，因此提高路面的承载能力除了尽量减少路基差异沉降和结构层层间脱空外，最有效的途径是提高路面板的承载力，如通过增大面板的厚度、配筋或掺纤维以提高面板的抗弯拉能力等。比利时等部分欧洲国家、美国德克萨斯州等多个州在高速公路中普遍使用连续配筋路面。部分研究人员曾试图通过使用高强高性能混凝土来提高路面板的承载力，但后来发现掺入大量高效减水剂等经济型方法会导致混凝土黏性过大而影响施工，掺入硅粉、聚合物等方法则成本过高，其效果不如增大面板的厚度经济有效。

2.3　典型湿热地区水泥路面技术的发展与现状

广西、广东、福建、海南等湿热地区由于气候条件和地方材料等原因，至今水泥路面仍在等级公路路面中占有一定的份额，水泥路面技术也在不断地发展和完善中。广西是典型的湿热地区之一，近年来，以广西交通科学研究院为代表的广西公路科技工作者通过承担和参加西部交通建设科技项目重大专项“耐久性水泥混凝土路面关键技术研究”、广西交通科技项目“耐久性水泥混凝土路面合理结构及实用技术研究”等多个水泥路面技术研究项目，在过去10年中坚持对广西境内十余个具有代表性的高速公路和路网干线公路的水泥路面进行了跟踪观测，由此对广西水泥路面技术多年来的使用效果进行了系统地梳理、分析和总结。

2.3.1 高速公路水泥路面摊铺技术

广西是我国的水泥路面铺筑大省，2015 年高速公路水泥路面的铺筑里程仍保有 1 100km（不包括复合式路面），居全国第一，这与本地的资源分布、产业结构、使用环境等因素是密切相关的。首先，广西的石灰岩储量极为丰富，石灰岩分布面积达 9.7 万 km^2，占全区总面积的 40%；而铺筑沥青路面所需的辉绿岩资源仅在百色等少数地区出产，储量不大，玄武岩则未有大量矿藏的报告。其次，水泥路面的铺筑成本相对沥青路面要低得多，更为适合经济相对落后、建设资金较为紧缺的广西。再次，水泥是广西的支柱性产业，近年出现了严重的产能过剩现象，发展水泥路面有利于消化部分过剩产能，为产业结构调整提供资金；广西气候炎热多雨，多山多谷，而长大纵坡沥青路面的车辙和水损害等问题较难解决，此时使用水泥路面的长期运营成本低于沥青路面。因此，虽然水泥路面在广西当前的发展也遇到了很多困难，但在公路建设中仍占据无法取代的地位。

广西高速公路水泥路面技术的发展可分为以下几个阶段。

1）储备阶段（1995 年前）

由于公路建设资金紧缺，水泥产业发展不快，等级公路较少等原因，广西在 1990 年前仅在地方公路中保有 107km 的水泥路面，不过此时虽然建设步伐不快，但技术上仍能够紧跟全国水泥路面技术发展的脚步，特别是通过积极参与“七五”科技先导性 025 号项目“我国水泥混凝土路面发展对策及修筑技术研究”（简称“025”课题）的研究和推广，为此后广西水泥路面的腾飞奠定了知识和技术储备。1993 年后广西的水泥路面建设加速发展，到 1995 年水泥路面通车里程达到近 600km。

2）二灰稳定基层薄板型路面发展阶段（1995 ~ 1997 年）

前期的建设经验和技术研究为 20 世纪 90 年代末广西水泥路面的大规模铺筑积累了经验。1997 年通车的广西第一条高速公路——桂林至柳州高速公路全线 140km 采用了二灰稳定基层薄板型水泥路面，平均每公里造价仅 1 340 万元,是迄今为止我国每公里造价最低的高速公路。

薄板型路面在结构上总体表现为面板较薄、基础较弱,采用较薄厚度(<26cm)、较低强度(混凝土设计弯拉强度 4.5MPa)的路面板,1997 年前修建的高速公路水泥路面为了降低造价,还使用较低强度(7d 强度 0.8MPa)、较薄厚度的二灰(石灰粉煤灰)稳定基层和一定厚度的粒料垫层,路面结构总厚度不超过 65cm,如表 2-3 所示。

二灰稳定基层薄板型路面典型结构 表 2-3

结构层次	路面材料	厚度(cm)	强度(MPa)
面层	5.0MPa 水泥混凝土	24	4.5
封层	沥青石屑下封层	1	—
基层	二灰稳定碎石	18~20	0.8
垫层	级配碎石	16~20	—
总厚度	—	61~65	—

采用类似典型结构的高速公路还包括南宁至柳州公路(1997~1999 年修建,长 225km)、钦州至防城港公路(1994~1997 年修建,长 96km)、南宁至北海公路(1996~1998 年修建,长 223km)等,总里程约 922km。

路面施工主要采用三辊轴机组摊铺技术,广西自主研发了三辊轴整平机和配套的排式振捣机、拉杆插入机、软切缝机和刻槽机,路面混凝土的平整度控制良好,纹理构造均匀(图 2-16)。基层材料使用二灰稳定碎石或砂砾,采用稳定土拌和机拌和、平地机摊铺和压路机压实成型的施工工艺,7d 无侧限抗压强度可达到 3~4MPa。考虑到二灰稳定基层的抗冲刷能力较差,在基层顶面设置了热沥青石屑封层作为抗冲刷层;级配碎石垫层采用装载机现场拌和、平地机整平和压路机压实的施工工艺,要求压实度达到 97%,并常采用表面板结作为垫层质量控制的外观指标。

路面抗滑性能在工艺改进后得到了保证,早期的桂林至柳州、钦州至防城高速公路在路面混凝土硬化前使用人工拉槽工艺,这种软刻槽[图 2-17a)]的构造深度和耐久性不足,磨损速度快。此后的高速公路采用拉毛和硬刻槽的抗滑构造制作方式[图 2-17b)],抗滑性能及抗滑构造的耐久性基本能够满足相关要求。

该时期修建的水泥路面在使用 5 年后陆续出现了早期路面板断板率高的问题,调查后认为其原因是路面结构强度低、二灰稳定基层的抗冲刷能力差和排水不良等,因此二灰稳定基层未继续在高速公路中使用。至 2015 年,在较早的二灰稳定基层薄板水泥路面公路中,柳州至南宁、南宁至北海、南宁至吴圩机场、桂

林至柳州公路部分段落等共约600km的路面已加铺了沥青罩面，桂林至柳州公路剩余的90km于2015～2016年加铺沥青罩面，已加铺和拟加铺沥青罩面的路面里程约占二灰稳定基层薄板型路面总里程的80%以上。但是，宜州至柳州高速公路由于交通量不大，部分路基采用山砂和破碎砾石填筑，直至目前大部分路段路面仍运营状况相对良好，成为广西运营效益最好的公路之一。

a)自行工作

b)插入振实工作

图2-16　广西自主开发的三辊轴机配套排式振捣机

a)软刻槽

b)硬刻槽

图2-17　两种刻槽形式比较

3)水稳基层薄板型路面发展阶段(1997～2003年)

20世纪末至21世纪初，广西逐步采用水泥稳定基层代替二灰稳定基层，以提高基层的强度和抗冲刷能力，其路面板厚度提高到26cm，混凝土的设计弯拉强度由4.5MPa提高到5.0MPa。该类路面的典型代表有南宁至坛洛、水任至南宁、苍梧至郁南等项目，总里程约253km，如表2-4所示。

水稳基层薄板型路面典型结构 表 2-4

结构层次	路面材料	厚度(cm)	强度(MPa)
面层	5.0MPa 水泥混凝土	26	5.0
封层	沥青石屑下封层	1	—
基层	二灰/水泥稳定碎石	20	6
垫层	级配碎石	16～20	—
总厚度	—	63～65	—

级配碎石垫层施工工艺变化不大。水稳基层则采用间歇式拌和机拌和，条件较好的项目采用摊铺机摊铺和振动压路机压实，部分项目采用振动压路机和胶轮压路机结合碾压的方式，提高了基层表面的强度和均匀性，基层的 7d 无侧限抗压强度普遍超过 6MPa。水稳基层上仍设置热沥青石屑封层以起到防冲刷的效果。面层施工从宜州至柳州公路(1998 年)开始引入滑模摊铺方式，并在兴业至六景公路等项目中得到推广应用，路面的摊铺速度和效率、平整度、抗滑性能等都较以往有很大提高。

尽管路面结构的强度和厚度得到了增强，但整体结构承载力仍显偏弱，面板厚度仍然不足以抵御超载重载车辆和路面脱空的影响。水稳基层的抗冲刷溶蚀能力不够，热沥青石屑封层也成为施工质量控制的薄弱之处，导致路面板和基层之间仍存在冲刷类脱空。部分交通量较大的路面的早期破坏速率仍然较快，如南宁至坛洛、水任至南宁公路南宁绕城段在通车 5 年内便频繁维护。但水任至南宁公路的安吉至都安段的大部分段落则由于交通量不高，采用填石路基且填筑施工质量控制较好，至今仍通行状况良好，路面板的破坏比率较低。

薄板型水泥路面早期采用三辊轴机摊铺，中后期采用滑模摊铺，平整度普遍控制较好，除了最早的桂林至柳州公路因缺少经验($\sigma = 1.3 \sim 1.5$mm)外，其他项目的水泥路面可确保 $\sigma < 1.2$mm，个别路段甚至达到 0.6mm，这与此后的厚板型路面的平整度较差形成了鲜明的对比。

在感受到沥青路面的低噪声、高舒适性和早期维护较便利等优势后，广西在 2000 年后便开始大规模地在高速公路中推广沥青路面。如 2003 年前修建的 1 175km高速公路全部采用水泥路面，但在 2003 年开工的 388km 高速公路中，仅有苍梧至郁南公路有 18km 采用水泥路面，其他均使用沥青路面结构。

4)强基厚板型路面发展阶段(2004～2008 年)

2003 年后广西为了解决建设资金的不足，引进了 BOT 建设模式，2004～2008 年修建的岑溪至梧州等三条公路共 264km 的水泥路面均采用 BOT 建设模式。

在“更强更厚”理念的指导下，也部分受到沥青路面设计理论体系的影响，部分工程技术人员认为以往水泥路面易早期破坏的主要原因是路面结构厚度和强度欠缺，因此将20cm的水稳基层提高至总厚度40cm的贫混凝土和水稳的复合基层，同时引入了在国外应用较为成功的乳化沥青稀浆封层替代热沥青石屑封层，面板的厚度也提高到30～32cm，路面结构总厚度达到90cm，和沥青路面不相上下。强基厚板型路面典型结构见表2-5。

强基厚板型路面典型结构　　表2-5

结构层次	路面材料	厚度(cm)	设计强度(MPa)
面层	5.0MPa水泥混凝土	32	5.0
封层	乳化沥青稀浆封层	0.6	—
基层	贫混凝土	18～20	C10
底基层	二灰/水泥稳定碎石	20	6
垫层	级配碎石	18～20	—
总厚度	—	88～92	—

2000年前的高速公路水泥路面普遍不设传力杆，为了降低路面错台率，2000年后陆续开始使用传力杆，随着2004年后面板厚度的增大，传力杆的直径从18cm逐渐加粗至38～40cm。

施工工艺的自动化和机械化程度大大提高，除级配碎石垫层仍采用平地机摊铺外，水稳和贫混凝土基层均采用机拌机铺方式，基层的强度得以保证，面层普遍采用全幅大厚度滑模一次性摊铺方式。

强基厚板型水泥路面的使用寿命较以往路面有明显延长，三条高速公路的早期断板速率明显降低，至今均未开展过中修以上处理工作，而同期或更晚修建的几条高速公路沥青路面则已多次进行中修。但与国内总体情况一样，强基厚板型路面的结构设置和传统的机械配备及混合料设计不配套，导致出现了面板与高刚度基层之间脱空显著、拌和和摊铺能力不匹配、粗传力杆插入反力大等新问题，虽然摆脱了早期断板率高的“噩梦”，但又陷入了早期断角率高和平整度显著下降的“泥潭”。几个项目的交工平整度合格率普遍低于50%，个别项目的竣工(通车后三年)平整度合格率仅为10%，严重影响了建设部门继续修筑水泥路面的信心。

5)对耐久性水泥路面的探索(2009年至今)

水泥路面的“车轮”在广西高速公路上快速行驶了16年后，在2008年后慢慢停了下来，虽然仍有部分技术人员为水泥路面摇旗呐喊，但各种压力却迫使建设单位在高速公路中慎用水泥路面,在2008～2014年修建并通车的1 468km高速公路中,仅2008年修建的筋竹至岑溪公路有39km采用水泥路面,以及隆林至百色公路178km采用机制砂水泥混凝土作为复合式路面的下面层。在建的1 000多公里高速公路中,仅有三江至柳州公路168km因建设前期采用了BT(合作建设)方式,合作方基于成本考虑采用了水泥路面结构,成为广西目前唯一的一条在建水泥路面高速公路。

广西曾被称为中国水泥路面的最后一个堡垒,工程技术人员在水泥路面低潮期仍具有热情,如从2008年开始积极参与了西部交通建设科技项目重大专项"耐久性水泥混凝土路面关键技术研究"、广西交通科技项目"耐久性路面实用技术研究"等课题,相关成果包括提出了粒料变形调整层、沥青混凝土功能层、低阻力混凝土技术等,在编的广西地方标准《高等级公路水泥混凝土路面设计规范》及三江至柳州公路路面结构设计(表2-6)便吸收了相关成果,更为注重结构组合设置的协调性及合理性。

三江至柳州公路水泥路面结构　　表2-6

结构层次	路面材料	厚度(cm)	强度(MPa)
面层	5.0MPa水泥混凝土	30	5.0
功能层	沥青混凝土	3	—
上基层	水泥稳定碎石	20	6
底基层	水泥稳定碎石	20	6
垫层	级配碎石	20	—
总厚度	—	93	—

2.3.2　地方公路水泥路面摊铺技术

广西气候炎热多雨,地方经济不发达,建设资金来源渠道不够丰富,水泥产业是主要的地方产业之一,加上地方公路对路面的表面功能要求并不太高,因此,无论从使用环境、造价成本、拉动地方经济等方面来说,水泥路面必然成为广西地方公路的主要路面结构。2009年底的调查表明,在7 710km的地方公路高级铺装路面中,水泥路面的里程为4 737km,占61%;沥青混凝土和沥青碎石路面的总里程为2 974km,占39%。在建的地方公路几乎全部采用水泥路面结构。

广西地方公路建设部门认为水泥路面是耐久长寿命的路面结构,这与高温多雨的气候环境不利于沥青路面使用有关。2002～2006年修筑的很多沥青碎石路面本身的水稳性和抗重载能力较差;2006年后修筑的沥青混凝土路面则因

为建设资金所限，路面结构厚度较薄(7～9cm)，施工技术及设备水平也难以达到铺筑高质量沥青路面的要求。广西公路管理局、广西交通科学研究院等单位曾于2009年以路面结构类型、路面状况、交通量、路龄等参数为标准，对104条二级公路进行了普查，认为在地方公路中，沥青路面的抗重载能力及耐久性均不及水泥路面，特别在山区公路的长大纵坡路段，沥青路面的早期损害问题突出，路面性能衰减过快，通车3年以上的重载沥青路面大都需要中修或大修，交工5年后的路面综合评价指数PQI值一般不超过80，而同期修建的水泥路面大部分路况均好，PQI值普遍超过85。

广西地方公路水泥路面的典型结构(表2-7)在近十多年中未出现很大变化，仅在2006年后考虑到部分公路重载车辆增多，适当加大了路面板厚度。

广西地方公路水泥路面典型结构　　表2-7

结构层次	厚度(cm) 路面材料	建设年份	
		1998～2006年	2006至今
面层	5.0MPa水泥混凝土	24	26～28
封层	热沥青石屑封层	1	1
基层	水泥稳定碎石	18～20	20
垫层	级配碎石	15～18	18
总厚度	—	58～61	65～67

路网干线公路水泥路面的主要破坏模式仍为断裂，但与高速公路不同，大部分路面的连续断裂比率并不高，以间断的单块板断裂为主(图2-18)。近年来在一些旧沥青碎石路面上加铺了水泥路面，使用效果非常好，路面破损速度甚至较新建水泥路面要慢得多。

图2-18　地方公路水泥路面以非连续单板断裂为主

2.3.3 总体发展趋势

随着经济的发展、交通量的增长和使用要求的提高，广西的水泥路面技术在过去十多年中出现了不少变化：

(1)在设计理念上，更为强调使用功能和耐久性，如：面层要求更为坚强耐久和平整抗滑，基层要求抗冲刷性能更强，路面结构的厚度和强度不断提高；功能层强调了对路面结构整体的协调和辅助作用；对粒料垫层协调路基差异沉降的作用更为重视。

(2)在结构层类型选择上，早期强调经济性和就地取材，近年来倾向于选择刚度更高的结构层。如 2000 年前普遍使用低强度、厚度薄的二灰稳定基层，2000～2005 年广泛选择更高强度的水稳基层，近几年大厚度、高强度的水稳及贫混凝土基层则成为首选；路面混凝土的设计强度也有提高，设计抗弯拉强度从 2000 年前的 4.5MPa 提高到 5.0MPa，甚至要求增加极重交通类型，将设计抗弯拉强度提高至 5.5MPa 或 6.0MPa。

(3)在结构组合设置上，路面结构设计厚度不断增大。2000 年前高速公路的路面结构设计总厚度一般低于 65cm，面层厚度为 24～26cm；2001～2005 年铺筑的高速公路面层厚度提高至 28cm，结构总厚度提高至 65～70cm；2005 年后增设了 20cm 的贫混凝土或水稳基层，面层厚度增至 30～32cm，结构总厚度提高至 90cm 以上；近期又提出了增设 3～6cm 沥青混凝土功能层的设计思路。

(4)施工技术及控制水平逐步提高。路面摊铺在 2000 年前采用三辊轴机，2000 年后引入了大型拌和楼和滑模摊铺机械，摊铺技术日益走向自动化和规范化道路，基层和垫层也逐步实现机拌机铺方式。

(5)在横缝传荷装置设置上，2000 年前的高速公路水泥路面普遍不设传力杆，2000 年后开始使用传力杆；随着面层厚度的增加，传力杆直径从最初的 28cm 逐渐加粗至 38cm。

2.3.4 现有技术体系存在的问题

(1)技术体系自树一帜，但针对性和适用性仍显不足。

通过多年的自主研发及与国内外科研院所合作，广西已建立了一套初具系统的湿热地区水泥路面铺筑技术体系，其研发重心和重点与北方不同，北方由于路基土质相对较好，冬季冻融次数多，因此注重路面结构和材料的抗冻性。湿热地区大部分区域不存在严重的冻融问题，但不良土质分布广泛，气候炎热多雨，如采用粒料层减缓路基的差异沉降和防止路基毛细水上浮、采用功能层防止层

间水对基层顶的冲刷等技术措施便是广西水泥路面技术研发方面的重要成果，改进的三辊轴摊铺工艺则是在路面施工工艺研发方面的重大贡献。

虽然技术特点鲜明，但对应于湿热地区复杂而独特的使用环境，广西水泥路面技术体系仍缺乏针对性和适用性，如：在路面结构与材料设计方面，对不良土质路基的差异沉降、面板和基层层间水的作用、重载超载交通量等因素对路面耐久性的影响考虑不足；在施工工艺控制上，缺少对原材料进场控制、混凝土搅拌和运输、面层摊铺与养护等关键工序施工质量变异性的有效控制手段，路面摊铺质量不高，特别是表面功能不佳；在养护技术方面，养护设备和材料的研发水平落后，未形成成熟的预防性养护工艺，缺乏针对性和适用性，有较大的改善空间。

(2)技术成果不断涌现，但推广应用力度依然欠缺。

作为我国"水泥路面最后的堡垒"和湿热地区水泥路面技术研发应用的代表，广西在过去二十多年中研发应用了多种新技术，如20世纪90年代初使用粒料层技术，1999年在南宁至坛洛公路中试用透水性贫混凝土基层技术，2005年在坛洛至百色公路铺筑了沥青混凝土功能层实体工程，2010年又在国内首次大规模的应用水泥路面加铺薄层沥青罩面的复合式路面技术，这些成果大大丰富和完善了广西的水泥路面技术体系。

但由于种种原因，广西对新技术的再研发和推广力度不足，在路面技术的研发和应用方向上摇摆不定，不仅对多年来已成功应用的各类软弱路基处理技术、粒料层技术、功能层技术等缺乏系统的总结、再开发和创新，对一些试用成功的技术也没有坚持大规模推广。如透水性贫混凝土基层、沥青混凝土功能层等技术的试用非常成功，但由于各类原因仍停留在试验路工程上，新技术的推广和应用已成为广西水泥路面技术体系的短板之一。

(3)技术储备逐步充实，但施工控制与检测水平相对落后。

经过近二十年的探索，广西水泥路面技术体系的目标和实施路线已较为明确，基本形成了以提升路基路面的整体耐久性为技术目标，遵照"稳路基不均匀沉降、降路面结构层间脱空、提路面使用功能、减面板早期开裂"为总技术路线的技术体系，在解决路基差异沉降、路面结构层间脱空、重载超载交通作用、面层施工变异性等众多关键问题上提出了很多针对性的解决办法，为提高路面的耐久性提供了较多技术措施储备和保证。

虽然已有一定的技术储备，但在具体实施上仍缺乏有效的实施保证手段，这与近年来高速公路中较少应用水泥路面，地方公路对施工工艺的改进控制不太重视密切相关。与现今沥青路面施工趋于标准化和精细化相比，水泥路面的施工控制较为粗放，虽然机械化水平大幅提高，但其他方面的施工控制和保证手段进步不大,很多资质和能力不足的施工队伍在承建水泥路面,原材料进场和混凝土质量的控制较为粗放,也缺乏足够的现场控制和检测手段,如混凝土质量控制仍依靠施工中的坍落度测试和事后的钻芯测试强度等方法,重进度而轻质量、重强度而轻功能的现象较为普遍,新技术、新工艺、新工法很难得到推广应用。

长期以来,在水泥路面技术的应用实践中,不少决策者还是存在"头痛医头、脚痛医脚"的思想。如针对路面结构设置仍存在着"厚上再厚、强上更强"的思想,但水泥路面技术是复杂的系统工程,各系统要素之间紧密联系、相互制约,外部环境变化时均会产生新情况和新问题。每项技术均存在使用条件和适用范围,成熟的技术又需要成熟的施工控制作为保证。这些都需要研究者打破传统技术思路的老框架,审慎确定各项路面技术的适用条件和范围,充分考虑各项技术之间的交互作用和影响,提出适应于实际环境和使用条件的路面技术。

2.4 湿热地区水泥路面技术面临的挑战、优势与发展方向预测

2.4.1 面临的三大挑战

1)使用寿命与功能未达到设计与公众预期目标

使用寿命和表面功能达不到设计要求是目前水泥路面在应用推广中遇到的最大障碍。相较沥青路面,水泥路面虽然理论上噪声大、振动强、舒适性略差,但使用寿命长,维护费用低,在湿热环境条件下较沥青路面有着更大的应用优势,但现状往往是水泥路面的使用寿命短,维护费用高(图 2-19),使用功能差,成为继续大规模推广水泥路面的最大挑战。

早期的水泥路面结构强度低、厚度薄、基层抗冲刷能力差,出现较为严重的结构强度不足和早期断裂等问题不足为奇,但近年来采用了大厚度稳定类基层和厚面板,结构厚度与强度提高,基层冲刷程度降低,但路面的板角断裂和平整度大幅下降等问题却显现出来,极大地影响了水泥路面在公众中的形象,直接导致了近年修建的高速公路成为沥青路面结构一边倒的局势,部分建设资金较充裕的地方公路和市政公路也显著降低了水泥路面的比率。如何通过提升技术手段和管理手段,提高水泥路面的使用寿命和服务功能,是水泥路面能够与沥青路面竞争,在各等级公路建设中均占有一席之地的根本途径。

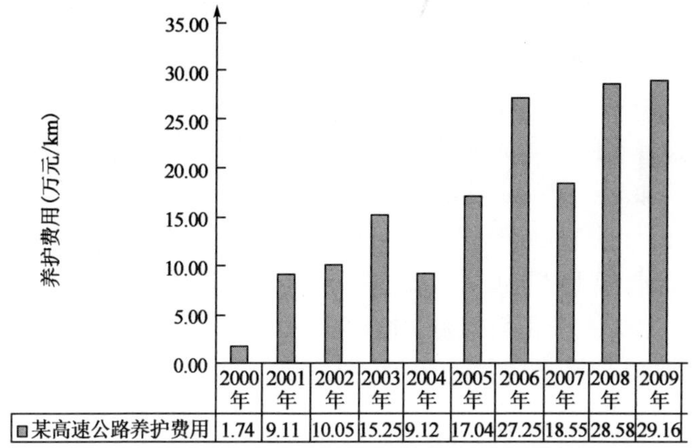

	2000年	2001年	2002年	2003年	2004年	2005年	2006年	2007年	2008年	2009年
■某高速公路养护费用	1.74	9.11	10.05	15.25	9.12	17.04	27.25	18.55	28.58	29.16

图 2-19　水泥路面使用 5 年后养护费用增长很快

注:数据来源于某高速公路养护部门,通车年份为 1997 年。

2)养护技术和可再生能力不符合可持续性要求

水泥路面的早期破坏现象较为普遍,放大了水泥路面养护技术和可再生能力的落后程度。目前我国的水泥路面养护技术手段和设备相对落后,尤其是预防性养护技术落后,养护耗费多、周期长、废料可再生困难(图 2-20)。由于缺乏预防性养护措施,当路面出现早期轻微病害时,会因为缺少养护而迅速发展为中等或严重病害。当路面板断裂导致结构承载力降低,抗滑构造损失或错台严重导致表面功能劣化后,又由于缺乏有效的快速养护技术,无法及时恢复路面的正常通行功能,这也成为建设部门不愿意在高等级公路中继续使用水泥路面的重要理由之一。

图 2-20　水泥路面废旧料可再生能力仍不足

3)效益和成本优势逐渐减弱

对于我国这个水泥大国而言,水泥路面相对于沥青路面的一大优势在于成本低廉。2008 年前普遍使用的薄板型水泥路面的单价低于沥青路面的 1/2,养护费用也不高,自然效益比成本要高得多。但近年来随着路面板和基层厚度不断提高,甚至增加沥青混凝土功能层后,水泥路面的建设成本不断增加。如目前按重交通条件设计的 18cm 厚沥青路面的建设成本为 400 元/m^2 左右,而 32cm 厚、带 3cm 沥青混凝土功能层的水泥路面成本也超过了 300 元/m^2。由于成本差距进一步缩小,而水泥路面的耐久性和使用功能又总是难以提高,建设部门自然会选择使用功能更好、早期维护更为方便的沥青路面。

2.4.2 具备的四大优势

1)应用优势仍然具备

水泥路面是湿热地区传统的高级路面铺装结构形式,在可预见的未来仍具备以下环境、成本、原材、产业等方面的应用优势。

(1)环境优势

湿热地区气候炎热多雨,山岭多、平原少,公路建设重心逐步向山区转移,而对于山区高速公路和其他等级公路的长大纵坡路段,沥青路面仍难以克服耐高温、抗推移和抗水损性能不好等问题,车辙和水损害现象较常见。相比之下,水泥路面是刚性结构,水泥混凝土是水稳性材料,相对于沥青混合料高温稳定性和水稳定性更好。水泥路面更适合于高温、多雨和长大纵坡重载交通条件,这也早已被国内外的应用实践所证明。

(2)成本优势

水泥路面在建设和养护成本方面相对沥青路面仍有优势。水泥路面的建设成本较沥青路面低,如能通过采用适当减薄水稳基层厚度等结构优化措施后,成本较沥青路面可降低 130 元/m^2,对一条路面全宽 23m 的高速公路而言,成本可减少 200 万元/km。此外,水泥路面的早期养护费用低于沥青路面,如使用 3 ~ 5 年的水泥路面的年养护费用大概为 5 万元/km,而沥青路面则一般会超过 7 万元/km。广西高速公路养护部门曾采用费用折现方法,对比运营中的水泥路面和复合式路面、沥青路面的建养成本(表 2-8),结论为水泥路面的 30 年折现后成本较沥青路面低约 120 万元/km。

(3)原材优势

我国南方湿热地区缺乏沥青混合料用优质辉绿岩和玄武岩,铺筑沥青路面受到外购材料的成本压力和质量保证压力均较大，而与沥青混合料主要依靠石料提供骨架支撑和抗滑作用不同，水泥混凝土主要依靠水泥胶浆硬化后提供强度和表面功能，对集料强度、硬度等技术指标的要求要低得多。实际上，我国对水泥路面用集料的要求已较高，国外常用卵石、机制砂甚至旧路面回收材料等制备水泥路面。

水泥路面和沥青路面的建设运营成本对比（单位：万元/km） 表2-8

路面结构	建设成本	日常养护成本	中修成本	第一次大修	第二（三）次大修	折算至30年后总费用	费用折现
沥青路面	697	8	25	216	365	5 686	990
水泥路面	656	8	51	323	—	5 011	873

注：1. 测算按6%折现率计算。

2. 水泥路面结构为：30cm混凝土路面板+3cm沥青混凝土层+40cm水稳碎石底基层+18cm级配碎石垫层，总厚度91cm；沥青路面结构：4cmAC-13C+6cmAC-20C+8cmAC-25C+0.6cm改性乳化沥青稀浆封层+透层+20cm水泥稳定碎石基层+40cm水泥稳定碎石底基层+15cm级配碎石垫层，总厚度93.6cm。

3. 本表摘自傅琴在第二届国际水泥混凝土及刚性路面会议上的讲座材料。

我国水泥产业较发达，随着行业结构的优化升级，大型企业逐渐占据了行业主流，散装水泥的供应充足，质量相对较稳定且价格低廉，而目前重交通石油沥青大部分依赖进口，由于供不应求，有供应商采用以次代好的手段，导致沥青的价格昂贵且质量波动性大，已成为威胁沥青路面质量的一大隐患。

（4）产业优势

水泥是广西的重要产业，水泥工业的产出占整个建材工业的70%以上。水泥生产供过于求的现象在广西已凸显，修筑水泥路面可以消化现有产业的部分过剩产能，达到拉动地方经济、促进产业升级和解决就业的多重效果。

2）使用功能还可提高

平整度差、噪声大、舒适性不佳等服务功能问题是目前国内不愿继续在高等级公路中大规模使用水泥路面的最大原因，但随着管理技术手段的改进和采取其他优化措施，水泥路面在使用功能方面的竞争力仍可以提高，使用范围也可以扩展。

（1）优化管理技术手段提高施工质量

提高水泥路面的施工均匀性、平整度和抗滑能力不只是技术问题，更大程度上是管理问题。如美国和欧洲施工设备与我国类似，但由于施工管理的精细化程度较高，水泥路面的平整度和抗滑能力也能够达到很高的水平，采用的平整度交工标准与沥青路面同为1.2m/km（国际平整度指数）；相较之下，我国水泥路面的交工平整度实测值甚至会高达2.5~4.5m/km。

我国水泥路面的施工管理能力目前仍无法与国外相比,因此在消除一些如赶工等不利外部因素的影响后,通过优化管理技术手段来提高路面施工质量的空间仍很大。如在管理手段上可采取在招标时限定施工单位的准入门槛、在合同中规定主要的机械和管理技术人员配备、在施工过程中加强现场监控和前后场反馈、在交工时针对平整度和抗滑实测结果采用适当的奖惩手段等,在技术手段上可采取改进摊铺机械设备、提高混凝土的可施工性能以及改进抗滑构造制作方式等。近年来,广西便采取了低阻力路面混凝土、纵向刻槽、前置法安装传力杆等工艺,取得了很好的效果,如2009年12月通车的岑溪至筋竹高速公路水泥路面的平整度合格率便较以往有大幅提高,如图2-21所示。

图2-21　筋竹至岑溪公路水泥路面的交工平整度合格率较高

(2)采用复合式路面技术改善表面功能

复合式路面技术已成为水泥路面在高等级公路中"救赎"的一帖"良药"。在新建或旧水泥路面上加铺沥青混凝土罩面,水泥路面下面层作为受力层可发挥承载力强的优势,沥青罩面作为功能层则体现了低噪声高平整度的作用,两种路面的优势得到了综合利用。复合式路面和普通沥青路面的表面功能相当,但建设成本和养护费用显著降低。据统计,广西已建复合式路面的建设成本约为320~340元/m^2,较沥青路面低80~100元/m^2;其养护成本为1.3~1.8万元/km,仅相当于沥青路面的1/6~1/5。

广西在经过了对坛洛至百色公路试验路的多年观察后,从2010年开始在隆林至百色高速公路、钦州至崇左高速公路连接线上共铺筑了近280km的新建水泥路面加铺沥青罩面复合式路面,同时在柳州至南宁(图2-22)、南宁至北海等高速公路的旧水泥路面上加铺了近400km的沥青罩面。广西复合式路面的典型结构如表2-9所示。

a)加铺沥青罩面前

b)加铺沥青罩面后

图2-22　柳南路改善前后对比

广西复合式路面典型结构(单位:cm)　　表2-9

结构层位	新建路面		旧路加铺	
	结构名称	厚度	结构名称	厚度
沥青罩面	AC-13 橡胶沥青面层/SMA-13 沥青面层	4~6	SMA-13 沥青上面层	4
			改性沥青 AC-20	6~8
	橡胶沥青应力吸收层	1	AC-10 沥青层	2
水泥路面	机制砂水泥混凝土面层	28	旧水泥混凝土路面	24
	改性沥青稀浆(封层+透层)	0.6		
	水泥稳定碎石基层	20	旧二灰碎石基层	20
	水泥稳定碎石底基层	20	旧级配碎石垫层	20
	级配碎石垫层	20		
总厚度		93.6	加铺沥青厚度	12~14

推广复合式路面还具有一定的节能环保意义,由于依靠沥青罩面承受车轮的磨耗作用,对水泥混凝土下面层用集料的要求不高,可使用低强度集料(卵石、砾石)和各类旧路面(建筑)的再生集料,从而充分降低原材料成本和废料处理对环境的压力。

推广复合式路面可以促进建设规划更为科学。我国近年来新建的部分山区高速公路的早期交通量并不高,铺筑水泥路面可以降低成本,并利用水泥路面良好的耐久性抵御湿热天气和重载交通的作用;在后期交通量上升后为满足更高质量的通行需求,可加铺沥青罩面提高路面的使用功能,这也是扩展水泥路面使用范围的好办法。

3)技术积淀依然雄厚

湿热地区诸多省份在建设水泥路面上有着辉煌历史和成功经验,如广西在2000年前铺筑的很多高速公路或路网公路,虽然路面薄、结构弱、采用三辊轴机组铺筑,但仍有部分养护良好的路面至今运营良好,平整度和抗滑性均佳(图2-23)。而2008年通车的几条高速公路水泥路面虽然平整度不佳,但路面的使用寿命较同期的沥青路面仍要长得多。对地方公路管养部门的调研也表明,地方公路中的水泥路面的耐久性和使用寿命远优于沥青路面。此外,国内以往有很多科研机构在广西境内铺筑过多种结构类型的实体工程,验证过各类实用技术;广西交通科学研究院等单位近年来又对复合式路面技术进行了大量研究。因此,湿热地区水泥路面在技术研发、施工管理、养护再生等方面具备雄厚的技术积淀,为本地区水泥路面的可持续性再发展奠定了坚实的基础。

图2-23 通车至今12年性能良好的薄板型结构路面(六寨至兴业公路)

水泥路面作为湿热地区传统的高级路面结构形式,在本地区乃至全国公路建设中发挥过极为关键的作用,只要能够大幅度提高水泥路面的耐久性和使用功能,未来也会在交通大发展中占据不可替代的地位。在工程应用的基础上,如果能够冷静地审视以往各类应用技术的经验和教训,对其综合、提炼和集成,仍极有可能开发出经济实用的水泥路面耐久性提升技术,为水泥路面在公路建设中的可持续性发展提供技术上的保证和决策上的支持。

2.4.3 四大发展方向预测

通过二十多年来的应用与修正,湿热地区已建立了一套具备自身特点的水泥路面实用技术体系。本书编写组基于从提高湿热地区水泥路面使用寿命和功能的角度出发,预测未来可能的发展技术方向如下。

1)水泥路面结构组合协调技术

水泥路面结构组合协调技术主要针对实际使用情况与设计模型假定条件的不同,明确路面结构与材料的设计与使用功能,协调各结构层的受力和变形,满足各结构层的变形连续性和受力要求,具体包括:

(1)针对缓解路基差异沉降变形影响采用的路床稳定性技术和粒料变形协调层技术。

(2)针对减小基层与路面板脱空影响所采取的基层与功能层组合技术。

(3)针对抵御重载和环境影响的面层结构尺寸设计与接缝设计技术。

(4)针对快速排除各类路面水的路面综合排水技术。

2)水泥路面施工变异性控制技术

为降低路面混凝土的施工变异性,减少大厚度路面全宽度摊铺过程中出现的施工配套能力要求提高、施工阻力增大、密实与成型工艺矛盾、养生过程中出现的结构形成与损伤的矛盾等问题的影响,可采用的具体技术包括:

(1)路面混凝土原材料及组成设计变异性控制技术。

(2)路面混凝土施工工艺变异性控制技术。

(3)路面混凝土使用性能变异性控制技术。

(4)低阻力路面混凝土的设计与施工技术。

3)提高水泥路面结构承载力实用技术

以经济、有效地抵御超载重载车辆荷载为目的,提高路面板的抗裂能力、韧性和承载力可采用的具体技术包括:

(1)配筋技术。包括连续配筋混凝土路面和预应力混凝土路面,主要通过配筋技术控制收缩裂缝的间距和宽度,避免接缝错台,改善路面的使用性能和提高承载力。

(2)加筋(聚合物)技术。掺加钢纤维、聚合物纤维、聚合物以提高路面混凝土的弯拉强度、韧性和抗裂能力。

4)改善水泥路面使用功能实用技术

以经济、有效地设计和恢复水泥路面的表面功能为目的,提高和改善水泥路面的使用功能,可采用的具体技术包括:

(1)改善水泥路面行车安全性技术。包括表面排水性能设计与恢复技术、抗滑性能的设计与恢复技术。

(2)改善水泥路面行车舒适性技术。包括平整度的控制与恢复技术、(薄层)沥青加铺技术、聚合物改性混凝土技术、路面开裂和错台预防与修复技术、路面降噪设计与恢复技术。

5)提升水泥路面绿色化实用技术

从节能环保角度出发,使用各类地方材料和工业废渣,降低施工能耗,提高旧水泥路面的使用性能及综合利用程度,可采用的具体技术包括:

(1)低质量地方材料(机制砂、卵石、砾石)在路面混凝土的利用技术。

(2)工业废渣及建筑废料在水泥路面中的综合利用技术。

(3)旧水泥路面的升级改造与综合利用技术。

第3章　稳定基础——路基稳定性技术和粒料层技术

由于雨季时间长、降雨强度大，因此稳定的基础是湿热地区水泥路面使用寿命和性能达到设计预期的基本保证。通过总结典型湿热地区如广西应用多年的经验可知，稳定基础技术首先需要提高路基的稳定性，减少路基特别是路床的差异沉降；其次是采用粒料层技术，缓解因路基差异沉降变形导致的路基和路面结构之间的脱空所带来的影响。

3.1　路基稳定性技术

3.1.1　水泥路面对路基稳定性的要求

1）对路基的要求

水泥路面对路基的要求是为刚性的路面结构提供均匀、稳定的支承，提高路基和路面的变形协调性与连续性，使路基的长期模量不低于设计要求，控制路面板的弯拉应力不迅速增长。在不同的设计体系中，路基模量的设计参数可采用回弹模量或反应模量评价。

根据可压实特性，路基填料可分为无黏性土和黏性土。无黏性土的主要类型有粉性土、粗粒土、巨粒土和各类粒料，其压实特性主要取决于颗粒级配。黏性土的压实特性取决于稠度，与含水率及塑性指数有关，在最佳含水率和最佳稠度下可达到最佳的压实效果。

如第2章所述，路基的差异沉降主要体现在高填方路基的内部和边部、填挖交接处、桥涵结构物台背处以及不良填料填方段。差异沉降破坏了路基与路面之间的变形连续性，严重时会导致路面结构失去路基支承，导致半刚性基层与路基之间产生脱空，造成基层和面板的破坏。

控制路基的差异沉降主要是在处理好路堤基底的基础上，控制路基的填筑高度，对边坡坡面、填挖交界、结构物台背填等重点部位进行处理，特别需防止外部水侵入这些部位,并采取各种措施对不良填料路基进行置换或补强。

2)对路床的要求

路床是指路面结构底面下80cm范围内的路基部分,其中路面底部向下0~30cm范围内的路基称为上路床,30~80cm范围内的路基为下路床。由于路基属于弹性体系,从路面传递下来的行车动荷载会逐渐减弱,因此一般认为路床是路面结构的直接持力层。控制路床的差异沉降变形也是稳定路基技术的关键,对路床的稳定性要求较路基其他部分要高得多。

首先,路床要承担小部分从路面结构传递下来的应力,加上路床的稳定性也与强度直接相关,因此为了避免路床因差异沉降、水破坏、外部荷载作用下过早的发生累积附加变形,导致路面结构失稳和产生附加弯拉应力,路床应具有一定的强度,对此可采用土基模量或回弹弯沉值评价。由于发现水泥路面的破坏与路床的不稳定性密切相关,《公路水泥混凝土路面设计规范》(JTG D40—2011)规定路床顶面综合弹性模量不得低于80MPa,由此对路床填料提出了更高的要求,即推荐选用粒料、改良土作为路床填料。

其次,路床应具有一定的适应变形能力。路基在工后沉降后会产生差异沉降变形,此时如果压密的粒料型路床填料能在行车荷载反复作用下发生剪胀变形,可部分缓解该沉降变形差,就能够保持弹性地基模型假设的均匀连续支承条件。路床填料适应变形的能力可采用剪胀性评价,根据剪胀性和竖向变形差设计,确定路床的换填处理厚度。

最后,路床还应具有足够的水稳定性,抗冲刷能力强,在环境和行车荷载反复作用下,饱和度不会明显增加,填料强度不明显降低,同时避免因唧泥和冲刷脱空造成的路面板断裂破坏。

采用各种透水性填料、天然砂砾、未筛分碎石等无黏性填料填筑的路床,在行车荷载的反复作用下会产生剪胀性和应变软化,路床由紧密的压实状态趋于松散,填料体积增大,可承受荷载能力降低。但由于水泥路面主要依靠面板和基层受力,路基所承受的应力较小,对路床的强度要求并不高,更多的是希望路床能够给予路面结构均匀连续的支撑,因此无黏性土在一定范围内的剪胀和应变软化并不会影响到路床的承载能力,反而会填充由于路床差异沉降产生的路基与路面结构之间的空隙,保持路基与路面之间的接触连续性。

黏性土路床在行车荷载的反复作用下会发生剪缩,路床不断压密并产生累积变形,空隙中水的饱和度持续增大,如果在路床上直接铺筑半刚性基层,由于路床的累积变形不断加大,路基的模量会逐步降低,意味着路床的支承强度逐渐减小,当路床累积变形较大时,路面会出现接缝错台和结构性断裂。翻松后压实的软岩或膨胀土由于密度大大低于原状土的密度,因而相对于荷载应力是欠固结的,导致由其填筑的路床在行车荷载的反复作用下会发生剪缩,饱和度增大,产生累积变形,路基模量显著降低。

从控制路床差异沉降的角度出发,路床填料应为各种透水性填料、天然砂砾、未筛分碎石等的无黏性土或粒料,而不应使用欠固结或在行车荷载作用下发生剪缩的填料,如高液限黏土、膨胀土等,同时需要采取各种措施提高路床的水稳定性。

3.1.2 稳定路基实用技术措施及工程实例

1)基底处理技术

当填土路基整体置于过水路段和不良土质路段时,基底毛细水分的上升、基底下原地面的差异沉降都会导致路堤整体滑移变形。因此,基底处理技术的目标是根据不同的基底土质和水文情况确定处理方案,降低不同因素导致的路堤基底的不均匀变形。

(1)过水路段

过水路段的基底处理技术主要是根据软基厚度的不同,采用设置排水设施、换填透水性填料或两者兼备的方法,保证基底强度,减少毛细水上升,并排除路基内部积滞的水分,降低路基中的空隙水压力。基底处理的范围应超过坡脚的边坡延长线之外,使整个路基坡脚置于坚实的基底上。

桂林至柳州高速公路(以下简称“桂柳路”)原 K189 六清水库至喇叭坳段有 800m 的路基位于冲沟之中,软土和松散土层的厚度分布不均匀,最深达 6m;在 1993 年施工中采用宽 3m、深 3m 的片石中央盲沟处理基底,局部采用抛石挤淤处理,路基填筑高度为 6 ~ 26m。完工后经过 18 年使用,该段路基没有明显的差异沉降,水泥路面经过 14 年的使用至 2007 年观测时,除局部有损坏外,整体路况尚良好。

桂柳路原 K184 过水田段长约 1km,软土分布均匀,厚度为 3 ~ 4m,路基填筑高度为 3 ~ 4m,采用高液限土填筑。基底处理技术采用沿路堤坡脚设置两道平行的纵向片石盲沟,尺寸为 1.5m × 2m(宽度 × 深度),每隔 50m 设一道 1m × 1m(宽度 × 深度)的横向盲沟接通纵向盲沟。1997 年完工后到 2011 年观测时已经过 14 年的使用,该段路基无明显的差异沉降,路面也未出现明显的纵向开裂现象。

柳州至南宁高速公路宾阳至南宁段(以下简称“宾南路”)K49 过水田路段长约 2km,软基厚度为 3 ~ 4m,路堤采用高液限土填筑,填筑高度为 3 ~ 4m。基底处理采用和桂柳路 K184 段同样的片石盲沟技术，1999 年完工，2012 年观测认为该段路基没有明显的差异沉降，水泥路面此时使用 12 年也未发现有明显的纵向开裂现象。排水盲沟典型设计图和工程量如图 3-1 所示。

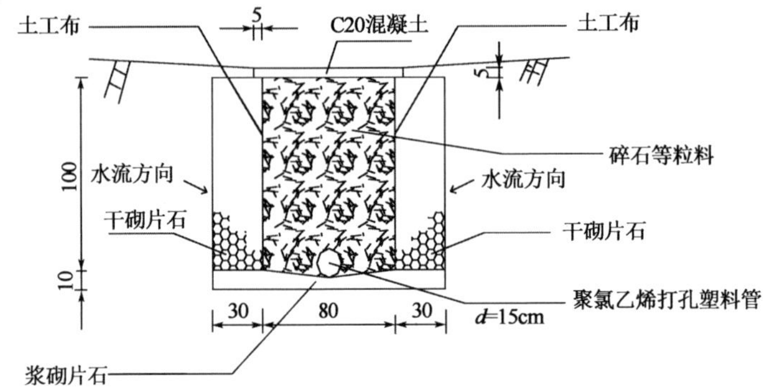

C20混凝土 (m^3)	M7.5浆砌片石 (m^3)	干砌片石 (m^3)	土工布 (m^2)	聚氯乙烯管 (m)	碎石(砾石) (m^3)	挖基 (m^3)	回填 (m^3)
0.045	0.124	0.60	2.00	1.00	0.816	2.31	0.78

图 3-1　排水盲沟典型设计图和工程量(尺寸单位:cm)

宾南路 K80 ~ K84 路段位于岩溶平原区，地下水发育良好，路基采用高液限黏土填筑，填方高度为 1 ~ 4m，局部达到 6m。基底处理采用清除岩溶填充物并根据排水情况换填砂砾的方案，总换填量约 39 万 m^3。1999 年完工后，2012 年观测时该段路基差异沉降仍较小，路面未发现有明显的纵向开裂。

宾南路 K5 + 400 路段位于 V 形冲沟中，冲沟上游汇水面积较大，原设计方案为清除基底松散土层后开挖台阶再填筑路堤，设计填筑中心高度为 6m，下游路基外边缘设计填筑高度为 26m，上游路基设计边缘填筑高度为 4m。在实际施工中，施工方清除基底的松散松土至硬土层后，将弃土堆弃于填方段上游，并将涵洞移到大桩号方向以抬高涵底高程从而减少涵洞长度。此时基底剩余的硬土层到粉砂质泥岩岩质的基岩厚度为 1 ~ 2m，但在 1998 年 3 月完成二灰稳定基层施工后，因暴雨导致冲沟上游集中汇水，雨水从弃土堆渗入，积水未到达涵洞便从路基中横穿，导致冲沟下游的半幅路基整体垮塌，垮塌滑动面位于基底以下的硬土层与基岩交界处。此后分析垮塌的主要原因是由于在冲沟上游弃土并抬高涵洞，涵洞排水不佳，造成积水横穿路基，软化了基底硬土层，加上路堤下游坡脚浸水，因此坡脚非常软弱。二次处理方案采取在下游坡脚以外 6m 范围内清除软土和松散土层直到基岩，并换填了约 3 000m^3 片石以稳固坡脚，同时将垮松的土石方翻开后分层压实填筑，按 1∶2 的坡度修复半幅路堤。修复后的路堤基底还设置了直径为30cm的管式排水渗沟，以尽快排除路堤内部积水，提高修复路基的稳定性。上游路基边缘设一排高压旋喷桩+排桩墙截水帷幕，隔断上游渗水，避免水横穿路基，如图3-2所示。此外还将普通混凝土路面改为预应力混凝土面层，接缝采用传力杆。2003年观测发现该段路面状况良好，无断板和错台现象；2008年检查发现原路堤与修复路堤之间仍存在差异沉降，基层和路面板有脱空，对此采用灌浆处理工艺；此后，该段路面稳定至2010年12月加铺沥青罩面。

图3-2 采用透水性材料处理基底

基底排水及换填透水性填料的技术措施还在河池水任至南宁高速公路（以下简称“水南路”）（图3-3）、筋竹至岑溪高速公路（以下简称“岑罗路”）等项目中应用，均取得了较好的技术经济效益。

图3-3 水南路过水段路面

南宁至友谊关公路(以下简称“南友路”)和坛洛至百色高速公路(以下简称“坛百路”)(两者均为沥青路面)的软基处理也采用清除换填技术,但部分潮湿路段基底处理范围和深度不够,坡脚不牢固,造成路基滑移和纵向开裂,不得不采取固脚、反压坡脚或注浆等方式二次处理。

(2)斜坡路段

路基按基底形状可分为平整基底和斜坡基底,平整基底上填筑路基的差异沉降主要是路基中部和边部存在的横向差异沉降,而斜坡基底上填筑的路基还增加了斜坡方向和坡度的影响,其中沿路线横向的斜坡增加了路基横向差异沉降量,沿路线纵向的斜坡则放大了纵向差异沉降量。斜坡上的路基需要根据路基的变形控制要求开挖台阶(图 3-4),将松散的土石方清除或压实。当台阶高度大于 1m 时,每级台阶应铺设土工格栅;当台阶高度大于 2m 时,台阶部位向路堤中延伸宜超过 6m,并采用透水性填料填筑。

图 3-4　斜坡填筑路基的开挖台阶处理工艺

宾南路 K66 高填方路段从水库尾部通过,最大填筑高度达 36m,与高填方路基相接的路段纵向斜坡较陡,满足台阶宽度时台阶高度需大于 2m。施工中首先清除基底冲积形成的松散土石直到岩石基底,然后换填约 10 000m^3 片石,换填片石的范围超过边坡坡脚外 6m 以稳固坡脚,浸水部位的路基采用强度高、透水性好的砂岩填料填筑。填挖交界处开挖台阶,并在每级台阶上铺设土工格栅以减少差异沉降,土工格栅长度为 9m,满铺整个台阶并向路堤延伸过渡。路床内分层还铺设了 2 层土工格栅,以避免水平位移造成路基拉裂。为防止不均匀变形造成路面断裂,还采用双层接缝带拉杆的钢筋混凝土面层。1998 年完工后在 2011 年观测时,路基没有发现明显的差异沉降,水泥路面使用 12 年也未见有

明显的纵向开裂。

宾南路伶俐段某路段有半幅路基需处理石芽，半幅路基为高液限黏土填筑。由于石芽高陡难以开挖台阶，采用了炸除路基范围内的石芽，形成完整的石方台阶和石芽边坡，并利用开挖的石方填筑填挖交界段的方法，过渡段长度根据坡度确定，填挖交界部位按照 1∶3 的坡度填石后，再分层填筑高液限土，在路床部位采用碎石过渡层处理。1999 年通车后经过 13 年的使用，路基稳定，路面状况总体良好。

百色至罗村口高速公路（以下简称“百罗路”）采用高线位设计，斜坡填方段落多，部分受水库蓄水影响坡脚浸水。斜坡上的松散坡积层厚度大，基岩陡峭，全部清除会显著增大工程量并形成高陡的基底斜坡，因此根据松散坡积层的分布情况，采用部分清除、部分反开挖的压实方案，即主要清除斜坡下游的松散坡积层，斜坡上游的松散坡积层开挖后部分换填，填挖交界处采用透水性填料和土工格栅加固，部分差异沉降可能性较大的部位采用土工格栅加水泥稳定土方案处治。部分浸水路段路基采用 1∶4 ~ 1∶3 的边坡，每 8m 设一级台阶，水下部分的台阶宽度为 10 ~ 20m。2003 年施工后至今，经过处理后的路基大部分较稳定，路基的水平位移与差异沉降被控制在允许范围内，路面未见明显开裂现象，但也有个别基岩坡度过陡的路段因为松散堆积物清除不够彻底，加上坡脚受浸水影响，仍观察到路基有一定的水平位移。

（3）软基路段

软基处理的技术方案需要根据软基的厚度、分布范围和其他情况，综合考虑经济性和合理性确定。当软基分布范围较小，厚度不均匀且小于 6m 时，常采用全部或部分换填的处理方案。而软基厚度均匀、深度较大或弃土处理有困难时，可采用排水固结或粉喷桩处理方案。各类软基处理方法如图 3-5 所示。

宾南路的南宁段、伶俐段和宾阳段，以及水南路南宁绕城段均有多处路基横跨鱼塘，软基厚度不大，分布不均匀，因此主要采取清淤换填处理方案，即清除全部淤泥后在鱼塘中部换填一定厚度的片石，换填高程为可排水高程以上 30cm，然后铺设碎石或砂砾调平后填筑路基。该处理方案的目标是积水部分采用水稳定性良好的片石填筑，基底可形成良好的排水通道以控制水位上升，排水层铺设至坡脚以外保证水能够排出路基。该处理方案经过十多年的检验，使用效果良好。

钦州至防城高速公路（以下简称“钦防路”）有大量海相沉积的软土地基，因软基较厚，主要采用设置塑料排水板（带）、砂桩和碎石桩等排水固结处理方案，从 1996 年施工至 2013 年观测时，除部分填挖交界处外，路面纵向开裂较少。防城港收费站出口路段软基处理采用抛石挤淤和换填片石及石渣的方案，由于受海水涨落的影响，细粒料向下迁移，造成板底脱空，几年后路面便出现了纵向错台和断裂，后又经设置灌浆帷幕和板底灌浆处理，控制了水位涨落造成的影响，路基基本稳定，路面开裂得到控制。

a)塑料排水板　b)抛石挤淤　c)碎石桩　d)粉喷桩

图 3-5　各类软基处理方法

钦州至北海高速公路（以下简称“钦北路”）软基处理主要采取清淤换填方案，局部路段采用砂桩固结排水方案，部分段落路基采用砂性土填筑，路面结构采用贫混凝土基层。从 2000 年施工完成至 2009 年观测时，采用砂性土填筑的路基段落使用效果良好，采用黏性土填筑的路基段落存在较明显的差异沉降，跳车现象明显。

当软基分布均匀、厚度不大时，为减少清淤换填造成的弃土和借土工程量，岑罗路、水南路南宁绕城段广泛采用了土工格栅加固基底的方法，即在基底上铺 60cm 厚的碎石层及两层土工格栅，如淤泥厚度较大并软弱，还通常与碎石桩结合，以提高基底的承载能力。

对于山涧沟谷中深度较大、厚度不均匀的软土地基，为减少清淤换填造成的弃土占地问题，水南路及岑罗路广泛采用水泥粉喷桩的处理方案，水泥粉喷桩通

常打到硬质路基，间距为1.5～2.0m，直径为0.5m，水泥用量为50～75kg/m，处理后形成的复合地基承载力可达250kPa以上。

2）控制路基填筑高度技术

路堤填筑高度是指路基中心线的填筑高度，填筑高度越大，路基的差异沉降风险越高。由于横向差异沉降对路基的稳定性影响更大，因此需要根据路基的横向差异沉降预估量控制路基的填筑高度。

（1）黏性土路基

黏性土路基的差异沉降主要受不均匀排水固结程度控制。路基内部的填土排水路径较长，受四周土压力的影响，沉降变形较小，而边坡附近的填土压实度较差，排水固结路径较短，在路基填土的荷载作用下水分迁移较快，加上受干缩变形的影响，体积变形量较大。路基边缘和中央填土的不均匀固结程度不同，形成路基内部的横向差异沉降，对此可采用控制路基填筑高度技术处理。

桂柳路沿线分布有大量的高液限黏土，高液限黏土路基的设计填高不超过6m，但受填料来源的影响，实际施工中未得到有效控制。后期回访中发现，当填土高度大于20m时，如黄冕立交前方双拱涵等路段的水泥路面通车后就产生了纵向开裂；当填土高度大于14m时，通车第2年就有纵向开裂，如原K152路段、洛清江大桥路段；当填土高度大于9m时，通车第3年会发生纵向开裂；填土高度大于6m路段，通车第3年时多数路面有纵向开裂，如临桂段；填土高度为4～6m时，除劳改农场至喇叭坳路段外，其他路段在通车第5年基本会发生纵向开裂；填土高度小于4m时，通车15年内也相继产生了纵向开裂。

柳州至王灵高速公路（以下简称“柳王路”）、宜州至柳州高速公路（以下简称“宜柳路”）沿线分布有大量的高液限黏土，但填土高度不大，柳王路部分路段采用无机结合料稳定路床填土，路面纵向开裂较少，其他路段则不同程度的存在路面纵向开裂；宜柳路部分路段采用开山白云岩填料处理路床，经过10年的运行，路面基本无纵向开裂。

宾南路南宁至六景段和古辣至宾阳段大量采用高液限黏土填筑路基，其中南宁至六景段填土高度普遍大于4m，最高达12m，主要采用CBR大于12%的填料换填处理路床，使用5年后路面的纵向开裂比较普遍；古辣至宾阳段路堤填土高度普遍小于4m，仅个别路段高于6m，路床部位普遍采用无黏性土换填，路面纵向开裂较少。相同的工艺得到不同的效果，说明填筑高度控制技术对于不良土质路基非常重要。

（2）粉性土路基

粉性土路基对水破坏更为敏感，粉性土的粒料级配较差，不易压实，压实后表面易松散，透水性良好，在动水作用下易发生冲刷液化现象，边坡部位的土在冲刷液化后更易沿低处流动流失，造成路肩部位的路床脱空，最终导致路面纵向开裂。因此，粉性土应根据边坡冲刷和路基液化的情况控制填筑高度，并进行包芯处理，避免有渗水横穿路基中部。

宾南路沿线粉性土分布较广泛，典型如三岸段的低液限粉土和伶俐段的高液限粉土。三岸段粉性土路基填筑最高为14m，边坡采用水泥稳定后包土工布，坡面采用浆砌片石防护，路床部位使用含砾石土换填，但由于受河水回水和降雨对边坡接触冲刷的影响，浆砌片石护坡与水泥稳定粉性土坡面之间受冲刷脱空，形成了土壤优先流和路基内部的冲沟，路床部位也因优先流的作用而脱空，破坏了路床对路面结构的均匀支承，导致路面局部开裂破坏；伶俐段高液限粉土路基中由于含有一定数量的黏土颗粒，抗冲刷能力提高，加上路基填筑高度小于9m，路面破坏发展较慢，但通车5年后路面开裂现象快速发展。

岑罗路岑溪段花岗岩残积土类粉性土分布广泛，为了充分利用粉性土，对粉性土路基的填筑高度未作限制，最大填高达26m。部分路段在高液限粉土中掺15% ~20%高液限黏土，拌和后填料的强度明显提高，压实后板结性良好，但受黏土来源的限制，其余路段直接使用高液限粉土填筑，并采用土工布包边以防止冲刷。路床采用含石土填筑，其中两处填高达16m的高路堤因受渗水横穿路基的影响，在压路机振动压实时路基内部的填土便开始液化，边坡膨胀鼓起，最后通过采取上游截水、下游干砌片石稳固坡脚、边坡土工布反滤和反压护道等多项措施处理，至2013年观测时路基总体较稳定。

岑溪至梧州高速公路（以下简称“岑梧路”）某路段采用花岗岩残积土填筑，填料为颗粒均匀的粉性土，路基上游为冲沟，下游为水田，填筑高度约14m。通车后由于上游汇水进入冲沟并横穿路基，造成粉土流失，导致路基沉降发展很快，通车2年后路堤便垮塌，修复路基时采用反压护道处理，护道顶宽为12m，高度为10m，边坡为1∶2，目前路基完好，但冲刷问题和水横穿路基的问题并未解决，仍存在一些隐患。

广西粉砂质泥岩分布广泛，如宾南路南宁段和六景段、六景至钦州高速公路（沥青路面）六景段和钦州段、玉林至铁山港高速公路（沥青路面）铁山港段等路段均有大量粉砂质泥岩分布，由于粉砂质泥岩压实后会破碎形成粉砂土，易被冲刷和液化，块状的粉砂质泥岩也易崩解，如采用填石路基，路基内部易形成大空隙，产生较大的工后沉降变形。粉砂质泥岩或粉性土填土层中的渗流还易形成优先流，冲刷路基内部并形成空洞，因此，粉砂质泥岩宜在破碎大块填料后，按填土路基填筑工艺施工。

(3)填石路基

填石路基的填筑高度受填筑密实度和石料破碎率控制,因此控制石料的强度和最大粒径是路基填筑压实工艺控制的关键。

桂柳路罗山坳段填石路堤填筑高度为20m,采用石灰岩石料填筑,填石的最大粒径控制在30cm以内,并分层采用开山石渣嵌缝以提高路基的密实度,路床部位采用碎石填筑以提高路床的均匀性。该路段的水泥路面在1997年通车后使用10年左右观测时未发现有明显病害,但局部有断板,这主要与当时部分未解小的大石块后期破碎导致的路基差异沉降变形有关。

桂柳路高阳坳段填石路基填高约12m,同样采用石灰岩石料填筑,但石块粒径较大,部分粒径超过规范要求,填隙细料为风化破碎的砾岩。该段路面在1996年春施工期间遇到寒潮,部分面板产生了温度裂缝,此外该路段岩溶水的发育也对路基产生一定的冲刷作用,特别是1996年雨季的压力水冲刷造成了大量细料流失,综合导致该段路面在使用5年后损坏较严重,分析原因主要是填石粒径过大,颗粒接触点数目少,接触应力大易破碎,加上填石空隙采用较细的填料填筑,易被冲刷流失造成空隙率增大,从而降低路基的均匀性和稳定性。

桂柳路喇叭坳段填石路基填高为29m,采用碳质灰岩、碳质页岩和粉砂质泥岩填筑,填石粒径较小,路基压实控制较好,但由于在路基上游弃土,雨水渗入弃土堆后横穿路基,渗水部位离路基坡脚的高度约为16m,虽然当时开挖渗沟处理,但完工后仍观察到长期有水渗出。该路面使用第一年后就产生了纵向裂缝,未处理后观察了5年并未明显张开和扩展。产生纵向裂缝的原因是填石石料的强度不高,遇水后易崩解,且路基填高较高,接触应力较大,易造成石块破碎,加上坡积层和弃土中的水横穿路基,造成嵌缝细料流失,使路基产生了横向差异沉降,造成路肩和行车道的部分路面板板底脱空。

水南路河池段(图3-6)、都安段和马山段大量采用填石路基,石料石质较坚硬,采用重型振动压路机压实及冲击补强的综合压实方式,路床采用破碎石渣填筑,边坡采用片石码砌,上述路段在2004年通车使用至今,路面状况仍良好。

依广西二十多年的使用经验来看,当控制好填石的强度、粒径和压实度(图3-7),必要时补充冲击压实或其他补强压实方式后,高填方条件下填石路基的工后沉降量远低于填土路基,这与石料在压实后具有良好的剪胀性,从而缓解路基的差异沉降密切相关。

3)填挖交界处理技术

填挖交界是路基的薄弱部分,挖方路堑一般被认为是零沉降或低沉降,与填方路基之间存在着差异沉降,加上多雨地区路堑坡积层中通常会有层间水渗出并进入填挖交界处，增加填挖交界部位的差异沉降，因此，填挖交界处理技术的主要任务是截水和变形过渡。

图3-6　水南路填石路基段

图3-7　填石路基填筑工艺需控制好石料的强度、粒径和压实度

(1)土工布包碎石过渡层

设置50cm厚的过渡碎石层，过渡段长度为6～9m，将填挖交界开挖的台阶满铺，并向路堤中延伸5～6m。为排除挖方段坡积层中的水和避免其渗入填挖交界处，台阶应开挖成内倾状态，台阶宽度一般为1.5～2.0m，路床部位的台阶宽度一般为6m。

过渡段可采用土工布包裹碎石，提高碎石层的整体性和变形适应性，对减少填挖交界处的差异沉降量有显著作用。该技术在桂柳路K213段36m高路堤的填挖交界处理中使用，取得了良好的效果，该段水泥路面使用9年后出现损坏，分析主要原因是过渡段设置的宽度和长度不够所致。

(2)土工格栅

土工格栅技术在宾南路 K66 高路堤、岑罗路的填挖交界处理中广泛应用(图 3-8),可提高填挖交界的整体性和减少差异沉降。土工格栅的铺设宽度为台阶全宽,并向路基内部延伸 6m,土工格栅一端应固定在台阶上并张紧,以发挥变形协调能力,每级台阶均应设置土工格栅,并在填方部位反包,必要时每级台阶设两层土工格栅,采用土工格栅包裹过渡段。

图 3-8　填挖交界处铺筑土工格栅

(3)无砂大孔混凝土

无砂大孔混凝土可仅在台阶上铺设,每级台阶的铺设厚度为 20cm。该技术具备排水和提高台阶搭接部位搭接强度的作用,曾在宾南路等项目应用,对减少填挖交界处的差异沉降也有显著效果,但因成本较高未大面积推广。

(4)水泥稳定土

水泥稳定土一般仅在路床部位使用,厚度为 80cm,挖方段和填方段水泥稳定土换填长度分别为 6m 和 9m,其优势在于:首先,水泥稳定土具有较高的强度、良好的延性和变形适应性,用于路床可提高路基抵抗差异沉降变形的能力,延缓路面板底脱空的时间;其次,经过水泥稳定的填料抗冲刷能力良好,能有效隔断渗入填挖交界部位和路基中的水,减少路基的差异沉降变形。该技术在百罗路(沥青路面)广泛应用,技术经济效果良好,填挖交界差异沉降基本得到控制。

稳定土技术在湿热地区乃至夏季多雨地区有广泛应用,最典型的就是江苏普遍使用稳定土置换路床甚至全路基高度的填料,路基稳定性总体较其他地区良好。

4)三背回填处理技术

结构物台背处跳车已成为影响高速公路运营安全和舒适性的一大因素,其原因是桥梁、涵洞和挡土墙等结构物允许沉降量很小,导致结构物与紧接台背的填土路基之间会存在显著的差异沉降,加上外部水也容易渗透到该部位,软化填料并增加变形量,这三类结构物的台背(又称"三背")回填技术主要涉及控制台背土压力和减小差异沉降变形的问题。

(1)桥梁台背回填

桥梁台背回填技术的核心是控制台后填土压力和减少差异沉降,对此主要采用提高填料强度、采用轻质填料、台后排水以及台后柔性过渡等技术措施。

填料的类型是影响台背回填部位差异沉降的主要因素,如当台背回填黏性土时,由于黏性土透水性差,压缩性较大,仅设台背排水层虽然能够消散孔隙水压力和释放土压力,但差异沉降变形较难控制,仅适用于填高较低的桥台背回填。细粒土含量较高的填料抗冲刷能力较差,在台背部位容易造成接触冲刷和细料流失,也会增加差异沉降,因此,台背回填材料宜选用透水性填料,要求填料的强度高,水稳定性好,易于压实,内摩擦角大。

提高填料的内摩擦角也能够降低台背一侧的填土压力,宾南路采用 CBR 为 12% 以上的填料回填台背,压实度要求为 95%,并在紧接台背部位设 30cm 宽的碎石层作为台背排水层和柔性过渡层,对降低台背回填土压力有明显效果,该做法已成为广西高速公路台背回填的标准做法之一。

采用石灰或水泥稳定土技术能够提高回填材料的强度,降低土压力,稳定类材料在自重应力作用下基本没有沉降变形,因此得到了广泛应用。宾南路部分轻型桥台的高度较高,采用石灰稳定土回填后,对台后土压力和工后沉降的缓解效果明显,但无机结合料稳定技术仅适用于场地较宽的部位,且需要采用重型压实设备加强压实,并做好台背排水或防冲刷处理。

采用土工格栅加筋可提高填料的强度,降低台后土压力。宾南路在派晓中桥、青龙江大桥和六景大桥的桥头填土中采用土工格栅加固高液限土,并设排水过渡层,土压力得到了控制,但使用多年后仍出现了桥头跳车。

无砂大孔混凝土回填台背技术在宾南路、百罗路(沥青路面)和南友路中广泛应用,混凝土 7d 抗压强度为 1.5 ~2.5MPa,空隙率为 20% ~30%,具有轻质高强、透水性好、施工方便等特点。无砂混凝土本身无沉降变形,基本能够消除台背土压力,但在近年的使用中发现由于受材料成本和施工管控不严的影响,混凝土施工质量往往不高,回填范围常常不够,与细粒土接触部位产生接触冲刷,产生一定的差异沉降。做好基坑底部的防水处理,采用土工布包裹无砂大孔混凝土防止细粒土流失堵塞孔隙,可以进一步改善回填使用效果。

(2)涵洞与挡墙台背回填

涵背回填需根据涵洞的类型和填土高度选用合理的方案,圆管涵回填应起到护管、防止接触冲刷和降低差异沉降作用,盖板涵、箱涵以及挡土墙的回填应起到降低侧土压力和差异沉降的作用。

①圆管涵回填及护管

a. 无砂大孔混凝土

涵洞基础可采用7d抗压强度为5.0~7.5MPa的无砂大孔混凝土,涵管包边使用7d抗压强度为2.5MPa的无砂大孔混凝土。无砂大孔混凝土基础类似于半刚性基础,可降低涵管与基础的接触应力,改善涵管受力状态;无砂混凝土回填不用压实,具有较高的强度,对涵管具有良好的保护作用,从而降低填土对涵管的压力;无砂混凝土还具有良好的透水性和防冲刷能力,能够消散填土中的空隙水压力,减少填土因变形施加于涵管的压力。该方案在宾南路大面积应用,解决了很多管涵开裂和回填部位差异沉降问题,经过12年的检验,使用效果良好。

b. 碎石

压实后的碎石具有一定的强度和稳定性,透水性好,对消散空隙水压力和降低土压力有一定作用,但与混凝土包边相比,碎石压实施工时易损坏涵管,且包边碎石属于特殊压实区,压实较困难,导致回填碎石与路基之间会有一定的差异沉降。

c. C15贫混凝土

该方案在水南路及钦北路中广泛应用,贫混凝土包裹涵管两侧及管顶的厚度均为50cm,对涵管具有良好的保护作用,可以解决涵管开裂问题,但由于包管混凝土与填土之间仍存在特殊压实区,排水问题难以解决,导致沉降差异问题难以彻底解决,回填部位路基仍有明显的差异沉降。

②盖板涵、箱涵和挡土墙的墙背回填

相关处理方案与桥梁台背回填要求相似,但由于填筑位置限制,回填部位易形成倒三角形而稳定性差,土压力的数量与倒三角形的形状和大小有关,回填量往往较大。当采用透水性填料回填时,可在墙身上增加泄水孔以排除墙背中的水,消散空隙水压力,从而降低墙后土压力。墙背如采用碎石回填,可作为排水层和柔性过渡层,允许填土变形,削减台后土压力。

百罗路斜坡上的挡土墙和盖板涵墙背采用无砂混凝土回填,达到一定宽度后，在墙背设 30～50cm 的碎石层用小型机械压实，其他较宽部位采用粗粒土或透水性填料回填，经过 6 年的考验，效果良好。

隆林至百色高速公路（以下简称“隆百路”）斜坡上的挡土墙和大型盖板涵参照百罗路的方案处理，盖板涵的涵背回填采用排水层和柔性过渡层方案，但由于地形地貌复杂，差异沉降尚需要长期观察。

5）路基边坡固脚强腰技术

路基边坡坡面所受的应力与内部不同，产生的变形量也不同，导致路基内部产生一定的横向差异沉降，路基的填料强度越低，填高越高，横向差异沉降越大。湿热地区雨水频繁，路基边坡的稳定性在运营中会不断发生变化，当边坡滑动变形增大时，会造成路基开裂。一般路基的坡脚是薄弱环节，而高填方路堤也可能从坡腰部位发生剪移破坏，采取边坡固脚强腰技术，对避免因路基横向差异沉降引起的路面纵向开裂破坏有很大的实际意义。

（1）黏性土路基

在路基自身荷载的作用下，黏性土路基内部的水分会向坡面附近迁移而导致路基内部产生差异沉降，由于水分的迁移十分缓慢，当填筑高度较高时，在路基自身荷载的作用下，坡脚或坡腰部位会产生塑性变形，导致坡脚剪出或坡腰鼓起。

根据对桂柳路、宾南路、柳王路和宜柳路等项目的调查发现，当填土高度小于 4m 且采用 1:1.5 的边坡坡度时，路基的横向差异沉降量较小，一般不会增加路面板的附加应力和导致路面纵向开裂。

宾南路部分黏性土路基填方高度为 4～6m，采用 1:2 的边坡坡度，这些路段中设坡脚墙固脚处理[图 3-9a)]的段落路面很少有纵向开裂，但不设固脚墙的路段路面则在使用 2～3 年后逐渐出现纵向开裂。

南友路部分路基填方高度为 6～9m，约 50% 的路段路面在使用 1 年后产生纵向开裂，此后采用 1:2 的边坡坡率刷坡，并在坡脚设护脚墙和宽 3～4m、高 3～5m的反压护道[图 3-9b)]，处理后的路面经 5 年运行后原裂缝未扩展发育。

当路基填高达 9～15m 时，边坡应分级，每级边坡高度宜为 6m，分级台阶宽度宜为 3m，路床部位还需采用土工格栅处理。宾南路采用该方法处理了多处路段，但当填土高度超过 15m 时，还需要增加坡脚和坡面注浆等强腰措施[图 3-9c)]，否则仍难以避免路面纵向开裂。

（2）粉性土路基

粉性土路基内部的水分在路基自身荷载作用下迁移较快，类似于排水固结过程。当粉性土路基位于斜坡上时，如果未截断斜坡上游坡积层中的水，坡积层中的水容易渗入并横穿路基,而粉性土虽然透水性好,但易冲刷和振动液化,破坏路基的稳定性,因此也需要采取固脚强腰技术措施。

a)护面墙

b)反压护道

c)小导管注浆

图3-9 固脚强腰技术

宾南路三岸段路基采用粉砂质泥岩填筑,其中那坪大桥桥头路基的最大填筑高度达15m,而桥台护坡局部边坡坡度仅为1:1.25,原设计采用浆砌片石护坡,但由于施工过程中边坡受冲刷严重,完工后又受河流回水的影响坡脚部位被浸泡,导致2000年出现塌方,该固脚强腰技术方案包括放缓边坡至1:1.5,坡脚采用浆砌片石护脚墙并设无砂混凝土排水层和土工布反滤层,坡面用水泥稳定后并采取小导管注浆加固措施,处理后在2009年观测时认为效果良好。

宾南路C5-1合同段,南友路C5合同段、C9合同段和C10合同段明江大桥桥头也有多处高液限粉土路堤,由于高液限粉土中含有一定的黏土颗粒,不容易液化但收缩变形大,抗冲刷能力差,部分路段由于未采取措施,路基的纵向开裂十分普遍,运营中根据路基填高采用不同的固脚强腰技术措施,包括设置干砌片石护脚墙、反压护道、坡面导管注浆等,控制了路基纵向开裂的发展。

6)路基补强压实技术

公路路线里程长,沿线地形地貌复杂,填挖变换频繁,远途调运填料费用较高,导致公路路基填料类型繁多,填料的密度、物理力学性能、水稳定性和长期稳定性的变异性难以控制,压实控制标准和压实工艺也难以统一掌握,增加了压实施工的变异性。在一定条件下,对路基进行补强压实,可以减少施工变异性和工后沉降,提高路基的稳定性。

补强压实方法有冲击压实工艺和重型振动压路机压实工艺。冲击压实工艺包括强夯法和冲击压路机压实法,主要利用势能转换为变形能(冲击压实还需要利用动能转换为变形能),应变速率较高,作用时间较短,作用深度较大;重型振动压路机压实属于振动压实工艺,利用周期振动波传播引起颗粒振动和重新排列,应变速率较小,作用时间较长,作用深度较浅,性价比不高,目前在我国应用不多。

(1)强夯法补强压实

强夯法补强压实可简化为一维冲击波的传播问题,如图3-11a)所示。在填料模量远大于线性强化模量和小应变的条件下,波前上的应变分布规律为:

$$\varepsilon_1(z) = \frac{\dfrac{v_0}{c_1} + \dfrac{\varepsilon_s c_0}{c_1}\left(\dfrac{c_0}{c_1} - 1\right)}{1 + \dfrac{\rho_0 z}{m}} - \varepsilon_s\left[\left(\dfrac{c_0}{c_1}\right)^2 - 1\right] \tag{3-1}$$

式中:$\varepsilon_1(z)$——波前距离为z处的应变;

ρ_0——填料的初始密度;

ε_s——填料的屈服应变;

c_0——波前扰动的传播速度,$c_0 = \sqrt{E/\rho_0}$;

E——填料的弹性模量;

c_1——激波速度,$c_1 = \sqrt{E/\rho_1}$;

ρ_1——线性强化密度;

v_0——落锤初速度,$v_0 = \sqrt{2gH}$;

H——落锤高度;

m——锤板单位面积的质量。

落锤提起卸载后的残余应变为:

$$\varepsilon(z) = \left[1 - \left(\frac{c_1}{c_0}\right)^2\right]\left[\varepsilon_1(z) - \varepsilon_s\right] \tag{3-2}$$

式中：$\varepsilon(z)$——落锤提卸载后的残余应变。

根据残余应变分布，按下式计算回弹变形后的最终密度分布：

$$\rho(z) = \frac{\rho_0}{1 - \varepsilon(z)} \approx \rho_0[1 + \varepsilon(z)] \tag{3-3}$$

由式(3-3)可讨论补强压实效果及影响因素，补强压实变形率近似等于压实密度增加率，落锤高度、锤底板单位面积的质量越大，初始密度越大，残余变形就越小。因此，对初始密度较小的黏性土路基或压实明显不足的部位如填挖交界处等，采用强夯法补强压实比较合适。为避免强夯施工对结构物的损坏，可控制落锤高度，适当增加锤击次数。

采用强夯法补强压实可形成超固结状态，减少次固结沉降变形，路基模量可提高10%～20%，以高塑性黏土补强压实的提高幅度更大，因此，黏性土路基填挖交界部位采用强夯补强效果较好。百罗路采用有限能量强夯法处理黏性土回填结构物台背（图3-10），有效补强深度可达1.0m以上，平均密度增加2%左右，锤击面附近的填土密度增加达5%。目前，采用有限能量强夯法补强台背回填已成为湿热地区高速公路普遍的一种做法。

图3-10 有限能量强夯法补强黏性土路基台背

强夯法处理无黏性土易造成填料颗粒破碎和剪胀破坏，降低填土密度和强度，因此强夯法不适用于压密的粗粒土和粉粒土路基；对于填石路基，石块破碎后可提高整体均匀性，并填充石料大空隙，可取得较好效果。

(2)冲击压路机补强压实

冲击压路机冲击压实工艺集滚压、冲击压和振动压实于一体，如图3-11b)所示。冲击滚轮为异形凸轮，在牵引作用下异形凸轮滚动，滚轮的势能和振动能量对路基产生复合振动压实作用，势能作用的影响深度较大，密实效果好，其大振幅、低频率的振动效果更适用于大粒径填料的压实。

a)强夯法

b)冲击压路机

图3-11 补强压实技术

冲击压路机以静态势能表示工作参数,静态势能为:

$$V = Mg(R - r) \tag{3-4}$$

式中:V——静态势能;

M——异形凸轮的质量;

R——异形凸轮外接圆半径;

r——异形凸轮的内接圆半径。

冲击压路机接触表面的冲击压力为:

$$P = M[g + (R - r)\omega^2] \tag{3-5}$$

式中:P——接触面受到的等效集中力;

ω——滚轮转动角速度。

异形凸轮线荷载及表面摩擦力作用于接触面产生的法向压应力分别为:

$$\sigma_{1z} = \frac{p}{2\pi}(\pi - 2\theta - \sin2\theta) \tag{3-6}$$

$$\sigma_{2z} = \frac{\mu p}{2\pi}(1 + \cos2\theta) \tag{3-7}$$

式中:σ_{1z}、σ_{2z}——垂直线荷载及摩擦力作用下土基中的法向压应力;

p——接触面的等效分布荷载;

μ——土基与异形凸轮接触表面的摩擦系数;

θ——分布接触荷载下土基中某点到接触面边缘的张角,$\tan\theta = \frac{z}{a}$;

z——深度方向的坐标;

a——接触带的半宽,$a = \left(\frac{4pR}{\pi E^*}\right)^{\frac{1}{2}}$;

R——凸轮外弧的最小半径；

E^*——当量模量，$E^* = \left(\frac{1-\nu_1^2}{E_1}+\frac{1-\nu_2^2}{E_2}\right)^{-1}$；

E_1, ν_1——压路机滚轮的弹性模量和泊松比；

E_2, ν_2——路基土的弹性模量和泊松比。

异形凸轮振动碾压产生的激振力为：

$$f = \frac{MA\omega_1^2 \sin\omega t}{2al} \tag{3-8}$$

式中：f——振动作用产生的激振力；

M——压路机滚轮的静质量；

A——振幅，$A = A_0 \exp(-\beta z)$；

A_0——压路机的振幅；

l——滚轮宽度；

β——与路基填料黏聚特性有关的衰减系数；

ω_1——压路机振动角频率。

异形凸轮的质量、外接圆与内接圆的半径差越大，静态势能就越大，冲击压力也越大；转动角速度越大，冲击压力就越大；异形凸轮外弧的半径越小，接触带宽度也越小，接触应力就越大；复合模量主要受土基模量控制，土基模量越小，接触带宽度越大，接触应力就越小；接触面带度越大，有效压实深度就越小。压路机滚轮的振动角频率与转动角频率的关系为：

$$\omega_1 = n\omega \tag{3-9}$$

式中：n——滚轮凸弧数，一般取3，4，5。

冲击压路机补强压实对黏性土和无黏性土均有效，但对于黏性土的有效压实深度会小于无黏性土。已压密的粗粒土在冲击压实作用下颗粒易破碎，在剪胀作用下造成松散。已压密的石料在冲击压实作用下颗粒破碎可填充大空隙，进一步增加密实度和均匀性。冲击压路机补强压实目前在减少路堤工后沉降和填石路基施工中已广泛使用。

3.1.3　提高路床稳定性实用技术措施及工程实例

1）路床的动力稳定性能

（1）黏性土路床

湿热地区降水量较大，而黏性土的透水性较差，如果外部有水进入且自身不排水，大多数黏性土在周期荷载的作用下，孔隙水压力和轴向应变均随循环次数的增加而增大。当动剪应力水平 τ_d/τ_f 小于临界值时，孔隙水压力增长速度较慢，大于临界值后则孔隙水压力快速增加。根据有效应力原理，土基的强度和模量随着孔隙水压力的增加而降低，其中模量降低更显著。

似超固结比的定义是初始固结有效应力与不排水条件下循环荷载作用后的有效应力的比值，随着似超固结比的增大，相应的不排水强度增加，但反复荷载作用对土体结构的破坏也相对越大，由于后续孔隙水压力的消散对不排水强度的补偿作用较小，因此总体表现为土体的强度随循环荷载次数的增加而衰减。

Matasovic 通过应变控制式直剪试验引入衰减指数和衰减参数的概念，建立了考虑超固结比的统一孔压计算模式。衰减指数定义为：

$$\delta = \frac{G_{SN}}{G_{S1}} = \frac{\dfrac{\tau_{SN}}{\gamma_C}}{\dfrac{\tau_{S1}}{\gamma_C}} = \frac{\tau_{SN}}{\tau_{S1}} \tag{3-10}$$

式中：δ——衰减指数，无量纲；

γ_C——循环剪应力幅值；

G_{S1}, G_{SN}——1 次和 N 次循环时的割线剪切模量；

τ_{S1}, τ_{SN}——1 次和 N 次循环时的剪应力幅值。

衰减参数定义为：

$$t = -\frac{\lg\delta}{\lg N} \tag{3-11}$$

式中：t——衰减参数，无量纲；

N——循环次数，次。

因此，衰减指数与衰减参数的关系为：

$$\delta = N^{-t} \tag{3-12}$$

衰减参数可表示为循环剪应变的函数，即：

$$t = s(\gamma_c - \gamma_{tv})^r \tag{3-13}$$

式中：γ_{tv}——循环剪应变门槛值；

s, r——与土样性质及固结度有关的常数。

动剪切模量可采用 Hardin 等给出的公式表达：

$$\frac{G}{G_{max}} = 1 - H(\gamma) \tag{3-14}$$

式中：$H(\gamma)$——关于剪应变的函数，$H(\gamma) = \left[\dfrac{(\left|\gamma\right|\gamma_0)^{2B}}{1 + (\left|\gamma\right|\gamma_0)^{2B}}\right]^A$；

A,B——根据$\frac{G}{G_{max}}-\gamma$关系曲线拟合的参数，无量纲，与塑性指数I_P有关：$A=0.9+0.032I_P$，$B=0.42-0.002I_P$；

γ_0——与土性有关，对黏性土取值为0.04%。

随着循环次数的增加，孔隙水压力不断增大，导致黏聚力急剧下降，黏性土的强度迅速降低，如式(3-12)所示。如果在路床中采取排水措施消散孔隙水压力，则黏性土强度的衰减速率会大大降低，随着固结度的增加，强度还可能会提高，排水处理为高塑性黏土在路床中的应用提供了可行的途径。

宾南路沿线有大量高液限黏土分布，原NO.11标部分挖方路段采用格子渗沟排水措施保持路床干燥，渗沟深度为0.8～1.2m，间距为15～20m，路面使用12年后观测无明显损坏，但如果排水处理不彻底，即使采用CBR达到12%以上的黏性土填料也会出现问题，如宾南路伶俐段个别路段由于路床饱和积水，导致路面接缝唧泥情况较重，路面断裂发展速率较快。

由于排水措施往往设计、施工不到位和排水效果会随着时间的推移而降低，因此除特殊情况下，并不推荐在路床采用黏性土填料。

(2)无黏性土路床

无黏性土透水性良好，在循环荷载作用下，即便降雨量较大，孔隙水压力也增加较小，因而动强度不会显著降低。

无黏性土路床的累积变形随着循环次数的增加而增大：

$$\varepsilon_{cp} = a(1+\alpha\lg N) \tag{3-15}$$

式中：ε_{cp}——以应变表示的不可逆变形；

a——同一起始密度时为常数；

α——试验参数，计算式见式(3-16)。

$$\alpha = \beta\left(\frac{\sigma_3}{P_a}\right)^{\chi} q \tag{3-16}$$

其中，β，χ为试验参数；$P_a=100\text{kPa}$；$q=\frac{(\sigma_1-\sigma_3)_c}{(\sigma_1-\sigma_3)_{S,f}}$。

饱和后的砂土或粉土在动荷载作用下易液化而丧失强度；黏性土由于有黏聚力作用难以液化；粗粒土由于透水性良好，孔隙水压力易消散，也难以液化。一般颗粒尺寸为0.01～0.1mm的粉粒最易液化，尺寸为0.1～1.0mm的砂粒也很可能液化，典型的粉性土路床路段如桂柳路临桂段碳质页岩路床、宾南路三岸段粉砂岩路床，其在通车不久后路面板的断裂率在通车不久后便快速增长。

桂柳路鹿寨段和宜柳路、水南路的多个路段分布高液限土，施工中在高液限土路基上换填 40 ~ 80cm 厚的粗粒土或碎石层路床，路床的长期稳定性良好，在 2009 年观测时路面无明显损坏。

2)粒料的剪胀性及其应用

路床的受力工况可分为弹性接触、塑性接触和脱空三类。理想的路面结构力学建模一般假设路基与路面结构之间为连续紧密接触的弹性接触工况，采用地基模量、泊松比或地基反应系数表征地基的力学性能，弹性接触地基的塑性变形可忽略不计，弹性模量、回弹模量与压缩模量相同，不产生累积变形，一般只有无黏性土路床接近这种工况，但路基的差异沉降变形仍会导致路床与半刚性基层或路面板之间脱空，此时可通过粒料的剪胀性来填充该空隙。

土是散碎颗粒的集合，通过三轴试验可观察到土在偏应力差作用下会引起轴向应变增加，但其体积应变除开始有少量的压缩外，随后会发生明显的膨胀，由于平均主应力始终为正，因此体积膨胀不是回弹的结果，这种由偏应力或剪应力引起的体积膨胀称为剪胀性。剪胀性是剪应力引起土颗粒的相互位置变化，从而使颗粒排列发生变化，加大颗粒间孔隙的结果。

土的剪胀性可用剑桥模型描述。正常固结土的应力路径总在罗斯柯面上，而超固结土总在此面以外，并随着超固结程度的增加远离这个面。超固结土排水三轴试验中，当其状态路径达到伏斯列夫面时，剪应力达到峰值，并伴随着剪胀。根据 Rowe 的应力剪胀理论，应力比与剪胀比之间可导出以下关系：

$$\frac{\sigma_1'}{\sigma_3'} = \left(1 - \frac{\mathrm{d}\varepsilon_{\mathrm{v}}}{\mathrm{d}\varepsilon_{\mathrm{a}}}\right)\tan^2\left(45° + \frac{1}{2}\phi_{\mathrm{f}}\right) \tag{3-17}$$

式中：σ_1'，σ_3'——第一和第三有效主应力；

ϕ_{f}——扣除剪胀效应后的内摩擦角；

ε_{a}——轴向应变；

ε_{v}——体积应变；

$\mathrm{d}\varepsilon_{\mathrm{v}}/\mathrm{d}\varepsilon_{\mathrm{a}}$——剪胀比。

轴向应变为压缩应变，随着第一主应力的增大而增加，为正值。体积应变压缩为正，膨胀为负，剪胀性填料的剪胀比为负值，因此剪胀性提高了填料的强度。填料的内摩擦角越大，剪胀作用对填料强度的提高作用越大。

颗粒的破碎也会造成剪胀变形，在一定范围内能够改善颗粒排列和填充效果，从而提高内摩擦角，对填料强度提高有一定作用。但如果颗粒破碎超过一定范围，剪胀会造成密度降低，从而降低内摩擦角，这时填料强度会降低。

密实砂和粒料在压实度达到一定值时会表现出显著的剪胀性；超固结黏土

随着超固结比的增大也会表现出剪胀性，但由于黏性土的内摩擦角较小，剪胀性对抗剪强度提高作用有限。

塑性接触工况和脱空工况普遍存在于湿热地区的实际道路工程中，层间水的冲刷以及路基的差异沉降作用，都会促使路面结构与路床之间处于塑形接触甚至是脱空状态，导致面板接缝边缘处路床的塑性变形增加，接缝逐步发生错台直至断板。提高路床填料的强度和水稳定性，应用土工合成材料控制差异沉降，在半刚性基层与路床之间采用粒料层，利用粒料层的剪胀性增加其体积来填充由于路床差异沉降所导致的脱空，都能够保持或促进路面结构与路床之间的弹性接触状态，粒料层技术的应用工程实例将在 3.2 节中详述。

3）提高路床水稳定性的技术措施

采用强度高、塑性指数低的填料，可以提高路床压实度，增强路床的水稳定性，这对湿热地区水泥路面十分重要。路基的回弹模量与压缩模量的关系为：

$$E_0 = E_s\left(1 + \frac{\varepsilon_p}{\varepsilon_e}\right) \tag{3-18}$$

式中：E_0——土基回弹模量；

E_s——土基压缩模量；

ε_p——塑性应变；

ε_e——弹性应变。

由于路基的强度采用回弹弯沉值和回弹模量指标评价，而塑性指数大的土由于塑性变形明显，高估了土的强度和弹性模量，忽略了不可恢复变形，不能反映接缝错台等病害，特别当黏性土处于干燥状态时，压缩模量显著增加，塑性变形显著降低，回弹模量被明显高估。采用塑性指数低的填料或无黏性土，塑性变形小，土基的回弹模量与压缩模量相近，能够控制累积变形。

粉性土和细砂土易振动液化而丧失结构强度，在动水压力作用下易冲刷流失，不适合直接用于路床，采用水泥稳定处理后可显著提高粉性土或砂性土的强度及水稳定性，如果稳定处理后抗冲刷能力仍不足，应适当提高水泥用量或在路床边缘包土工布，可减少冲刷速率和细料流失。

黏性土路基易干缩开裂，水渗入裂缝后会加速软化路基土，并在裂缝中形成水力劈裂作用，降低路基的整体强度和稳定性。因此，黏性土路基应严格控制填筑高度，并在路床上部用一定厚度的稳定土覆盖，防止外部水渗入裂缝中。当填筑高度较高时，基底还需要加强并两侧封闭以隔断地下水，防止由于反复的干湿循环变形而导致边坡稳定性降低。

级配碎石垫层等粒料层有利于消散孔隙水压力，保持路床的稳定性，然而如果粒料层厚度不足或路床受到破坏后也会造成排水不畅,致使粒料层饱和而丧失长期稳定性。因此,粒料层应具有足够的厚度,并保持路床工作面平整,排水良好。

控制路床填料的饱和度对提高路床的水稳定性有显著效果,通过设路床排水渗沟、路床底面设隔离层隔断毛细水均可实现饱和度控制,排水渗沟的深度需达到1.2~1.5m,毛细水隔离层可采用粒料层或各类排水板,铺设位置及厚度可根据实际情况确定。

3.2 粒料层技术

部分或全部使用粒料换填路床填料以及直接在路床上铺设粒料垫层,都可以利用粒料的剪胀性,缓解路基的差异沉降变形,降低路面结构和路基之间的脱空程度,并有效的排除路面结构内的滞留水分,最终达到减少湿热地区水泥路面各类早期破坏的目的。

3.2.1 粒料层在国内外的应用史

粒料层具有优良的剪胀性和一定的排水性能,因此具备缓解路基差异沉降变形、辅助路面内部排水等多重优势,同时便于就地取材,成本较稳定类结构层也便宜得多,因此在水泥路面应用至今的上百年中,一直是其主要结构层次之一,早期还直接作为路面基层使用,本书第1章所述的1925年修建并使用至今的比利时布鲁塞尔洛林大街、1956年修建使用至今的我国首都机场老二级公路均使用粒料类基层。

粒料层的缺点是承载力不强和抗冲刷性能较弱,在湿热地区的重交通路面中如直接作为基层使用,路面易发生错台、唧泥等病害,为了扬长避短,其在路面结构中的层位逐渐下移,更多的承担底基层或垫层角色,主要起缓解路基差异沉降变形和辅助排水等作用。

欧美国家普遍在沥青稳定或水泥稳定类基层的下方设置20~90cm的粒料底基层(国外一般仅将为抗冻目的设置的粒料层称为垫层),在我国粒料层一般作为垫层使用,位于水泥稳定基层(底基层)和路床之间,广西倾向于设置15~20cm的粒料垫层,广东、黑龙江等省过去仅要求在潮湿路段设置粒料层,但在近年来修建的如广东梅州至河源高速公路等项目中,全段使用了15cm的粒料垫层。《公路水泥混凝土路面设计规范》(JTG D40—2011)也修订了原《公路水泥混凝土路面设计规范》(JTG D40—2002)中仅需在潮湿路段设置粒料垫层的要求,改为"当基层采用无机结合料稳定类材料,且上路床由细粒土组成时,应

在基层下设置粒料类底基层”。《公路水泥混凝土路面施工技术细则》(JTG/T F30—2014)中也有类似规定。

粒料层的施工工艺也在不断改进,从过去的路拌法和平地机施工工艺逐步升级为集中拌和与摊铺机摊铺方式;质量检验则采用压实度、弯沉等指标控制,国外普遍采用承载板检验模量。

相比之下,国外对粒料层的设计与施工更为重视,不仅结构设计厚度更大,对粒料的级配、针片状含量等质量指标的要求也严格得多,为了防止粒料层受到动荷载破坏和路床填料中细料的污染,有时会采用上覆沥青层扩散荷载和全包土工布防止细粒土渗入等措施。

国内虽已普遍认识到设置粒料层的重要性,但在应用中,由于认识不足和施工管控不当,粒料层的作用仍未得以充分发挥,存在以下不足:

(1)虽然认识到设置粒料层对缓解路基差异沉降变形的作用,但在应用中仍未能准确把握相关机理进行针对性结构设计,一般整条公路采用一个设计厚度,无法适应公路沿线建设中存在的填土高度和土质的频繁变化情况。

(2)虽然重视粒料层的室内设计,但施工控制不严,弯沉等检测指标也不够科学合理,很多单位为了保证粒料层板结而达到弯沉检测要求,人为的改动配合比,多用细料甚至黏性土、不按照设计用水量施工等不规范现象较普遍,粒料难以起到设计应有的剪胀变形和排水效果。

(3)养护和保护措施不足,粒料层施工完成后未能及时铺筑水稳层加以保护,临时通行车辆的碾压、路面结构层间水的冲刷、路床细粒土的渗透,都会导致粒料层饱和而丧失剪胀性与多孔性质,无法起到缓解变形和辅助排水的效果。

如何解决上述问题,提出适宜的粒料层设计和施工控制办法,发挥粒料层在路面结构与路基之间“承上启下”的作用,促使路床和路面结构之间恢复到弹性接触状态,是提高湿热地区水泥路面耐久性的重要研究方向之一。

3.2.2　粒料层对水泥路面性能的影响与作用

1)粒料层缓解路基差异沉降变形的作用过程

粒料层缓解路基的差异沉降变形的作用机理主要利用了粒料的剪胀性机理,这在本章第一部分中已有说明,相关作用过程可简述如下:

(1)路基发生工后不均匀沉降

视路基填料和填土高度的不同,在施工结束的1~5年中,路基表面由水平基面沉降为下凹基面,一般路基的工后沉降量占总沉降量的5%~10%,而不良土质填料路基的比率更大，此后路基的沉降趋于稳定。

(2)使用初期的粒料结构层

如图3-12a)和b)所示，不考虑粒料层摊铺期间路基发生的微小沉降，粒料层整体仍保持着施工压实度(>96%)和施工孔隙率(15%左右)。

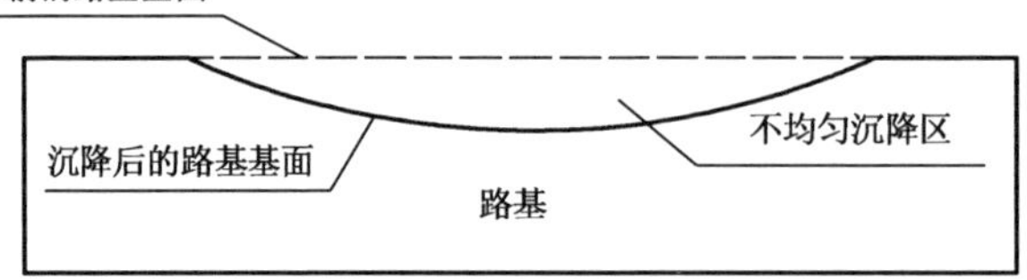

a)路基不均匀沉降示意图

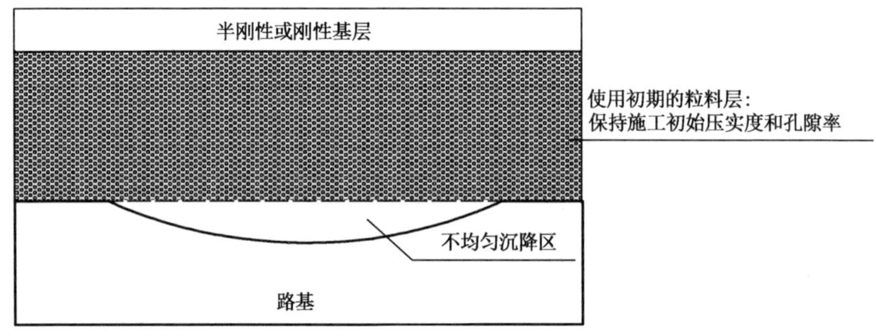

b)使用初期的粒料结构层示意图

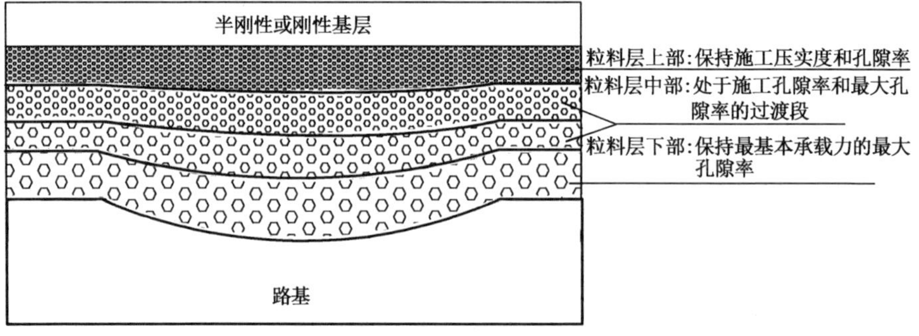

c)粒料结构层缓解路基下沉示意图

图3-12　粒料层缓解路基不均匀沉降变形的作用过程

注:a)为示意图，实际路基边缘的沉降远高于路基中央。

(3)使用过程中的粒料层

随着路基的工后沉降量逐步增大，但粒料层不会整体下沉，会表现为密实度降低和孔隙率增大，下部垫层的孔隙率增幅最大，但由于粒料的剪胀性，其抗剪能力会先增后减，直到松散至极限状态，并保持对上部路面结构的基本承载力。粒料层孔隙率增大释放的体积弥补了粒料层随路基沉降的空间，其中下部粒料层随路基的沉降出现了较大的下沉曲面，但上部粒料层的变形程度会逐步减小，如图 3-12c）所示。

粒料层缓解路基差异沉降的机理是剪胀性原理，由于粒料层四周受限，变形主要为厚度变化，粒料层越厚，缓解路基差异沉降变形的能力越强，厚度也因此是粒料层最重要的结构设计指标。

（4）使用后期的粒料层

根据相关研究的结论，在路基沉降稳定之后，由于车辆长期的传递振动压实效果，只要没有外界水和细粒土的进入，粒料层的密实度与模量会得以逐渐恢复且可能越来越高，承载力也越来越强，使用 20 年后仍坚实稳固的砂砾垫层的抗压强度会达到 5 ~ 10MPa，但这个过程相当复杂且难以描述，可能会经过若干个松散—密实循环过程。

由于粒料层在使用过程中含水量会长期大幅变化，以及各类外界因素的影响，粒料层的作用过程和结果预测非常复杂，目前相关研究仍在进行中。

2）粒料层的辅助排水功能

湿热地区水泥路面早期破损的一个重要原因是路面排水不畅，检测结果认为路床在多年浸水下的压实度会由 96% 降低至 85% 以下。欧洲水泥路面之所以长寿耐久，很大一部分原因在于欧洲本身地质条件较好，部分地区地表下约 80cm 的地层是透水性好的砂砾石层，因就地取材便利，有意在路床甚至路床底部向下 1 ~2m 路基范围内采用碎石或砂砾填筑，成为排水性路床。相比之下，国内部分路段尽管也有条件填筑天然砂砾或碎石，但为了保证路床顶的平整度以通过验收，上路床会采用细粒土填筑，并不利于整体排水。

粒料土的渗透系数比黏土大 2 个数量级，砂砾、碎石等粒料层材料的渗透系数比黏土大 3 个数量级，只要粒料层不被堵塞，完全可以排除路床下部的毛细上渗水和上部路面结构的下渗水，当然这要以粒料层与黏性土路基之间设置单滤土工布等隔离材料，防止粒料层被细粒土堵塞孔隙为前提。

3）粒料层的合理厚度设置分析

粒料层最重要的结构设计指标是压实厚度，假设粒料层整体由压实状态松散至仅保证基本承载力的极限状态，设计厚度可由下式求得：

$$H = \frac{\varepsilon}{\omega} = \frac{\varepsilon}{\frac{\nu_0}{\nu_1}} \text{或} H = \frac{\varepsilon}{\omega} = \frac{\varepsilon}{\delta_0 - \delta_1} \tag{3-19}$$

式中:H——粒料层的设计压实厚度;

ω——粒料层允许变形率,即粒料层从压实状态松散到极限状态的厚度变化量与原设计厚度的比值;

ν_0、ν_1——粒料层的压实密度和极限状态密度;

δ_0、δ_1——粒料层的压实孔隙率和极限状态孔隙率;

ε——粒料层允许变形量,即需缓解的路基差异沉降量。

对上式几个参数的解释如下:

(1)极限状态

粒料层随孔隙率的增大,从压实状态逐渐松散至仅能承担对其上部路面结构与车辆荷载基本承载力的状态。

(2)路基差异沉降量

差异沉降量应根据路基填高、填料类型确定,目前对路基施工期间的沉降观测较多,对工后沉降观测数据较少,填土路基的经验数据如下:

①路基边缘和路基中央的差异沉降——路基填高的1.5% ~3%。

②填挖交界的差异沉降——路堤高度的0.5% ~1%。

③不良土质填料路基——上述差异沉降值可取较高值。

④粗粒土路基——上述差异沉降值可取较低值。

(3)粒料层允许变形率 ω

该参数为粒料层厚度设计的基本参数,反映了粒料层适应变形的能力,可由压实密度 ν_0 和极限状态密度 ν_1 的比值求得,但国内外均缺乏相关数据的积累。

压实密度可由下式求解:

$$\nu_0 = \gamma\nu \tag{3-20}$$

式中:ν——粒料层的最大干密度,由土工试验得出;

γ——压实度,>96%。

据实地检测,广西最近几条高速公路所使用的级配碎石最大干密度 ν 范围为2.20 ~2.40g/mm^3,压实密度 ν_0 为2.10 ~2.30g/mm^3。

极限状态密度 ν_1 的求解是个难点,理论上可采用以下两种方法:

①模拟试验法

采用三轴试验或其他模拟试验确定粒料的极限剪胀状态,由此测试粒料层变形率,但模拟试验法难以模拟以下情况:一是粒料层不可能整体孔隙率增大,而是一个从下至上孔隙率的变化率逐渐缩小的过程;二是粒料层在使用中含水量可能会出现变化,这都会影响到试验模拟求解的准确性。

②实体检测法

对不同使用状态的粒料层取样并测试各类指标,判断允许变形率的范围,是最贴近工程实际的方法,但由于粒料层一般处于路面结构层下部,实体检测法需要破检已有路面,操作上较为困难。

由于操作困难和复杂,目前仍难以通过理论和试验研究推荐一个比较精确的粒料层变形率范围。根据广西已有经验,级配碎石的允许变形率可达压实粒料层厚的10% ~15% ,王大鹏等通过模拟实验认为是10% 。

3.2.3 粒料层应用工程实例调研

广西有长期应用粒料层的优良传统,本书编写组的大部分成员曾作为国家西部交通建设科技项目"水泥混凝土路面基层长期性能"和广西交通科技项目"耐久性路面实用技术"的课题组成员,于2009年对柳南路、桂柳路、南宁至坛洛高速公路(以下简称"南坛路")、宜柳路等典型项目进行了调研,重点针对当时使用已超过10年的桂柳路和南柳路,研究粒料层的使用效果,同时对在建公路粒料层的施工状况也进行了调研。

1)桂柳路

桂柳路于1997年通车,路面结构为:24cm普通混凝土路面板 +18cm 二灰稳定碎石基层 +18 ~20cm 级配碎石垫层,这是广西2000年前高速公路水泥路面的典型结构。在2009年调研过程中,除部分路段(K374 +260 ~ K393 +821、K491 +000 ~ K511 +318 段)在2007 ~2008年加铺了沥青路面外,其他路段仍保持基本通行状况。调查情况如表3-1所示。

桂柳路调查概况 表3-1

编号	路段桩号	路基施工状况	粒料层施工时状况	调查时路面状况
G1	K400 +600	粉砂岩高填方路基	材料级配不佳,难以压实	不好,路面断板多
G2	K415	填料为较优级配、排水性好的山砂,高填方	垫层材料较粗,透水性好	好,路面断板少
G3	K425	与G1、G2段为同一施工单位施工,路基填料均较好,但由于存在土石混填情况,差异沉降明显	垫层材料符合设计要求	好
G4	K428		垫层中含粉性黏土,塑性指数较差	不好,路面有纵向开裂
G5	K442段	路基存在差异沉降	级配碎石垫层中含粉料较多,施工时板结程度高	不好
G6-1	K447 +150段	36m高路堤,并存在水破坏隐患	采用两层碎石垫层(厚度超过1m),并采用土工布包边	较好,路面破坏不严重

续上表

编号	路段桩号	路基施工状况	粒料层施工时状况	调查时路面状况
G6-2	K465 +700	30m 高路堤，路基存在水破坏隐患，路基填料为碳质岩和粉砂岩	未处理	路面破坏严重
G7-1	K456 +120 ~ K456 +200	高液限黏土路基	垫层混有带锰矿的弱膨胀土	不好，路面断板、换板、错台较多
G7-2	K456 +200 ~ K456 +300	高液限黏土挖方路段	—	不好，路面开裂、换板较多
G7-3	K456 +300 ~ K456 +340	高液限黏土，填方较高	换填了 1.2m 砂砾垫层(低于经验厚度)，砂砾质量一般	较 G7-1 段优，但使用状况仍不佳
G8-1	六清水库末段	路基填料使用库区旧土，含碳质岩与粉质岩较多，黏聚性差	往柳州方向低填方段，回填 80cm 砂砾	较好
G8-2			往桂林方向高填方段，回填 80cm 砂砾	不好，路面断板开裂多

2)柳南路

柳南路分为柳王路和宾南路两段，全长 224km，分别于 1998 年 12 月和 1999 年 10 月建成通车。柳王路多为高液限黏土路基，部分采用了固化剂或其他措施处理;宾南路的路基情况较复杂，典型为膨胀土等高液限黏土路堤和填石路堤，采取了多种措施控制路基变形。路面结构为:24cm 普通混凝土路面板 +18cm 二灰碎石基层 +18 ~20cm 级配碎石垫层。相关调查情况如表 3-2 所示。

柳南路调研情况 表 3-2

编号	路段桩号	路基建造情况	粒料层施工时状况	调查时路面状况
N1	洛围桥后 20km	高液限黏土路基，低填方	采用水泥、NCS 固化剂处理 20cm 路床	使用状况较好
N2	K553	高液限黏土路基，低填方	路基未处理	使用状况较差，断板率高
N3-1	K620	高液限黏土路基，低填方	石灰土处理	好，断板、错台率低
N3-2	立交桥	填土较高		不好，断板率较高
N4	K645 ~ K657	高液限黏土路基，高、低填方均存在	换填较厚砾石(1 ~2m)	好，断板率不高，换板少
N5	K664 ~ K670(水库旁)	有水破坏隐患的高路基，水库旁路堤高达 36m	换填片石，超宽反压，填挖交界土工格栅处理	使用情况较好，但有开裂、错台和断板现象

续上表

编号	路段桩号	路基建造情况	粒料层施工时状况	调查时路面状况
N6	K670	路床土质差,CBR 值较低	整体换填粒料,立交附近为防止水破坏,换填1.2m 碎石	桥底换填碎石段使用状况尚好,其他段路面7年后有断板现象
N7	竹标中桥桥头路	中等膨胀土路基和高液限黏土路基,填方较高	DAH 和石灰处理	断板、错台较多
N8	K703 +200	粉砂泥岩,填方较高(14m)	石灰土处治了80cm	不好,错台、断板多
N9	K716 青龙江桥头	路基为碳质砂岩,高填方段	换填了30cm 砂砾	不好
N10	K727 +800 附近	路基填方高达26m,存在水破坏	换填2m 以上的片石	好,路面未换板
N11	K732 段	粉砂质泥岩路基	换填30cm 砂砾;级配砾石垫层含细料较多	不好

3)其他高速公路

对其他高速公路的调查也得到了类似结果。

2008 年通车的坛百路水泥路面试验段(2km)由于在路面板和基层之间增加了4cm 的沥青混凝土中间层,加上路基填土不高,因此粒料层对缓解路基差异沉降的效果更优,目前路面无断板、开裂等结构性病害。

宜柳路沿线有多个高填方路段,但路面在通车10年后大部分保持完整,调查认为除了通车前5年交通量不大的原因外,更与高填方路段路床大量采用了风化白云岩或弱风化的其他类石料填筑密切相关。

4)调查结论与建议

(1)不同路基差异沉降处理方式的对比

湿热地区由于雨水较多,不良土质分布较为广泛,很多公路存在不良填料填筑的高填方路基,如不妥善处理,路基很快会发生差异沉降变形,如N2段、G6-2段等。

无机结合料稳定土技术也是目前处治路基差异沉降的普遍做法,从较为成功的N1段和不成功的N3、N7和N8段的使用情况来看,水泥、石灰等水硬性材料处理不良土质填料低填方路基的效果较好,对膨胀土路基的改善效果不佳。NCS、DAH等固化剂适用于低填方路基,其机理主要靠渗透作用,不像水泥和石灰那样可以和土壤混合后回填,因此有效作用深度范围更为有限,对高填方路基的改良效果要差一些。

江苏是国内较为重视路基处理的省份，对从路基底部至路床顶部的全路基深度采用石灰或水泥稳定土填筑，取得了很好的效果，但广西由于工程造价限制，无法投入如此大的成本改善路基，加上地质情况与江苏也有所不同，如膨胀土由于土质的关系，采用无机结合料改良的效果不是特别好。

综合性价比因素考虑，粒料层技术更适用于广西，如从对N4段和N8段的比较可见，二者均为高液限黏土高填方路基，但前者即使将全路床范围内采用石灰稳定土换填，路面的使用状况仍较换填足够厚度的碎砾石粒料层要差，面板的错台断裂比率更高，如图3-13所示。

a)N7段(粒料层)

b)N4段(石灰土处治路床)

图3-13　粒料层与无机结合料稳定土处理方式的比较

(2)粒料层设置厚度建议

换填粒料是广西处治不良土质路基的常用办法，综合对比可知：

①粒料层材料以换填级配碎石的效果最好(成本也最高)，级配碎石压实后可大致能够降低相当于其压实层厚的10%～15%的变形量。

②当路基填高低于6m，或虽路基填筑较高但采用碎石、山砂或其他透水性粒料铺筑时，视路床填料质量情况采用15～30cm厚的粒料层即可满足要求，该粒料层作为垫层，还起到为基层提供均匀支撑的作用。

③对采用不良土质填料(高液限黏土、粉土或膨胀土)填筑的低填方路基(高液限粉土、膨胀土路堤高度小于6m，其他填料小于10m)，换填0.5～0.8m厚的粒料也基本能够满足缓解路基差异沉降的要求，典型路段如G8-1段。

④对于采用一般填料填筑的高填方路基，粒料层厚度可视填料土质情况在0.3～0.8m之间选取，填料为粗粒土时可选较低值，填料为偏黏性土、细粒土时可选较高值，为了满足不产生横向差异沉降脱空的要求，可采用厚边式粒料层，

即边缘部位的厚度比中间厚0.1～0.3m，典型路段如G2、G3段。

⑤对采用不良填料填筑的高填方路基，粒料层厚度要达到1.0～2.0m，同样推荐采用厚边式粒料层，边缘部位的厚度需比中间部位厚0.5m以上。

不同厚度的粒料层对缓解不同填土高度路基差异沉降效果的差异，从图3-14中G8-1和G8-2的对比可以看出，即使施工单位、路基填料、粒料层厚度均相同，但同一段落桩号由于左右幅不同车行方向的路基填筑高度不同，粒料层的使用效果有很大区别。

a)G8-2段（往桂林方向高填方路幅）

b)G8-1段（往柳州方向低填方路幅）

图3-14　同厚度粒料层对不同填高路基差异沉降的改善效果不同

⑥对采用不良土质填料填筑且存在水破坏隐患的高填方路基，除了采用更大厚度的粒料层，还宜辅助排水、土工布包边等措施，如N5、G6-1段等，此时粒料层的厚度应在1m以上，如图3-15所示。

a)G6-1

b)G6-2

图3-15　粒料层对存在水破坏隐患的高填方路基的改善效果

注：a)为采用1m粒料层、存在水破坏隐患的30m高路基；b)为未采用粒料层、存在水破坏的30m高路基。

(3)粒料层的材料与压实控制

粒料质量和压实控制会显著影响到路面的使用状况，调研结论表明：

①粒料以碎石最佳，砾石、卵石也较优，砂砾的效果略差，如图 3-16 所示，原因可能是砂砾本身的剪胀性要低于碎石，加上砂砾层的材料控制往往不会太严格，含土量、塑性指数等指标常达不到要求。

a)N4段

b)G7-3段

图 3-16　砂砾层与碎石层对缓解路基差异沉降变形改善效果的比较

注：a）为换填 1m 碎石的高填方高液限黏土路基；b）为换填 1.2m 砂砾的高填方高液限黏土路基。

②用于缓解路基差异沉降变形和辅助排水的粒料层对粒料级配的要求不需要如同粒料（底）基层那么严格，只要能充分压实，即使采用未筛分粒料也有效果，但仍需严格限制细料特别是细粒土的含量，保证粒料的塑性指数等指标能够满足要求，否则粒料层仍难以达到预期效果，如图 3-17 所示。

a）G7-1段

b）G2

图 3-17　含细粒土较多的粒料层作用效果不佳

注：a）为垫层中含有弱膨胀土；b）为垫层材料以砂砾粒料为主，总体颗粒偏粗。

③粒料层材料在满足压实的基础上，粒径可较现行规范要求稍微加粗，以发挥透水性好的优势。

(4)粒料层的施工现状调查

通过对多条高速公路粒料垫层施工和一、二级公路水泥路面粒料底基层的施工现状进行调查,总结粒料层的施工现状如下:

①高速公路粒料层施工已普遍采用分级堆放、厂拌、摊铺机摊铺方式,但一、二级路仍多使用路拌、平地机或推土机摊铺的传统施工工艺。

②为了追求粒料层顶面板结以利于外观质量及弯沉检测合格,在粒料中掺入大量粒径0.3mm以下的细料的现象较为普遍,甚至有故意掺入黏性土的现象,如图3-18所示。

图3-18 粒料中含大量细料甚至黏性土

③路拌法是普通干线公路经常采用的粒料拌和方式,普遍存在由于分档材料堆放杂乱以及未采用传统的"焖料"工序等原因,导致粒料未拌和均匀,含水率控制精度不高,甚至路床有时也被损坏等现象,如图3-19所示。

图3-19 垫层材料的路拌工艺不规范

④路拌法和平地机摊铺工艺施工速度慢，耗时长，粒料的含水率难以有效控制，施工中水分损失往往过大，常常无法有效压实，最终只能采取补石屑石粉和喷水补压的方法，如图 3-20 所示。

图 3-20　粒料层压实效果不佳

⑤粒料层（特别是半幅施工半幅通车的地方公路改扩建工程）施工完成后未及时封闭和保护，被临时通车车辆碾压和雨水浸泡易导致大规模软弹隆起，丧失结构承载力、缓解变形和辅助排水的能力，如图 3-21 所示。

图 3-21　粒料层保护措施不足易破坏

3.2.4　国外及高速铁路使用经验

1）国外使用经验

欧美等国对于认为可能出现明显差异沉降变形的公路，除了采取修建临时沥青路面，允许路基有 5 年以上的工后沉降期等措施之外，对粒料层的合理使用也非常重视。表 3-3 列出了几个国家对粒料层的使用要求建议，需要注意的是，

与国内将垫层与底基层分开定义不同，国外往往将稳定类基层下的未稳定粒料层统称为底基层。

国外对粒料层使用的建议 表3-3

国家	相关要求与建议
美国	使用30～60cm厚粒料层作为底基层，分为两层，下层常采用质量略低的未筛分石料、级配砂砾或砾石，上层采用级配碎石。高速公路和机场道面施工时控制粒料层的级配特别是限制0.5mm以下细料含量，机场规范要求将0.075mm以下细料控制在3%～5%。如伊利诺伊州一条在建高速公路混凝土路面的典型结构为：32cm混凝土面板+40mm厚AC-16上基层+250mm级配碎石中基层+260mm级配砂砾下基层
加拿大	15cm粒料底基层，层厚视路基防冻厚度而定，注重排水设计和开级配
德国	30～50cm粒料层，采用承载板模量要求控制，注重粒料层的排水能力
奥地利、芬兰	40～50cm的粒料层，粒料层下常包裹单滤式土工布
日本	30～50cm的粒料层

欧美国家使用粒料底基层，加之路床也普遍部分使用粒料换填，粒料层总体厚度较大，施工中也注重控制粒料的级配特别是限制细料的含量，因此粒料层对缓解路基差异沉降变形和辅助排水的作用效果很明显。德、法等国采用承载板控制垫层的模量，为防止路基细粒土会逐渐上浮并堵塞粒料层的空隙，降低排水和变形能力，推荐在粒料层底部包裹单滤土工布。

2）高铁使用经验

高速铁路为保证轨道道床下路基不产生开裂，提出了“零沉降”的口号，即使对于时速较低的动车（200km/h），也要求一般路段有砟轨道路基的工后沉降量控制在15mm之内，时速更高或无砟轨道的设计标准还要更高，为此除严格控制路基填筑质量外，还采用了较厚的粒料层以缓解路基的差异沉降变形，行业术语为“基床表面”。图3-22为设计时速200km/h的高铁（动车）有渣类路基横断

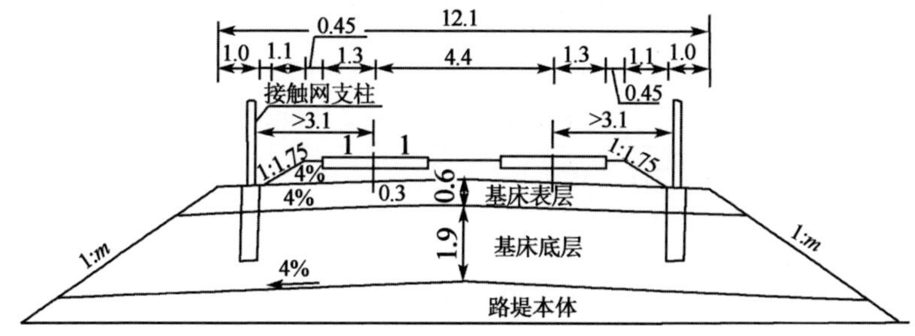

图3-22 设计时速200km/h的动车路基断面设计图（尺寸单位：m）

面设计图，其中除基床底层采用较为高质量的粗粒土填料填筑外，60cm 的基床表面均采用粒料填筑。

图 3-22 中的基床表面材料可使用级配碎石或级配砾石，级配范围如表 3-4 所示，技术要求与高速公路用的粒料底基层类似。

基床表面粒料的级配范围 表 3-4

编号＼级配	通过筛孔(mm)质量百分率(%)								
	50	40	30	20	10	5	2	0.5	0.075
1	100	90~100	—	65~85	45~70	30~55	15~35	10~20	4~10
2	—	100	90~100	75~95	50~70	30~55	15~35	10~20	4~10
3	—	—	100	85~100	60~80	30~50	15~30	10~20	2~8

3.2.5 湿热地区粒料层的设计与施工建议

综合各类研究与分析结论，推荐用于湿热地区公路水泥路面粒料层的设计与施工建议如下：

1)结构设计

半刚性(刚性)基层不宜直接支承在黏性土或细粒土路床上，宜铺筑在适应变形能力强、可辅助排水的粒料层上。粒料层的厚度设计应根据路基的预估差异沉降量来进行，宜分段设置：

(1)当路基填料为塑性指数小于 12、级配良好的粗粒土或使用填石路基时，且路基填高低于 15m 时，粒料层厚度可设置为 0.2~0.4m。

(2)按表 3-5 定义高、低填方路基。

低填方路基：填料为塑性指数较低且级配均匀的粉性土或细砂时，考虑其易产生振动液化，粒料层厚度宜为 0.5~0.8m；黏性土路基的粒料层厚度至少为 0.4m；高液限土或膨胀土路基的粒料层厚度宜为 0.5~0.8m，可设置厚边式垫层，边缘部分比中间部分厚 0.3m 以上。

高、低填方路基的临界高度(单位：m) 表 3-5

填 料 种 类	粗粒土、填石、土石	黏性土	粉性土	高液限土
高度	20	12	6	6

高填方路基：应采取措施约束路基的差异沉降变形，建议按照路基预估 8 年内差异沉降量的 8~10 倍设置粒料层厚度，可设计厚边式垫层，边缘部分比中间部分厚 0.5m 以上。

(3)对于路基填挖交界、结构物台背回填处及存在水破坏隐患的高路基路段,除采用粒料层之外,还需要采取各类辅助排水措施。

(4)为防止填土路基路床细粒土上渗堵塞粒料层,宜在粒料层底部设反滤式土工布。

2)材料设计

为了充分发挥粒料层的作用并综合造价因素,当粒料层较厚(>50cm)时,可将粒料层分为上下两层,上层(粒料层顶面向下20cm)的材料设计和施工要求可较高,下层材料要求可略低。

(1)级配

粒料应满足能压实、易透水、适应变形能力强三个要求,注意控制细料特别是细粒土的含量,对规范中质量控制标准不明确的砂砾更需注意。粒料上层宜采用级配粒料,满足表3-6的要求;下层可采用级配粒料、未筛分碎石、天然粗砂、砂砾等,如粒料下层的材料满足可压实要求时,对级配可不做特别要求,但应控制粒径0.075mm以下的细料含量。

上层粒料层(底基层)的级配要求 表3-6

筛孔尺寸(mm)	种类	37.5	31.5	19.0	9.5	4.75	2.36	0.6	0.075
通过率(%)	1	100	90~100	73~88	49~69	29~54	17~37	8~20	0~7
	2	—	100	85~100	52~74	29~54	17~37	8~20	0~7

(2)塑性指数和CBR

为防止粒料中的细粒土特别是黏性土含量超标,粒料的塑性指数应<6,液限<28%,塑性指数与粒径0.5mm以下细土含量的乘积应<100,CBR应>20。

(3)渗水系数

根据使用经验,粒料层的渗透系数应控制为大于5mm/s。

3)施工要求

(1)粒料应分层摊铺压实,压实度满足设计要求。

(2)粒料上层宜采用三档以上粒料配制,各档碎石分档堆放,按比例计算好预定用量后,按照最优含水量+1%的用水量加水并采用强制拌和机拌和,使用水泥稳定基层摊铺机摊铺。

(3)下层的拌和视条件可采用路拌法或厂拌法,按照最优含水量+1%的含水量进行厂拌或路拌,路拌时宜焖料24h以上,并在硬化场地上集中进行。

(4)粒料层如存在表面离析或轻微破损现象可补细料重新压实,不能为提高垫层或底基层的板结程度,故意在拌和与摊铺过程中撒入黏性土。

4)验收标准建议

建议在原有《公路工程质量检验评定标准　第一册　土建工程》(JTG F80/1—2004)中,将渗透系数要求逐渐补充到相关规定之中。

3.2.6　当前的研究不足和难点

对粒料层的研究与应用仍存在一些难点和未解之处。

1)粒料层极限状态的定义

粒料层的极限状态密度大致应处于压实密度和松堆密度之间,实际含水率也因为粒料层承担排水作用而大于压实状态含水率,但具体数值由于缺少模拟试验成果和实际测试数据,仍难以准确的界定。

2)粒料层的使用状态

从对使用多年的粒料层的观测结果来看,设计或施工不合理的粒料层最终将松散变形甚至泥化,反之则最终能够坚硬如水稳材料(抗压强度 3 ~5MPa)。因此,使用中的粒料层状态属于一个施工压实——→使用松散——→车载振动压实的过程,这一过程会反复循环多次,其对路面使用性能的影响非常复杂,对试验模拟和理论分析的要求也非常高。

3)外界因素对粒料层使用状态的影响

各种外界因素也会影响到粒料层的使用状态,压力水的渗流、细粒土的渗入均会导致粒料层的级配、压实度和含水率发生变化,其自身允许变形能力也相应会发生改变。

由于上述因素,对粒料层的相关研究在国内外仍较为缺失,在理论研究、试验模拟等方面存在较多难点,而粒料层又因处于路面结构下部,实地取样研究需要大规模破坏已有路面,难度很大。因此,分析上采用最新的散体理论,在实验模拟上采用长期三轴试验和其他模拟实验,结合实体检测成果,有利于最终辨明粒料层的真实作用机理和提出相关参数的准确取值。

第4章　减少脱空——基层和功能层实用技术

和沥青路面设计体系的思路不同,水泥路面主要依靠路面板承受荷载,对基层的强度和厚度的要求并不高,而是强调其能够对路面板形成长期稳定的支承。通过优化基层的结构与材料设计,包括采用功能层等技术,确保基层既能够协调其与面板之间的温度变形差异,又能够抵御层间水的冲刷溶蚀作用,确保面板和基层层间即使在湿热地区重交通等级公路的高温、多雨和重载的长期作用条件下,也不会出现明显的脱空。

4.1　湿热地区主要使用的基层和功能层种类

作为典型的湿热地区,广西高速公路水泥路面主要使用的基层有三大类。

以2000年前修筑的南北路、桂柳路、钦防路、南柳路和宜柳路部分段落为代表,使用18~20cm厚的二灰稳定基层,基层顶为防冲刷设置1cm厚的热沥青石屑封层。

以1997~2001年修建的宜柳路部分段落、兴业至六景高速公路(以下简称"兴六路")、南坛路、水南路等为代表,使用18~20cm厚的水泥稳定基层,基层顶仍设置1cm厚的热沥青石屑封层,但也有部分段落使用土工布封层。

2005年后建设的岑梧路、岑溪至兴安高速公路(以下简称"岑兴路")、全州至兴安高速公路(以下简称"全兴路")、岑罗路等为代表,使用20cm厚的贫混凝土(水泥稳定)上基层和20cm厚的水泥稳定碎石下基层,基层顶改用0.6cm厚的乳化沥青稀浆封层。

一、二级公路水泥路面在2003年前以二灰稳定基层为主,2003年后逐渐改为水泥稳定基层,基层厚度一般不超过20cm。

广西基层形式的演变是兼顾与协调使用性能和造价二者之间矛盾的结果,高速公路建设前期因成本限制,广泛使用二灰稳定基层,但由于其难以抵御路面板板底动水冲刷,板底特别是板边角底部脱空严重,断板和错台等病害普遍,仅在使用透水性填料填筑的路基局部段落应用良好。中期为提高基层的抗冲刷能力改用水泥稳定基层，总体上针对性效果良好，路面的早期错台率大大降低，但由于面板厚度仍偏薄（24～26cm），而水泥稳定基层虽然抗冲刷性能较好，但抗溶蚀性能一般，交通量较大的公路如兴六路、南坛路等项目的路面板开裂类病害速率仍然发展较快，但路基处理良好且交通量较小的水南路南宁至都安段等项目的路面使用耐久性较好。

2005年后，国内工程界提倡"更强更厚"的观点，除倡导采用大厚度面板外，还推崇大厚度基层和高强度的贫混凝土基层或碾压混凝土基层，基层28d抗压强度最高达到20MPa。但是，高强度的基层与面层刚度不匹配，层间在负温度梯度下会出现严重的温度翘曲脱空，当夜间交通量较大时，面板易发生板角断裂类病害，该问题在2004年建设的水南路都安至南宁段C10合同段试验路中虽有所察觉，但未得到充分重视，导致此后的岑梧路、岑兴路、全业路等项目均不同程度地出现了该问题，广东的清远至连州高速公路也有类似现象，但在采用单层低强度的多孔贫混凝土基层的部分试验段路面使用性能较好。

在长期的应用中，工程界逐步意识到使用功能层对提升基层使用性能的重要性，广西在高速公路建设的前期使用热沥青石屑封层，后期还采用乳化沥青稀浆封层，但在认识到上述两类功能层的抗冲刷性能不佳和施工质量难以控制，甚至会加剧路面与基层之间的层间脱空之后，通过学习欧美经验，在个别试验段采用了沥青混凝土功能层。个别高速公路项目的部分路段和一、二级公路还使用过土工布、两布一膜等多种功能层形式。

随着使用者对路面耐久、舒适、安全等要求的日益提高，以及重、超载车辆比例的增大，对基层长期性能的研究越发重视。本书编写组根据部分成员参加广西交通科技项目"耐久性路面实用技术"、国家西部交通建设科技项目"水泥混凝土路面基层长期性能"等课题得到的部分实体检测成果和结论，试图针对不同的使用条件，优选合理的基层与功能层类型及组合，从而达到提出基于耐久性目的的基层和功能层组合实用技术建议的目的。

4.2 基层和功能层应用工程实例调研

4.2.1 主要调研方法与对象

1）主要调研方法

（1）实体检测：采用落锤式弯沉仪（FWD）、钻取芯样等多种方法，测试不同类型基层路面的动弯沉值，分析基层和功能层类型对面层与基层的层间脱空程度、路面结构承载力的影响。

动弯沉测试采用落锤式弯沉仪（FWD）测试典型路段的路面板中、板角的连续24h动弯沉值，一般每小时测试一次，每次测试10块连续的路面板；钻取基层芯样后测试强度和观测芯样的完整性。

（2）病害调查：调查统计不同类型基层路面的典型病害类型和比率，参考《高速公路养护质量检评方法（试行）》和《公路水泥混凝土路面养护技术规范》（JTJ 073.1—2001）等，观测计算断板、错台、开裂等病害率，研究基层类型与路面典型病害的关系。

（3）资料检索：通过国内外文献检索，补充实体检测和病害调查结论，提出对基层和功能层组合设置技术的建议。

2）调研对象

2009年，对广西高速公路主要三类基层水泥路面的典型路段进行了调研，以下除具体说明外，均为该次调研所采集的数据和分析结论。

（1）二灰稳定基层路面

①桂柳路

桂柳路于1997年通车，2009年调研时靠近柳州市城区和桂林市城区两段总计约30km已于2006年前后加铺了沥青混凝土罩面，其他未加铺的路段每年都在频繁进行换板等养护工作，错台、唧泥、断板等病害普遍存在，但也有部分路段如永福至波寨段、黄冕至鹿寨段的路面状况相对较好。路面结构为24cm厚普通混凝土路面板+0.6~1cm热沥青石屑封层+18cm厚二灰稳定碎石基层+18cm厚级配碎石垫层。

②宾南路

宾南路于2000年通车，至2009年调研时已使用9年，是广西高速公路中车流量最为繁忙的段落，路面结构除基层厚度为20cm以外，其他与桂柳路相同，该项目于2012年全线加铺了沥青混凝土罩面，在调研时错台、唧泥、断板等各种病害同样普遍存在。

（2）水泥稳定基层路面

典型调研路段为南坛路，该项目于2003年12月通车，2006年前路况较好，2007年后随着坛百路的开通后交通量剧增，路面破损速度明显加快，2008年部分路段开始频繁换板，全线预计于2016年开始加铺沥青混凝土罩面。路面结构为26cm厚普通混凝土路面+1cm热沥青石屑封层+20cm水泥稳定基层+18cm级配碎石底基层。

(3)贫混凝土路面

①水南路南宁环城段(NO.10 合同段)

水南路 NO.10 合同段试验段于 2001 年开工建设,2003 年底建成通车。典型结构为 26cm 普通混凝土路面 +1cm 热沥青石屑封层 +20cm 贫混凝土基层 +18cm 级配碎石基层,2006 年后路面开始大范围出现开裂破坏现象,贫混凝土基层强度达到 20MPa 以上。

②宾南路排水贫混凝土基层试验段

试验段 2000 年通车,是广西高速公路中交通量最为繁忙的段落之一,2009 年调查时仅发现个别板块有开裂。路面结构:24cm 普通混凝土路面 + 薄膜封层 +15cm 排水贫混凝土基层 +18cm 级配碎石垫层。排水贫混凝土基层 28d 强度不超过 15MPa。

③坛百路沥青混凝土功能层试验段

该试验段于 2007 年 12 月通车,交通量也较大。该试验段为 2km,主要验证沥青混凝土功能层的使用效果,路面结构为:30cm 普通混凝土路面 +3cm 沥青混凝土功能层 +20cm 贫混凝土基层 +20cm 水泥稳定基层 +20cm 级配碎石垫层。

④岑兴路

全线于 2008 年通车,交通量一般,但重型卡车所占比率较高。该项目路面结构为:32cm 普通混凝土路面 +0.6cm 乳化沥青稀浆封层 +20cm 贫混凝土基层 +20cm 水泥稳定基层 +20cm 级配碎石垫层。

15 个调研路段的具体桩号与路面使用情况如表 4-1 所示。

基层调研路段一览表 表 4-1

序号	编号	调研路段/基层类型	调研路段桩号	路面调查时状况
1	HG1	二灰稳定基层(桂林至柳州公路)	黄冕至鹿寨 K468 +960 ~ K470 +860	较好
2	HG2		黄冕至鹿寨 K475 +000 ~ K476 +030	一般
3	HG3		波寨至永福 K416 +000 ~ K414 +000	较好
4	HG4		永福至波寨 K406 +800 ~ K407 +860	一般
5	HB1	二灰稳定基层(宾阳至南宁公路)	伶俐至南宁 K724 +180 ~ K726 +000	较差
6	HB2		南宁至伶俐 K703 +750 ~ K702 +820	较差
7	HB3	二灰稳定基层(宾阳至南宁路)	伶俐至南宁 K695 +920 ~ K697 +000	一般
8	HB4		伶俐至南宁 K697 +090 ~ K698 +860	较差

续上表

序号	编号	调研路段/基层类型	调研路段桩号	路面调查时状况
9	SN1	水泥稳定基层(南宁至坛洛公路)	石埠至坛洛 K785 +950 ~ K787 +650	较差
10	SN2		坛洛至石埠 K785 +840 ~ K784 +450	差
11	SN3		石埠至安吉 K760 +880 ~ K759 +050	一般
12	PB	贫混凝土基层(水任至南宁公路)	安吉至二塘 K986 +550 ~ K987 +770	差
13	PS	贫混凝土基层(宾阳至南宁公路)	伶俐至南宁 K695 +900 伶俐服务区	好
14	LG	沥青混凝土功能层(坛洛至百色公路)	坛洛至百色公路试验段	好
15	LG	沥青混凝土功能层(坛洛至百色公路)	岑溪至兴业公路某段	一般

4.2.2　基层类型对水泥路面使用性能的影响

1)不同类型基层的使用状况

(1)强度与完整性

不同类型基层芯样的抗压强度和完整性如图 4-1 和图 4-2 所示。

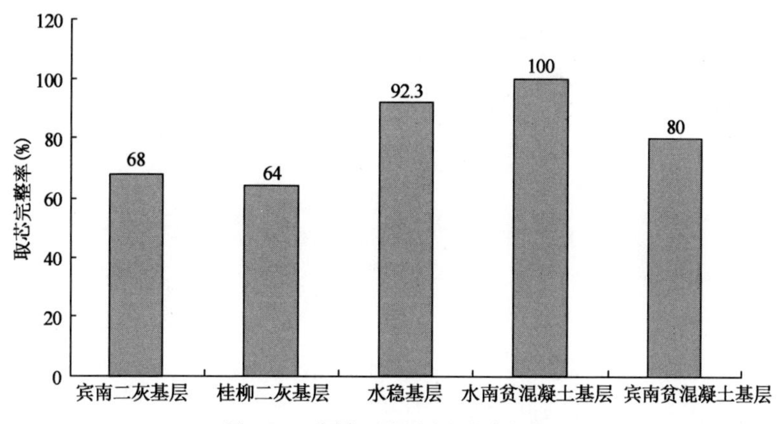

图 4-1　不同类型基层取芯的完整性

①二灰稳定基层

芯样完整性不佳,强度变异性较高,约 1/3 的芯样因破碎松散而完整性很差,芯样的平均强度为 12.7MPa,虽远高于原设计强度,但变异系数达 33.3%,这部分是由于路拌法施工均匀性较差,但主要是因为板中处未被层间水冲刷的基层的强度和完整性远高于板边角处的被冲刷基层。

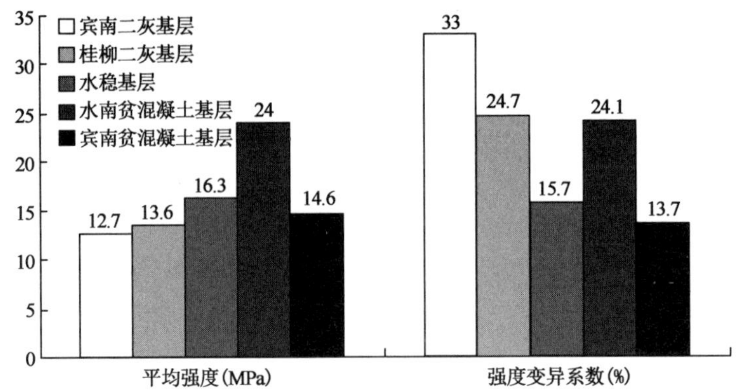

图 4-2　不同类型基层芯样的强度和强度变异系数

路面板边角处基层的外观与板中部分基层相差很大,板中处基层取芯大多完整,但板边角处的基层芯样破碎较多,观察发现到芯样有非常明显的冲刷迹象存在,范围在板边角向板中半径 1m 范围内,如图 4-3 所示。

a)板角处

b)板中处

图 4-3　二灰稳定基层的芯样状况

②水泥稳定基层

92.3% 的取芯完整率表明,即便是断裂破损严重的路面,路面板中和板边角处的水泥稳定基层芯样均基本完整,说明水泥稳定基层的强度均匀性较好,抗冲刷性能较强,基层性能随时间的衰变不甚明显。

水泥稳定基层的强度较为均匀,与其抗冲刷性能好和采用厂拌法施工关联很大,水泥稳定基层的平均强度为 15MPa,高于设计强度 4 ~ 5MPa。

③贫混凝土基层

水南路 NO. 10 合同段贫混凝土基层取芯完整性达到 100% ,说明贫混凝土基层的抗冲刷性较好,基层实测强度达 24MPa,远高于设计强度,但高强度基层刚度较大,无法适应路面板的温差翘曲变形,加上热沥青石屑封层易被层间水冲刷,综合导致面板和基层层间脱空显著,路面的开裂断板率很高。

宾南路排水贫混凝土基层的强度为14.6MPa,低于水泥稳定基层而接近二灰稳定基层,取芯完整性比率为80%,说明抗冲刷性能低于贫混凝土基层与水泥稳定基层。由于部分基层破碎,导致路面存在一定的错台,但路面板的完整性很好,这与排水贫混凝土基层能够辅助排水,减少层间水的不利影响,且强度低厚度薄,基层总体刚度不高,能够适应面板的温差翘曲变形密切有关。此外,试验路采用薄膜封层,既不会像热沥青石屑封层那样有冲刷损失现象,还能够加强基层与路面板之间的滑动效果,利于路面板的温度变形伸缩。

(2)模量

二灰稳定基层的回弹模量与其完整状况和强度有密切关联,二灰稳定基层的长期模量一般在15 000 ~20 000MPa之间。水泥稳定基层的长期模量为二灰稳定基层的2 ~3倍,为30 000 ~40 000MPa,与排水贫混凝土基层大致相当。贫混凝土基层的模量较高,接近40 000MPa。

2)不同类型基层与面板之间的层间脱空情况

(1)脱空判断依据

动弯沉值可反映板底的脱空状况,根据相关研究成果,板角弯沉值超过82μm时可判断为有脱空,超过164μm说明脱空严重。从实体检测结果也可以看出,当板角动弯沉值不超过250μm时,路面板一般都能保持完整;超过350μm时,面板会出现断板现象。

(2)二灰稳定基层路面

对比使用状况较差的宾南路K725 +690 ~ K725 +740段和使用状况良好的桂柳路K415 +580 ~ K415 +540永福段,板角连续24h动弯沉测试结果分别如图4-4和图4-5所示。从图4-4和图4-5中可以看出,在1d中的2/3时段里,二灰稳定基层路面板角的动弯沉值为200 ~400μm,表明路面板角与基层之间存在脱空,与钻芯调查结论一致。

在温度较高的11:00 ~18:00,由于正温度梯度的关系板角向下翘曲,板角弯沉值降至100 ~200μm(个别板达到300μm),此后随着温度的降低和负温度梯度的到来,板角弯沉值迅速增大,在凌晨4:00 ~8:00达到峰值300 ~400μm(个别板达到500μm),较高温时段总体增加了100 ~200μm。二灰稳定基层路面板角在正、负温度梯度下的最大动弯沉值差值小于水泥稳定基层和普通贫混凝土基层,说明二灰稳定基层路面的温度翘曲脱空程度没有其他两种基层那么显著。

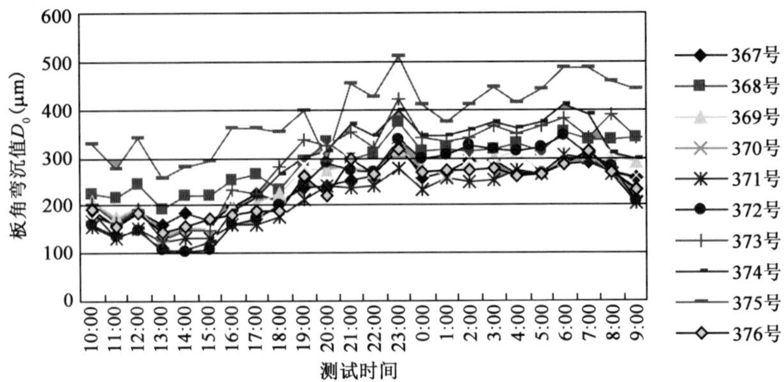

图 4-4 使用状况较差的宾南路 K725 + 690 ~ K725 + 740 段路面板角 24h 弯沉

注:367 ~ 376 号指的是连续测试 10 块板的编号,以下均同。

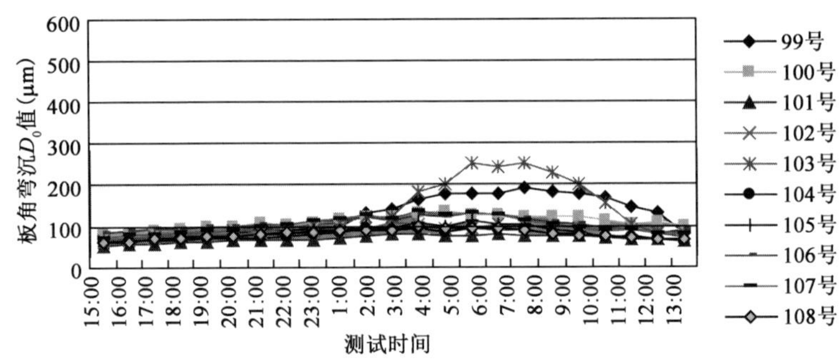

图 4-5 桂柳路永福段 K415 + 580 ~ K415 + 540 段路面板角 24h 弯沉

注:99 ~ 108 号为连续测试 10 块板的编号。

从图 4-5 可以看出,对于使用透水性填料路基的永福段二灰稳定基层路面,80% 的路面板角动弯沉曲线平稳,正、负温度梯度下的板角最大动弯沉值差值不超过 50μm,说明二灰稳定基层路面的温度翘曲脱空程度不显著。低温时路面板角的最大动弯沉值不足 150μm,表明了路基在使用透水性填料的条件下,二灰稳定基层路面板角与基层不存在明显的脱空问题。

结合钻芯和动弯沉测试结果分析,大致可以得到以下结论:

①二灰稳定基层路面板边角处存在显著的冲刷脱空隐患,但温度翘曲脱空程度低于水泥稳定基层和贫混凝土基层。

②路基采用透水性填料填筑的路段,路面板边角处基层的冲刷脱空程度和翘曲脱空程度均较轻,路面使用状况良好。

③二灰稳定基层最主要的问题在于抗冲刷性能不足,导致路面板与基层层

间出现冲刷脱空，热沥青石屑封层的冲刷损失加剧了脱空程度。

(3)水泥稳定基层

南坛路水泥稳定基层路面K786+400~K786+500段的路面板角24h动弯沉值测试结果如图4-6所示。

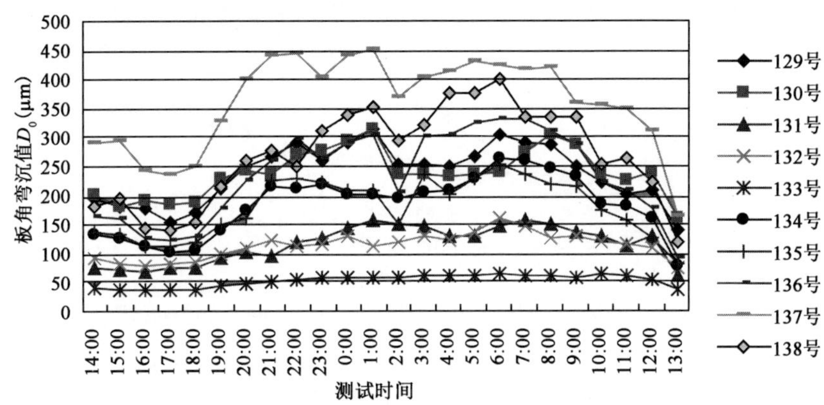

图4-6　南坛路K759+680~K759+630左幅行车道板角24h弯沉

注:129~138号为连续测试10块板的编号。

路面板角处的最大动弯沉值出现在4:00~8:00的低温时段，此时板角向上翘曲变形，70%的板角的最大动弯沉值为250~400μm。在温度最高的12:00~17:00，板角向下翘曲，板角动弯沉值降低至80~200μm，说明层间同样存在少量脱空，结合钻芯情况认为可能与沥青石屑封层的冲刷损失和基层顶部被溶蚀有关。

随着正负温度梯度的转变，路面板角的最大动弯沉值差值为150~300μm，高于二灰稳定基层路面，说明虽然设计厚度相同，但水泥稳定基层路面板角的温度翘曲脱空程度超过二灰稳定基层路面。

水泥稳定基层路面板角与基层层间脱空明显的原因在于以下两点：

①基层受温度梯度变化的影响小于面层，加上水泥稳定基层的强度一般超过设计要求，刚性大于二灰稳定基层，变形盆较小，加上整体性强和不切缝，降温时翘曲程度较小。路面板由于设接缝，升、降温时板角会上下翘曲，导致板边角与基层层间会产生一定程度的温度翘曲脱空。

②路面板角处的热沥青石屑封层在长期的使用中易被冲刷，加剧了水泥稳定基层与面板边角层间的脱空程度。

(4)普通贫混凝土基层

2007年广西交通科学研究院测试了水南路C10合同段贫混凝土路面、南坛路水泥稳定基层路面的24h路面板角动弯沉测试曲线,如图4-7所示。

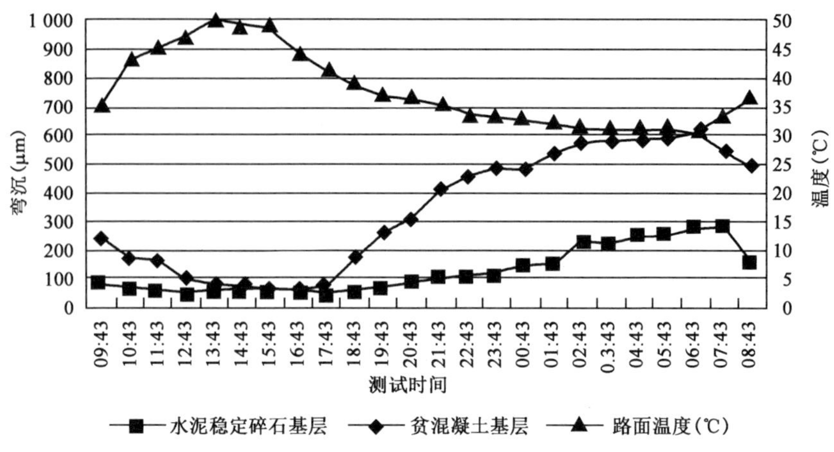

图4-7　贫混凝土基层与水泥稳定基层板角弯沉24h对比变化图

注:测试日期为2007年6月。

贫混凝土基层路面在12:00~18:00的高温时段因板角向下翘曲变形,板角动弯沉值达到最低值不足100μm,此后随着温度的降低,板角向上翘曲变形,动弯沉值迅速提高,在4:00~8:00升至最高值600μm,正负温度梯度下的最大动弯沉值差值为500μm,这说明在一天的低温时段,贫混凝土基层路面板角与基层层间存在显著的温度翘曲脱空。

在负温度梯度时段,水泥稳定基层路面板角与基层层间也出现了温度翘曲脱空,2007年6月的动弯沉值在100~300μm之间,略低于2009年检测数据。在负温度梯度时,贫混凝土基层路面板角弯沉值明显比水泥稳定基层路面要大得多,在4:00~8:00的低温时段二者相差300μm,说明贫混凝土基层路面板角与基层层间的温度翘曲脱空程度比水泥稳定基层要大得多。

(5)排水贫混凝土基层

2009年宾南路排水贫混凝土基层的24h板角弯沉测试曲线如图4-8所示。

即使在负温度梯度下,80%的排水贫混凝土基层路面板的最大板角弯沉值低于150μm,最高的两块板也不超过250μm,仅为水南路贫混凝土基层路面的1/4~1/3,也低于水泥稳定基层路面。此外,80%的路面板板角动弯沉曲线起伏较小,最大动弯沉值差值为60μm,远低于其他类型基层路面,这表明随着温度的变化,排水贫混凝土基层路面板角与基层层间的翘曲脱空程度要低于贫混凝土基层路面以及水泥稳定基层路面。

对两块出现明显脱空状况的路面板钻芯可知，该层间脱空可能主要来自于基层破碎以及路基和垫层的塑性变形。

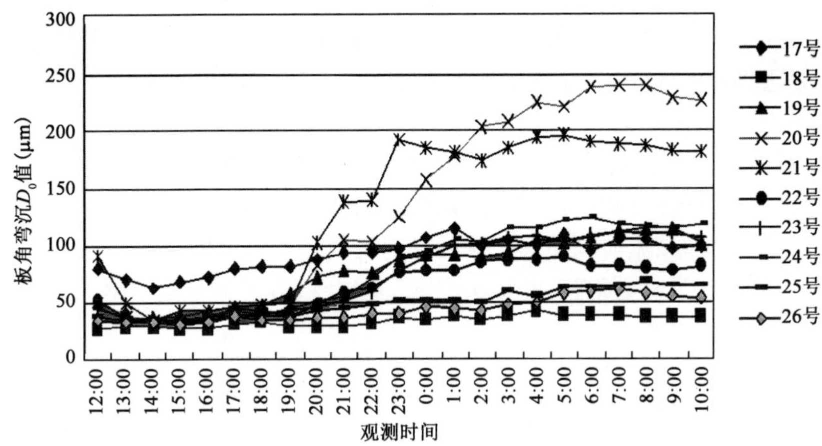

图4-8 宾南路K695+790~K695+840右幅行车道板角弯沉24h变化状况

注：17~20号为连续测试10块板的编号。

3）层间脱空的形式及其对路面性能的影响

路面板和基层之间的层间脱空主要分为冲刷（溶蚀）脱空和温度翘曲脱空。

（1）冲刷和溶蚀脱空

二灰稳定基层路面的冲刷脱空现象最为普遍，水泥稳定基层和贫混凝土基层表面总体虽然较耐冲刷，但层间水的长期作用仍会导致基层顶面的稳定类材料发生溶蚀性破坏，而基层顶虽然往往设置了抗冲刷用途的热沥青石屑封层或乳化沥青稀浆封层，但这些封层因抗冲刷性能较差，反而更易被冲刷损失而加剧脱空程度。

影响冲刷脱空程度和速度的主要因素包括行车荷载、路面结构类型和基层材料特性，当行车轴重较大、速度较快时，层间水的冲刷力和频率均较高，已有计算表明，层间水的最大冲击力达10MPa。路面结构类型影响因素主要有路面板、接缝和基层三大方面，其中路面板影响因素包括面板的尺寸、厚度和模量，面板的厚度和模量越大，刚度就越大，面板的变形和板底作用力就越小，层间水的压力和流速也会越低，冲刷程度越轻；接缝的形式和传力状况对基层冲刷也有影响，接缝传荷能力越强，行车荷载传递至板底的力越小，动水冲刷力越低。因此，采用较厚的面板和设置传力杆对减轻层间水的作用非常有效。

基层材料特性的影响将在下文进行详细说明。

(2)温度翘曲脱空

①温度翘曲脱空的成因

为了克服二灰稳定基层抗冲刷性能不强的缺点,广西在2000年后使用了强度更高、抗冲刷性能更好的水泥稳定基层和贫混凝土基层,但由于基层的刚度提高,温度翘曲变形程度与路面板的变形无法协调,出现了温度翘曲脱空问题。

在传统的水泥路面结构设计状态下,临界荷位定位于纵缝边缘中部,并假设基层与面板之间光滑接触,当基层厚度较大、强度较高即总体刚度较大时,按该模型计算的临界荷位荷载应力很小,该状态与温度升高、路面板角向下翘曲变形的状态相符,这与高温时段路面板角的动弯沉实测值很小的状况相符,会带来高刚度基层路面的承载力很强,路面板与基层层间的温度翘曲脱空程度较小的错误结论。

但是,路面板与基层并非光滑接触,由于基层位于路面板下部,受环境温差变化的影响相对较小,特别当刚度较大时,温度翘曲程度较面板要小得多,在负温度梯度时,路面板角上翘,与基层层间便会产生一定的温度翘曲脱空。因此,在观测高刚度基层路面的翘曲脱空时,不能仅仅依靠白天的弯沉检测结果,更应注意夜间负温度梯度下的翘曲脱空情况。

②基层刚度的影响

影响基层刚度的主要因素包括材料因素(强度)和结构因素(厚度)。相关研究表明,基层的强度越高则模量越大,厚度越厚则路面刚度会越大,相对刚度半径越小,基层的变形盆越小,脱空程度就越大,如图4-9所示。

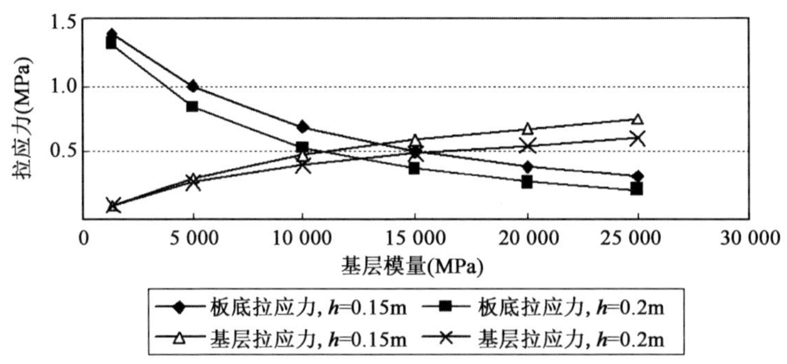

图4-9　基层强度和厚度对路面和基层应力的影响

对实体工程的检测结果也说明了这一点,图4-7和图4-8证实了夜间负温度梯度下贫混凝土基层路面板角的弯沉值远高于排水贫混凝土基层路面和水泥稳定基层路面,此时路面板角向上翘曲,层间脱空程度显著,而由于重载车辆多夜间出行，导致上翘板角的荷载应力在夜间负温度梯度时短时间内集中，造成路面板角易过早断裂。

使用情况良好的路面动弯沉检测数据也说明了这一点，如排水贫混凝土基层路面板角的弯沉值昼夜相差不到60μm，温度翘曲脱空程度不显著，路面板角的断裂和断板病害也最少。

对其他实体工程的调研情况也证明了这一点：

a. 宾南路青龙江桥头往南宁方向粉煤灰贫混凝土基层路面试验段的基层厚15cm，28d抗压强度超过20MPa，面板厚24cm，接缝间距为4m，不设传力杆和封层，基层的养生薄膜未清除作为滑动层以减小层间摩擦约束应力。试验段于1998年完工，通车后前5年路面使用性能良好，但10年后路面断板率较高。该段路面除基层强度外，结构设置与排水贫混凝土基层路面试验段一致，但耐久性要差很多，说明基层的强度较高可能是一大影响因素。

b. 2000年广西交通科学研究所在百色水利枢纽专用公路修筑了20km多孔贫混凝土基层混凝土路面，该路段路基差异沉降较大，处理路基后的路面结构为：20cm厚天然砂砾垫层+12cm厚多孔贫混凝土基层+24cm厚普通混凝土路面板，多孔贫混凝土基层的28d强度为10MPa左右。截至2010年调研时，该段路面的使用状况良好，没有明显的错台和断裂。此后，南坛路、百罗路的个别隧道路面和南友路的个别隧道路面及检查站广场道面也修建了多段多孔贫混凝土基层路面试验段，使用状况均良好。

宾南路青龙江桥头往柳州方向路面使用了8~12cm厚多孔贫混凝土基层，由于路基填料为碳质页岩，差异沉降风险大，加上基层厚度较薄，导致路面结构整体强度不足，通车后路面即产生早期纵向开裂，但经修补处理后的路面至2010年调研时仍无明显错台和断板现象。

多孔贫混凝土基层在广西水泥路面中应用较为成功，一方面是多孔贫混凝土基层具有排水作用，适合于湿热地区；另一方面多孔贫混凝土基层的强度低、厚度薄，整体刚度小，层间翘曲脱空程度低。如宾南路青龙江桥头往柳州方向采用8~12cm厚的多孔贫混凝土基层，往南宁方向采用20cm厚粉煤灰贫混凝土基层，二者的使用年限、路基情况和其他路面结构设置相同，交通量相差不大，后者基层的强度和厚度要高1倍，但路面的使用耐久性反而要差得多。

c. 国内其他几条贫混凝土基层路面的应用情况也部分说明了这一点，如2000年河北省修筑了20km贫混凝土基层混凝土路面，基层厚20cm，强度大于20MPa，通车后路面板的断角发展较快；2008年通车的广东省清远至连州高速公路约有200km的水泥路面采用20cm厚的贫混凝土基层，部分段落路面的断角情况也较普遍。

路面板的刚度也会影响到层间温度翘曲脱空程度的大小，面板越厚，强度越高，面板的刚度会越大，层间温度翘曲脱空程度会越小，但相关研究表明，其影响程度较基层的刚度大小要低得多。

综合各类结论可知，如不增加一定厚度的功能层措施，使用高刚度的基层会显著增大路面板角与基层层间的温度翘曲脱空程度，加快路面的破坏趋势。

③温度梯度的影响

温度梯度对贫混凝土基层路面的影响可以从铁山港大桥桥头贫混凝土基层路面试验段的成功应用得到结论，铁山港属于海洋性气候，昼夜温差往往只有3～4℃，因此路面板角的温度翘曲变形程度低，层间脱空量小，面板断裂率不高。

需要注意的是，温度翘曲脱空不仅仅在昼夜温差变化中出现，如午后高温时段突发暴雨，路面也会出现显著的温度变化，负温度梯度值迅速出现，这在湿热地区夏季是非常普遍的。

④交通荷载——夜间超载的影响

由于各种原因，大部分重载超载车辆会选择在夜间特别是凌晨集中行车，如广西某条高速公路统计0:00～6:00的重载和超载交通量占到24h总量的60%和80%，而夜间负温度梯度下层间温度翘曲脱空程度显著的路面板角被重载车辆反复碾压，板角断裂的速度显著加快。

⑤温度翘曲脱空与冲刷溶蚀脱空的相互叠加和促进

温度翘曲脱空会加剧冲刷脱空的程度和速度，一旦温度翘曲脱空出现，冲刷溶蚀作用范围不断扩展，更多部位因此出现黏结不好的情况，温度翘曲脱空现象也随之愈加明显。水泥稳定基层和贫混凝土基层虽然整体抗冲刷能力好，但压实施工方式也易导致基层产生表面离析和分层，基层表面相比内部密度和强度低，易产生冲刷和溶蚀现象，翘曲脱空与冲刷脱空相互叠加，导致高刚度基层路面的变形更难以协调。

(3)基层脱空对路面的性能和结构设计的影响

已有研究表明，基层脱空对水泥路面使用性能的影响如下：

①高刚度基层路面板的开裂主要出现在板角和板纵缝边缘的脱空区域，脱空体的形状接近于圆锥体或棱锥体，对于30cm厚、刚度半径为0.506m的面板，底面脱空圆锥体的半径从0.1m增大到1.5m后，板内荷载应力由0.73MPa增大到1.38MPa，增幅达到89%。

②基层脱空后，路面板的疲劳应力达到3.73MPa，增大了30%，路面的使用寿命因此减少84%。

③未脱空板的板底弯拉应力为已脱空板的25%，当明显的翘曲脱空出现后，每次轴载作用都会导致路面板出现至少1.74MPa的拉应力，计算表明标准轴载累积作用2.65～16.16万次，板角就可能断裂，即施工均匀性不好的路面在4个月后出现板角断裂，施工均匀性好的路面也不超过2年。

上述结论与实际检测情况基本一致，以2004年通车的水南路NO.10合同段为例，至2009年检测时，板角动弯沉最大值达到600μm，出现了明显脱空，路面大规模破坏是必然的。

高刚度基层的应用也影响到路面结构设计理念的改变，传统的结构设计方法将临界荷位定位于纵缝边缘中部，而在使用高刚度基层后，由于温度翘曲脱空和冲刷脱空叠加，负温度梯度下路面板角上翘，板边角脱空量最大，当荷载作用于板角时，应力最大的部位为距离板角70～100cm处，设计临界荷位转移至板角附近，这就需要对传统的路面结构设计方法进行修正，贫混凝土基层路面的主要病害是板角断裂，间接证明了这种论断。

4）不同类型基层的承载能力

按照传统的设计理念，为了提高路面的承载力，重交通量等级公路宜使用高强度的贫混凝土基层或水泥稳定基层，其使用效果（即公路实际承载力是否得到提高）可以用一些指标来反映。板中动弯沉值是一个可以反映路面结构承载力的指标，不同类型基层路面的板中弯沉值如图4-10和图4-11所示。

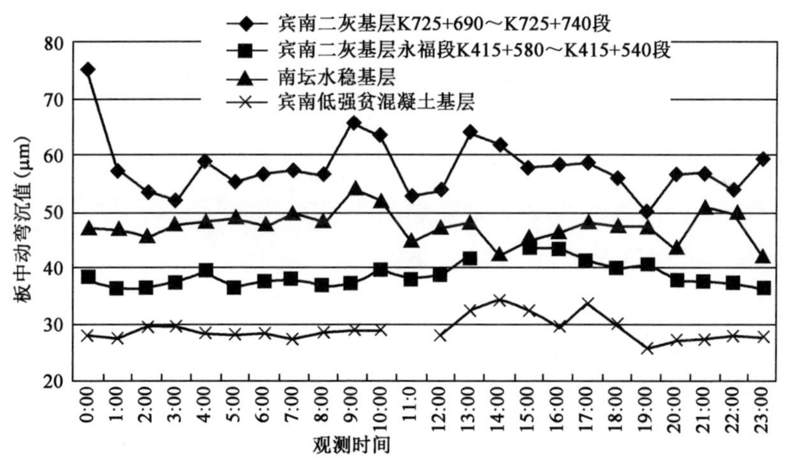

图4-10　不同类型基层路面的24h板中动弯沉值

基层顶受冲刷较严重的宾南路K415+690～K415+740段路面板中弯沉值最大，说明基层顶部受冲刷后，路面的整体结构承载力显著下降。而对于采用透水性填料路基的宾南路永福段，基层顶受冲刷程度较轻，路面结构承载力甚至高于水泥稳定基层路面。排水贫混凝土基层路面虽然基层强度不高，但板中动弯沉值最低，承载能力最高。

水南路贫混凝土基层路面试验段强度最高且厚度最大，理论上结构承载力应最高，但对比16:00的板中动弯沉测试值可见，板中弯沉值为40~50μm，高于排水贫混凝土基层路面和永福段二灰稳定基层路面，与水泥稳定基层路面接近，这说明未必基层刚度越大，路面结构承载力就越高，反而是路面与基层之间连续紧密接触不产生脱空，对保证路面的结构承载力更为重要。

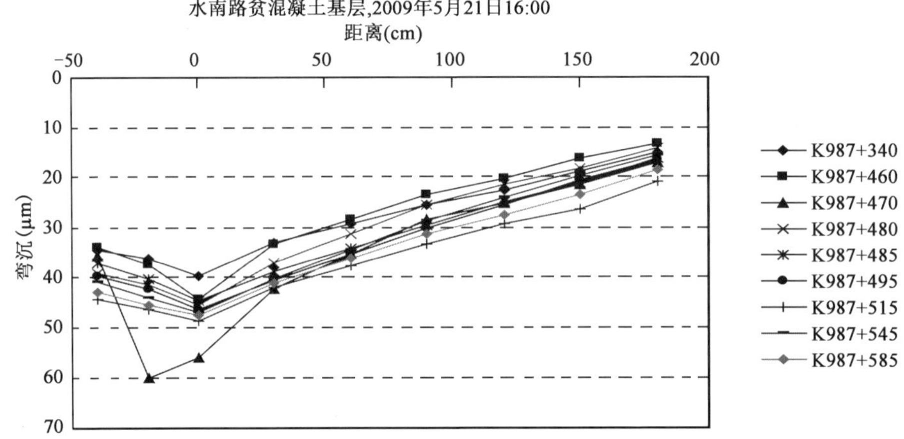

图4-11 水南路贫混凝土基层16:00板中弯沉曲线

注：横坐标0cm所对应的纵坐标弯沉值为16:00所测板中动弯沉值。

水泥路面主要依靠刚性路面板承受荷载，基层起长期均匀支承路面板的效果，采用高强大厚度的基层组合设置，不但无益于提高路面的结构承载力，反而由于加重了层间温度翘曲脱空程度，路面的破坏速率更快。

5)不同类型基层路面的病害调查

(1)错台

调研路段的错台情况如图4-12和图4-13所示。

①不同类型基层路面的错台状况

二灰稳定基层路面不论面板完整状况如何，错台都非常明显，导致路面的平整度和舒适感较差，路面的平均错台量为2.5~4.5mm，正错台比率较负错台比率高20倍以上，说明二灰稳定基层路面的错台主要由冲刷引起。

水泥稳定基层路面的平均错台量为0.5~1.6mm，为二灰稳定基层路面的1/3，因此路面开裂虽严重，但行车舒适性并不算更差，与二灰稳定基层路面的错

台多为开裂或接缝错台等综合原因导致不同，水泥稳定基层路面的错台多由面板开裂造成。

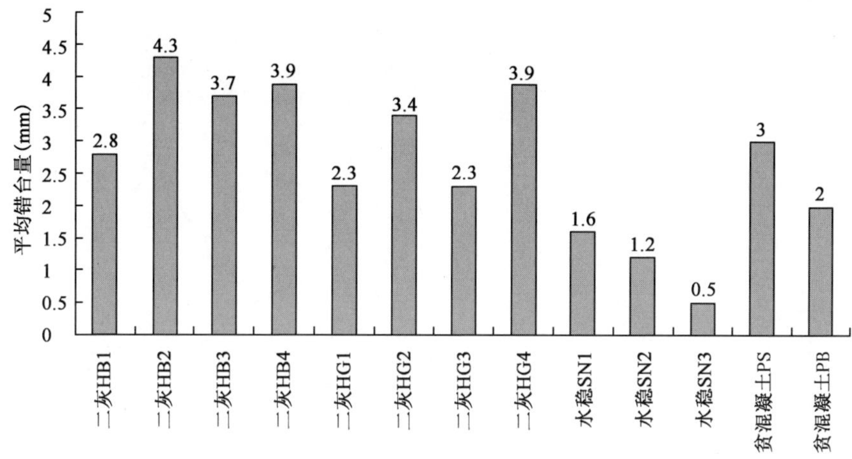

图 4-12　不同类型基层混凝土路面的平均错台量对比

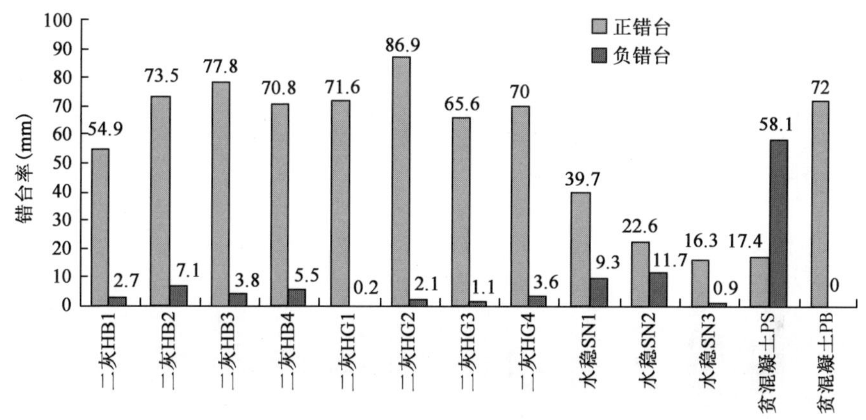

图 4-13　不同类型基层混凝土路面的错台率对比

注：负错台指前板驶入端低于后板驶离端，正错台指前板驶入端高于后板驶离端。

贫混凝土基层路面的平均错台量大于水泥稳定基层路面但小于二灰稳定基层路面，使用状况良好的排水贫混凝土基层路面的错台均为正错台，贫混凝土基层路面的错台大部分为负错台，主要成因与路面开裂有关。

②错台与路面破坏的关系

错台与路面断板的关系密切，一般错台量大的路段，断板换板率也越高，如图 4-14 所示。

(2)贯通开裂

面板贯通开裂后会丧失结构承载力，是水泥路面最严重的病害形式，不同类型基层路面的贯通开裂情况如图4-15所示。

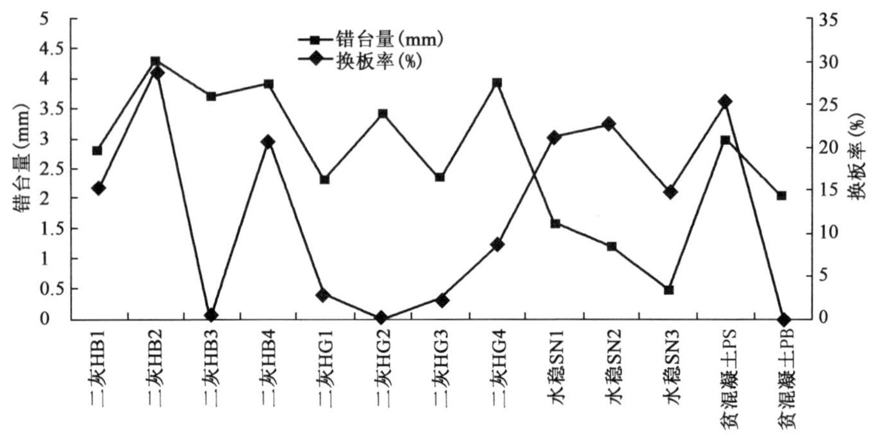

图4-14　错台与路面换板率的关系

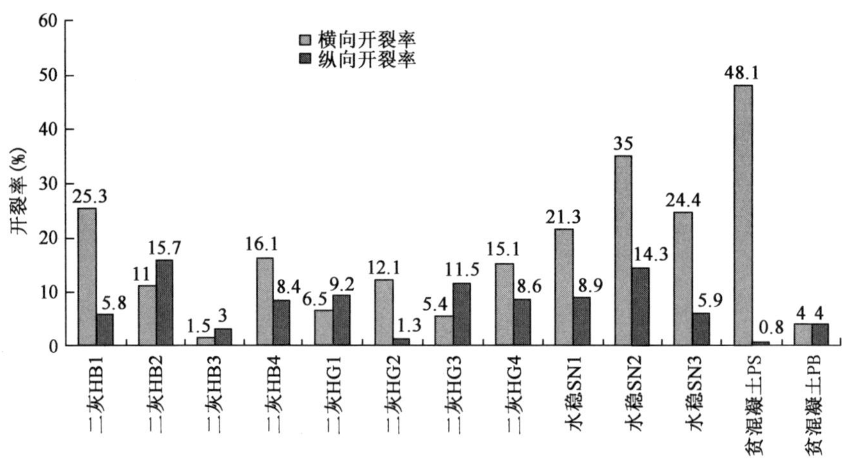

图4-15　不同类型基层混凝土路面的贯通开裂率

如不考虑使用年份，路面板贯通开裂率从高到低的排序为贫混凝土基层＞水泥稳定基层＞二灰稳定基层＞排水贫混凝土基层。

所调研的二灰稳定基层路面使用年份最长，错台量最大，面板的横、纵向开裂率较高；排水贫混凝土路面的开裂率和换板率均最低，使用耐久性最好；贫混

凝土基层路面虽然使用年限最短，但开裂率最高；水泥稳定基层路面的开裂率同样也较高。

(3) 板角断裂

不同类型基层混凝土路面的板角隅断裂情况如图 4-16 所示。

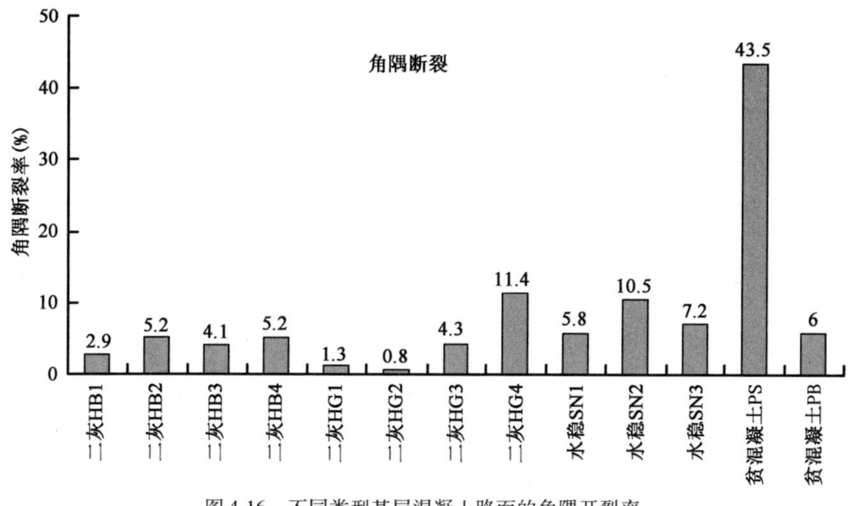

图 4-16　不同类型基层混凝土路面的角隅开裂率

角隅断裂率从高到低的排序为贫混凝土基层 > 水泥稳定基层 > 排水贫混凝土基层 > 二灰稳定基层。

二灰稳定基层路面除 HG4 段外，路面板角断裂率总体较低，这说明了虽然板角处二灰稳定基层被冲刷严重且承受交通量较大，但因为基层强度低而柔性高，能够部分缓解面板板角变形，因此断角率并不高，如果路基采用透水性粒料填筑，断角率还会降低；贫混凝土基层路面的板角脱空量最大，断角率也最高；排水贫混凝土基层路面的断角率高于二灰稳定基层路面，但低于水泥稳定基层路面；水泥稳定基层路面的板角温度翘曲脱空量较大，角隅开裂率也较高。

(4) 不同类型基层路面易发生的病害

水泥路面的病害形式、病害率与基层类型及结构设置有着直接联系，因此，针对性的采取各类优化措施十分必要。

①二灰稳定基层

二灰稳定基层的抗冲刷能力较差，路面板边角处的基层在通车数年内便会被冲刷损失严重，错台类病害严重。但二灰稳定基层早期强度低、柔性好，只要不被完全冲刷，仍可以部分支承面板甚至缓解面板与基层之间的脱空，如采用透水性粒料填筑，各类病害率均会大幅降低。

对于二灰稳定基层路面，应在发扬其柔性较高、便于就地取材等优点的基础上，提高抗冲刷溶蚀能力。

②水泥稳定基层与贫混凝土基层

水泥稳定基层和贫混凝土基层的刚度较高，在负温度梯度下，路面板与基层层间会出现显著的温度翘曲脱空，这两类基层虽然路面错台率不高，行车舒适性尚可，但贯通开裂和断角等结构类病害较严重，路面换板率高。

对水泥稳定基层和贫混凝土基层路面，应在发扬其承载力和抗冲刷性能较好的基础上，采取各种结构设置优化措施，缓解层间温度翘曲脱空程度。

6)不同类型基层的优缺点、适用条件和优化措施

(1)二灰稳定基层

①优缺点

优点：a. 成本低，可使用粉煤灰等工业废料，经济环保；b. 强度低，柔性高，能够部分适应路面板的温度翘曲变形，层间温度翘曲脱空程度较低。

缺点：a. 抗冲刷性能差，导致后期强度高的优势难以体现，路面板边角处基层的冲刷脱空程度较为显著，路面的接缝错台、断板现象普遍；b. 早期强度低但后期强度高，不适用于早期重交通量很高的改扩建工程。

②适用条件和优化措施

a. 适用于各类交通等级道路，但应采取下列提高抗冲刷能力的措施：路床采用透水性粒料，保证路面内部排水系统长期有效；在基层顶设防水功能层，重交通等级以上的道路宜采用3～6cm厚的沥青混凝土功能层，中、轻交通量道路可采用1cm以上的改性乳化沥青稀浆封层、同步碎石封层或两布一膜等工艺。

b. 不适用于早期重交通量较高或需要提前通车的路面工程。

c. 采用合理的组成设计和施工管控措施提高施工均匀性。

(2)水泥稳定基层

①优缺点

优点：a. 抗冲刷性能较优良，不会出现显著的冲刷脱空现象；b. 早期强度较高，适用于各类交通等级条件。

缺点：a. 材料设计中仅规定了最小水泥用量和最低强度，忽视了对最高强度的限制，实际强度往往远超设计值，当厚度较大时，与面板的刚度不匹配，面板与基层层间易出现温度翘曲脱空；b. 由于采用碾压压实工艺，顶部的密实性和均匀性较内部要差，易在层间水作用下发生溶蚀现象。

②适用条件和优化措施

适用于各类交通等级条件，但应采取措施降低路面板与基层层间的温度翘曲脱空程度以及防止顶部出现溶蚀现象，包括：优化材料设计，限制基层的7d无侧限抗压强度不超过4MPa，28d强度不超过7MPa；优化结构设计，限制基层的厚度为15～20cm，并应设置在一定厚度的粒料层上；设置功能层，重交通等级以上的道路宜采用3～6cm的沥青混凝土功能层、5mm以上厚度的土工布等，中、轻交通量可设两布一膜，1cm以上厚度的热沥青碎石封层、改性乳化沥青稀浆封层，5mm以上厚度的土工布等。

(3)贫混凝土基层

①优缺点

优点：a.抗冲刷性能好；b.强度高，承载力好，适用于重交通等级以上条件。

缺点：强度和模量过高，当厚度较大时在负温度梯度下面板与基层层间的温度翘曲脱空程度显著。

②适用条件和优化措施

适用于重交通等级条件，但应采取各类措施缓解层间温度翘曲脱空：优化材料设计，限制基层的7d强度不超过10MPa；优化结构设计，基层厚度不大于15cm，且应支承在粒料层上；设置功能层，在基层顶设置3～6cm厚的沥青混凝土层。

4.2.3 功能层类型对水泥路面使用性能的影响

提高基层的抗冲刷能力，减少过渡层对路面使用性能的不利影响，降低路面板与基层层间的温度翘曲脱空程度，这些功能仅靠基层的结构设置优化措施往往难以达到，此时就需要在基层顶设置功能层。功能层的厚度一般不超过6cm，起功能辅助改善效果而非结构辅助受力作用。

1)功能层的种类

(1)过渡层的定义及其对路面性能的影响

①过渡层的形成机理和性质

已有研究表明，当路面与基层的接触面光滑平整时，面板底的主拉应力、最大挠度、最大主应变最小；最不利状况则是接触面粗糙、不平滑且有脱空，此时面板底的主拉应力、最大挠度和最大主应变最大。由于采用碾压施工方式，实际使用中的基层表面必然会存在一定的孔隙，如混凝土直接浇筑在基层表面，混凝土中的水泥浆渗入基层表面孔隙中，如果基层顶部覆盖了顶面吸水的土工布等时，混凝土的水分则损失更明显，综合导致面板底部混凝土的质量下降，水化后会在面层与基层层间形成一个具有一定尺度的层次——“过渡层”。

过渡层的性质不同于面层和基层，甚至过渡层内部的弹性模量、泊松比和强度也是变化的，顶面与路面混凝土相近，底面与基层相近。根据经验，对于级配碎石基层，过渡层的厚度一般为0.5～5mm，厚度受基层表面粗糙度的影响不大；半刚性基层由于水泥浆渗入基层后与基层黏结紧密，而基层表面不够平整，过渡层的厚度变化为1～10mm，局部超过10mm，基层表面越粗糙，过渡层厚度越大。

②过渡层的破坏形式

切缝后的路面板会随着气温的升降出现伸缩，而基层和过渡层对面板的摩阻作用将阻止这种往复运动，导致过渡层内部产生剪应力，使路面结构发生4种基本破坏形式：

a. 面层与基层在切缝两侧的界面分离，在界面形成水平裂缝。

b. 基层竖向开裂，继续发展形成全截面断裂。

c. 面层与基层部分分离，过渡层中形成水平裂缝，扩展一定距离后偏转侵入基层，并进一步发展。

d. 面层和基层之间滞留的层间水会反复冲刷过渡层，如果基层有较妥善的防冲刷保护措施，较薄弱的过渡层会受到层间水的反复冲刷和溶蚀破坏。

典型的过渡层破坏照片如图4-17所示。

a)近景

b)远景

图4-17　过渡层的开裂、冲刷、溶蚀破坏照片

③过渡层的存在对路面结构设计的影响

经典力学观点认为，过渡层的厚度只相当于面板的1%，因此过渡层对路面板的断裂性能几乎没有影响，但依照断裂力学理论，过渡层一旦开裂破坏，裂纹尖端将具有巨大的应力奇异性，导致裂纹向上、向四周扩展，直至穿透过渡层进入面板，导致面板开裂破坏，也致使路面的实际情况与理论模型之间存在以下巨大差异：

a. 经典设计模型将面板与基层的接触面理想化为光滑面，但实际上粗糙的接触面存在显著的摩擦力，阻碍了面板的温度收缩变形和干缩变形。

b. 经典设计模型假定接触面上下的面板和基层均完好无损，但实际过渡层破坏后，接触面的上下表面均存在大量的缺陷和裂纹。

c. 作为评价面板开裂破坏依据的抗弯拉强度和抗弯拉疲劳强度均测于无缺陷室内试件，但实际中的路面板底面因附着薄弱过渡层，抗弯拉强度和抗弯拉疲劳强度均远低于试件，有研究认为抗弯拉强度可降低 10% ~20%，对应于疲劳寿命降低 10 倍以上。

因此，改善基层的不平整状况，提高过渡层的强度和密实性，或者设置功能层隔绝过渡层的影响，都可以降低路面板底拉应力，促使路面的实际受力状况更为接近于设计状态。

(2)设置功能层的目的

根据使用目的和功能的不同，功能层可分为 1.5cm 以下厚度的薄功能层和 3cm 以上厚度的厚功能层，1.5 ~3cm 厚度的中间厚度功能层由于两头无法兼顾，性价比较低，很少在实际中使用。

①薄功能层——厚度低于 1.5cm

薄功能层设置的目的主要是降低过渡层的影响，以及辅助基层顶的抗冲刷能力，厚度一般不超过 15mm。为了节省造价，当基层足够平整时，功能层采用厚土工布、两布一膜在技术上均可行。即使基层有少许不平整，但考虑到施工规范要求将基层的平整度控制在 8mm 之内，采用 10 ~15mm 的改性沥青同步碎石封层、改性乳化沥青稀浆封层等均能够达到使用目的。

在部分项目中使用过的塑料薄膜或单层土工膜、单层薄土工布等因为厚度太薄和强度太低，无法充分适应基层顶部的不平整性，且不足以抵抗路面施工机械的作用而易破裂，实际使用效果变化很大；普通乳化沥青封层由于质量控制普遍不到位，且普通乳化沥青破乳后再遇水还能再乳化，不太适用于功能层；石屑类封层由于我国现阶段石屑质量控制不佳，也无法达到设计的抗冲刷功能。

②厚功能层——厚度高于 3cm

如要求功能层具备缓解层间温度翘曲脱空、减少汽车振动作用的结构性辅助功能，需再增大功能层的厚度，综合各类成果可知：

a. 厚度：厚度为 3 ~6cm 的功能层可降低路面板和贫混凝土基层之间的温度翘曲脱空程度，抗冲刷能力较强，如果功能层过厚，一方面对板底拉应力和基底拉应力的改善增幅不大，如图 4-18 所示，同时也不够经济。功能层太薄则起不到缓解翘曲脱空程度的作用，功能层层底的拉应力过大，自身易破坏，且不利于机械摊铺。

b. 模量：功能层的模量为 800 ~1 400MPa，低模量的沥青功能层可以降低功能层、面板和基层的荷载应力，但如果功能层的模量太小，路面板接缝处的弯沉较大，易导致错台现象的发生，对此可从美国的使用经验得到证实，美国部分项目使用沥青碎石基层，沥青碎石的模量较低，因此面板处易发生错台，为此需采用较粗的传力杆。

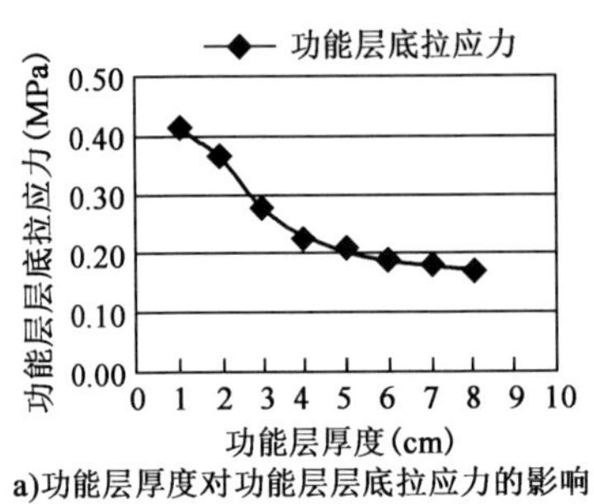

a)功能层厚度对功能层层底拉应力的影响

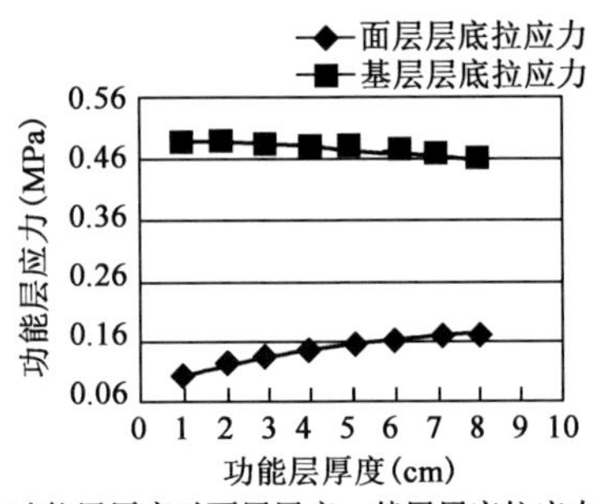

b)功能层厚度对面层层底、基层层底拉应力的影响

图 4-18　功能层厚度对功能层层底、面层层底、基层层底拉应力的影响

(3)功能层在国内外的使用

①薄功能层

广西在2002年前普遍在半刚性基层上设置1cm厚的热沥青石屑封层，2002年后在水泥稳定基层和贫混凝土基层上先后采用过1cm厚的热沥青石屑封层、0.6~1cm厚的乳化沥青稀浆封层，2000年修建的宾南路排水贫混凝土基层路面试验段、青龙江桥头粉煤灰贫混凝土基层路面试验段、青龙江桥头多孔贫混凝土基层路面试验段、水南路个别路段等还采用过0.3mm左右的塑料薄膜或土工膜功能层。

德国在20世纪70年代前为了加强路面和刚性基层的结合，不设功能层，但此后要求在路面板和水稳(贫混凝土)基层间使用5mm的无纺土工布隔离层。

广东清远至连州高速公路在路面板和贫混凝土基层之间采用过两种功能层，即1cm厚的沥青石屑隔离层以及学习美国和台湾经验引入的蜡质养护隔离层，广东梅州至河源高速公路采用了0.5~1cm厚的热沥青石屑封层。

《公路水泥混凝土路面施工技术细则》(JTG/T F30—2014)建议在半刚性上基层表面设6mm以上的热沥青隔离封层，不透水的3种薄膜隔离封层——厚度不薄于0.6mm的塑料薄膜、不透水复合土工膜及不透水复合塑料编织布，以彻底隔离面板与基层。

②厚功能层

厚功能层指沥青混凝土功能层，部分欧洲国家和美国、日本等国在基层顶设置3~6cm的沥青混凝土功能层，广西在坛百路贫混凝土基层试验段中设置了

3cm 的沥青混凝土功能层,2013 年修建的内蒙古准格尔至兴和煤炭运输高速公路全段设置了 3cm 的沥青混凝土功能层。

③中间厚度功能层

曾有专家提出 1.5cm 厚的开普封层功能层方案(洒热沥青 +1cm 厚橡胶沥青碎石 +0.6cm 改性乳化沥青封层),但未查阅到有在二级以上等级公路应用的工程实例。

2)厚、薄功能层对路面使用性能的不同影响

(1)面板板底应力

板底剪应力的大小反映了路面板底开裂破坏和功能层顶开裂破坏的趋势,相关文献的计算结果分别如图 4-18 和图 4-19 所示,从中可见,设厚功能层的板底的剪应力和拉应力均有大幅下降,薄功能层虽也有利于降低面板底应力,但功能层层顶拉应力较大,存在被撕裂的可能。

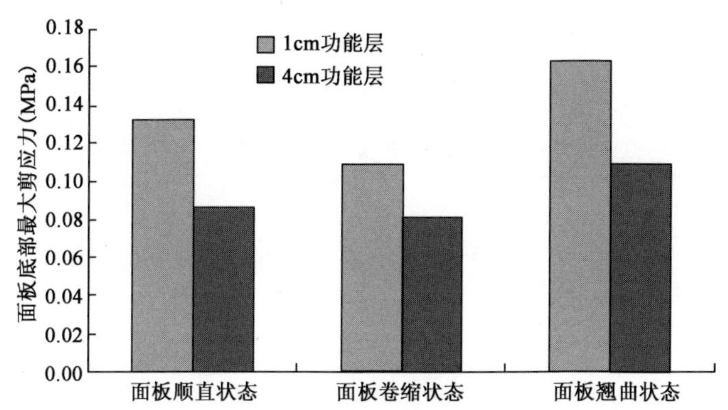

图 4-19　厚、薄功能层对混凝土路面板底最大剪应力的影响

(2)层间温度翘曲脱空

使用厚功能层的坛百路试验段、使用薄功能层的岑业路路面结构如表 4-2 所示,除功能层外,两段路面的结构厚度和强度相致,2009 年的路面板角 24h 动弯沉测试结果分别如图 4-20 和图 4-21 所示。由于动弯沉测试时这两段路面通车年限均不足一年,且面板较厚,因此板角动弯沉值均不超过 60μm。

厚、薄功能层路面结构对比　　表 4-2

工程名称	通车时间	垫层结构	底基层结构	基层结构	功能层结构	面层结构
坛百路试验段	2007.12	20cm 厚级配碎石	20cm 厚 4% 水稳碎石	20cm 厚贫混凝土	3cm 厚 AC-10 沥青混凝土	30cm 厚普通水泥混凝土
岑兴路	2008.12	20cm 厚级配碎石	20cm 厚 4% 水稳碎石	20cm 厚贫混凝土	0.6cm 乳化沥青稀浆封层	30cm 厚普通水泥混凝土

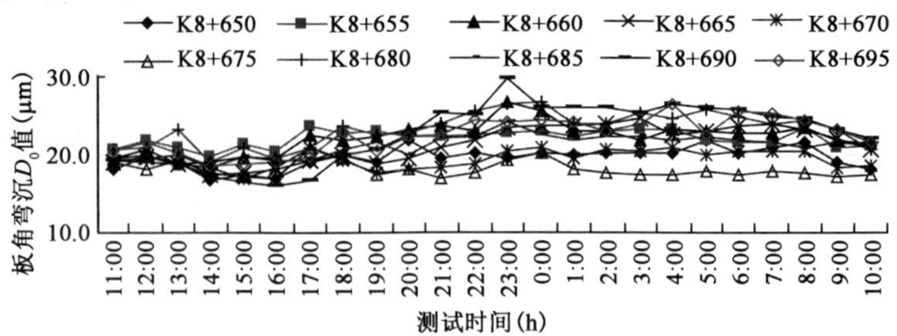

图 4-20　坛百路厚功能层贫混凝土路面板角连续 24h 动弯沉值

注:测试时间为 2009 年 5 月。

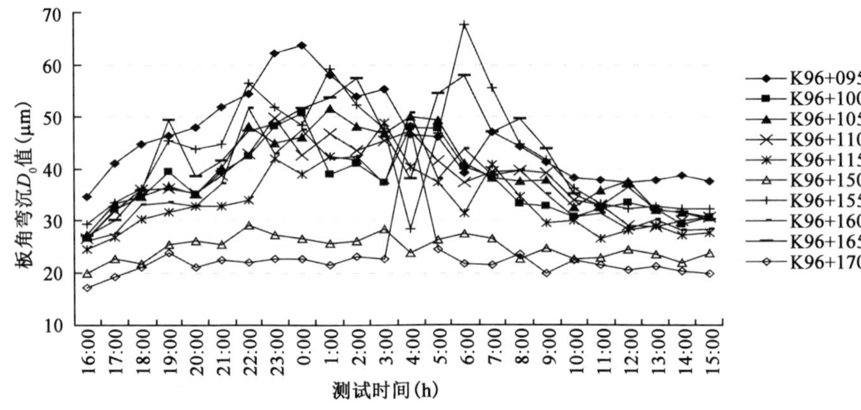

图 4-21　岑兴路薄功能层贫混凝土路面连续 24h 动弯沉值

注:测试时间为 2008 年 12 月。

坛百路试验段的温度梯度和使用年限与岑兴路相仿,交通量要高得多,但由于设置了厚功能层,路面板角的连续 24h 动弯沉曲线平稳,板角动弯沉实测值最大不超过 30μm,正负温度梯度下的最大动弯沉值差值不足 15μm,说明该段路面板角与基层层间没有显著的温度翘曲脱空和冲刷脱空。

设薄功能层的岑业路板角的 24h 动弯沉曲线起伏较大,正负温度梯度下 80% 的板角最大动弯沉值差值超过 30μm,说明该路面板角的温度翘曲脱空程度比坛百路要大得多,也表明功能层厚度要达到 3cm 以上,才能有效地协调面板与基层间的温度翘曲脱空。

虽然 2009 年后因条件限制,未能跟踪补充动弯沉测试,但从实际使用效果来看,经过了 7 年的高交通量运营,至今坛百路试验段路面基本无任何结构类破坏,相比岑兴路虽然交通量要低得多,但部分面板已出现了断角类病害。

(3)层间冲刷类脱空

从路面板接缝或裂缝下渗的水会滞留在功能层与面板之间,在重载高速的车轮作用下,层间水会反复高速的冲刷功能层,导致抗冲刷能力不强和厚度不足的功能层过早被冲刷损失,加快了层间脱空的速度和程度。

不同功能层的振动冲刷试验结果如图4-22所示,从图中可见沥青混凝土功能层的抗冲刷能力远胜于其他类型功能层。

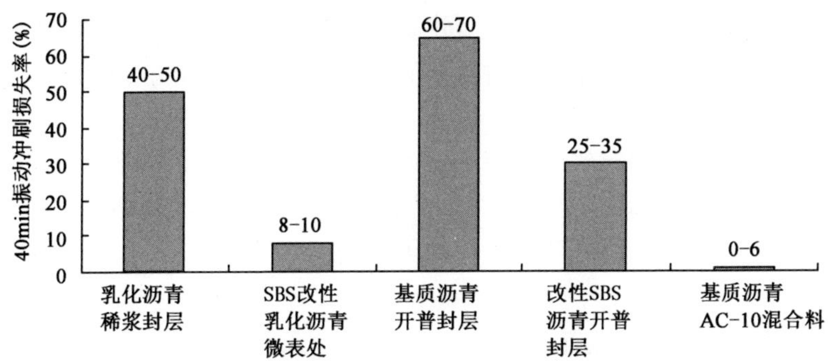

图4-22 不同功能层的抗冲刷性能

不同基层、功能层的抗冲刷能力如表4-3所示,实际上,即使对于不存在显著层间温度翘曲脱空的排水贫混凝土基层路面,考虑于其80%的取芯完整率,采用厚功能层提高基层的抗冲刷能力也是有必要的。

不同基层、功能层的经验抗冲刷能力 表4-3

基层类型	功能层	雨水在面板与基层层间的滞留情况	冲刷情况
二灰稳定基层	无	滞留量较少	2年内基层被冲刷严重
	1cm热沥青石屑封层	滞留量大	2年内封层被冲刷,5年内面板边角处基层受冲刷严重
水泥稳定基层	无	滞留量较少	4年内基层边角有少许冲刷
	1cm热沥青石屑封层或乳化沥青稀浆封层	滞留量大	2年内封层被冲刷,6年后基层边角有冲刷
贫混凝土基层	无	滞留量较少	贫混凝土基层无冲刷,排水贫混凝土基层有少量冲刷
	0.6mm薄膜	滞留量较大	2年内基本无冲刷
	5mm土工布	滞留量较大	无冲刷(据德国资料)
	3cm厚AC-10沥青混凝土	滞留量大	3年内接缝下功能层局部有少许冲刷

(4)缓解车轮振动冲击

沥青混凝土功能层由于具有柔性、弹性和一定的延伸度,可视为较理想的应力消减(吸收)层位,可有效地缓解由路面板传递来的车辆动载冲击,避免基层裂隙的产生和扩展,从而减少基层断裂的可能。

欧洲有专家在介绍功能层的作用时曾形象的使用了一个"垫着厚绒布的玻璃板"例子,将刚性的路面板和刚性略低的半刚性基层分别比拟为玻璃板和桌面,认为将玻璃板直接放到桌面时,敲击玻璃板时玻璃板很容易碎裂,但如果在玻璃板和桌面之间放一层厚绒布后就不容易碎裂,带厚功能层路面的实际使用状况与其相仿。

由于厚功能层能够有效地提高基层的抗冲刷能力和扩散车轮冲击荷载的能力,欧美等国常采用普通混凝土路面 + 沥青混凝土功能层 + 半刚性基层或粒料基层的路面结构组合,如美国 2008 年在伊利诺伊州铺筑的一段高速公路的路面结构为:33cm 普通混凝土路面 +4cm 厚 AC-16 沥青混凝土上基层 +25cm 级配碎石中基层 +26cm 级配砂砾底基层。奥地利 S 级(重交通等级)路面典型结构为:25cm 普通(或连续配筋)混凝土路面 +5cm 沥青混凝土功能层 +45cm 无结合料基层(或 20cm 水泥稳定基层)。

薄功能层因厚度不超过 1cm,对缓解车轮冲击振动能力的效果不大。

3)薄功能层的工程应用实例调研

(1)热沥青石屑封层

《水泥混凝土路面施工技术细则》(JTG/T F30—2014)建议在半刚性基层顶部设置热沥青石屑封层,目的是有效的隔离面板和基层,避免面板与基层因紧密结合约束而产生过大的温度应力,同时保护基层不被冲刷。

广西 2002 年前修筑的高速公路水泥路面基层顶普遍设置 1cm 的热沥青石屑封层,但钻芯和破板均发现,路面板边角处的热沥青石屑封层的残余厚度普遍不足 6mm,封层大面积脱落松散,冲刷范围达到板边周围 0.5 ~1m,导致路面板与基层层间局部形成冲刷脱空,如图 4-23 所示。

热沥青石屑封层抗冲刷性不佳的原因除了厚度较薄,施工工艺控制不严也是主要因素,如沥青的质量达不到要求,石屑的针片状颗粒含量大,石粉含量高,都会导致封层材料的整体质量较差。

对于多雨的湿热地区,热沥青石屑封层更适用于中、轻交通量路面,以避开其抗冲刷性能不足的弱点,施工质量控制也需要加强。

(2)乳化沥青稀浆封层

2002年后乳化沥青稀浆封层在广西水泥路面和沥青路面中均有大面积使用，但因封层厚度更薄，抗冲刷性能可发挥余地有限，加上普通乳化沥青脱乳后，乳化剂残留在沥青中，再次遇水后反乳化成黑水从板底流失，导致稀浆封层因丧失黏结力而崩解，因此2009年后，普通乳化沥青封层在广西高等级路面结构设计中很少再使用。

a)宾南路二灰稳定基层顶部沥青石屑封层

b)南坛路水泥稳定基层顶部沥青石屑封层

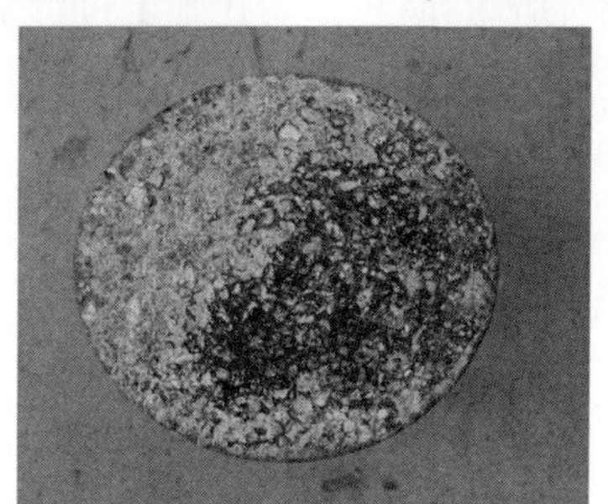

c)水南路贫混凝土基层顶沥青石屑封层

图4-23　热沥青石屑封层被冲刷情况

施工控制不严和材料质量差也是普通乳化沥青稀浆封层应用不成功的重要原因，普通乳化沥青一般由施工单位自行生产，偷工减料现象严重，笔者曾参与抽检某高速公路十余个合同段的乳化沥青，总合格率低于10%。

从湿热地区各省应用多年的经验来看，普通乳化沥青稀浆封层已不太适用于本地区中等交通量以上的公路路面，但如能够控制好原材料进场质量和施工质量，改性乳化沥青稀浆封层仍具备一定的使用优势。

(3)各类薄膜

《水泥混凝土路面施工技术细则》(JTG/T F30—2014)建议在半刚性基层顶铺设不透水的3种薄膜隔离封层，即厚度不薄于0.6mm的塑料薄膜、不透水复合土工膜及不透水复合塑料编织布，彻底隔离面板与基层，目的一是使水漏不到基层表面，提高半刚性基层的抗冲刷能力；二是降低面板设计计算中的整板厚度均匀温差与湿差疲劳拉应力，消除温差断板。

薄膜类功能层在湿热地区高速公路水泥路面中的应用有成功也有失败范例，这主要是因为薄膜类材料厚度过薄，无法起到缓解高刚度基层路面层间温度翘曲脱空程度的效果，但适用于层间温度翘曲脱空程度不大的低刚度基层路面。如宾南路青龙江桥头两侧不同行车方向的路面分别使用了15cm厚的贫混凝土基层和8～12cm厚的多孔贫混凝土基层，均在基层顶敷设养护薄膜，但前者路面板的断板率比后者要高得多。宾南路伶俐服务区15cm厚排水贫混凝土基层也采用养护薄膜功能层，路面使用效果良好。

薄膜类功能层由于厚度薄(0.6mm)、强度低，如果基层表面不够平整，薄膜不易展平，起不到隔离面层和基层及促进层间滑动的效果，此外铺设不慎和面板施工都会导致薄膜破裂，起不到防水隔离效果。

薄膜类功能层适用于重交通及以下等级的水泥路面，此时基层厚度不宜超过20cm，施工时需采取专门措施，防止薄膜在施工过程中发生破损。

(4)土工布功能层

德国在20世纪70年代后普遍使用土工布功能层，做法为先在水泥稳定或贫混凝土基层顶洒布一层热沥青或热改性沥青，再铺设5mm厚的土工布，土工布的顶面为能临时隔水和隔浆的面料，底面为永久隔水的面料。德国认为水泥浆能够浸渍土工布上层，将其与面层紧密黏结在一起，同时土工布也确保面层与基层分离且光滑接触，使面板能够自由伸缩变形，避免了过渡层的不利影响。美国在对欧洲水泥路面考察后，对土工布功能层也较为推崇，但不知为何并未在实体工程中大规模推广使用。

土工布功能层并不能缓解路面板与基层层间的温度翘曲脱空程度，在德国之所以应用状况良好，可能与德国基层的刚度不高有关(抗压强度相当于我国的28d立方体抗压强度15MPa，厚度不超过20cm)。相较薄膜类功能层，土工布在水泥浆浸渍后具有一定的强度和抗弯折能力，能够抵御一定的面板胀缩磨损和面板施工的影响，也能够减少层间水对基层表面的冲刷作用，因此能够改善路面板与基层的接触状态。

水南路临近河池市有15km路面在20cm水稳基层顶采用土工布防水隔离封层，虽然厚度和强度不如德国使用的土工布，但路面使用效果尚可，如图4-24所示。

根据德国的应用经验，土工布功能层可能也适合于我国各类交通等级的水泥稳定基层或贫混凝土基层路面，但施工时应注意控制基层的刚度大小、土工布

铺设平整度等。

图 4-24 水南路采用的土工布防水隔离封层

(5)蜡质隔离层

美国堪萨斯州、佐治亚州，以及韩国和我国台湾省采用蜡制养护剂养护水硬性基层，兼做面板与基层的隔离层，据说已应用了近千 km，美国材料与试验协会(ASTM)及美国国家高速公路和交通运输(AASHTO)还制定了养护水泥混凝土用液态成膜化合物标准规范。

广东清远至连州高速公路在近百公里的贫混凝土基层水泥路面中使用蜡质隔离层，对贫混凝土基层的养护效果良好。但如图 4-25 所示，但由于贫混凝土基层表面的平整度局部欠缺和蜡质隔离层厚度较薄，容易被暴雨冲刷和面板施工车辆及机械磨损，局部离析或损失严重，对缓解过渡层和层间温度翘曲脱空等问题效果不太明显，通车后路面板的破损率较使用 1cm 厚的沥青同步碎石封层的路段要高。因此，对于湿热地区，蜡质隔离层更适用于水硬性材料基层养护而非作为功能层使用。

a)蜡质隔离层

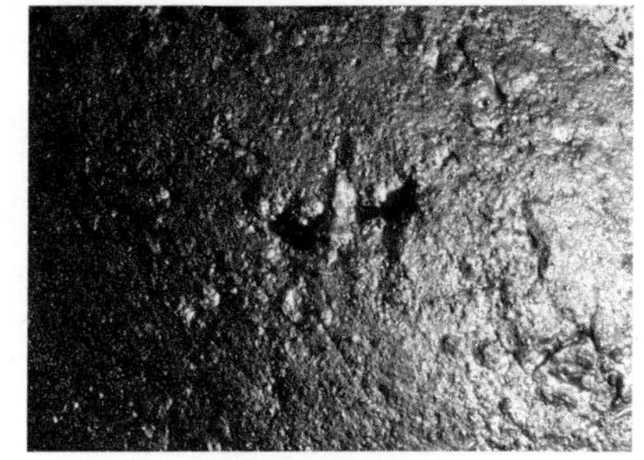

b)沥青同步碎石封层

图 4-25 蜡质隔离层和沥青同步碎石封层的铺设效果对比

4）功能层对路面结构设计的影响

已有研究认为，在设功能层的路面结构设计中，可不考虑基层的温度应力，路面与基层层间可按光滑接触考虑，结构计算可参照规范对分离式双层板的设计要求，不需计算温度应力。

功能层的设置不会显著影响原设计模型中的路面结构应力分布，反而由于缓解了面层与基层层间的翘曲脱空程度和过渡层的影响，促使路面的实际应用状态更为接近设计模型，因此并不需要大幅修改现有路面结构设计法，这与欧洲国家的设计观点是一致的。

4.2.4　不同类型功能层的优缺点和适用场合

综合上述工程实体的使用效果和经济性的综合对比，提出不同类型功能层的优缺点及适用场合如表4-4所示。

功能层与基层的合理组合　　表4-4

功能层类型	优　点	缺　点	适用场合
AC-10沥青混凝土（3～6cm）	1.有效缓解面板和基层层间的翘曲脱空和冲刷脱空； 2.有效降低路面板底的温度和荷载应力，协调面层和基层的变形； 3.有效消除过渡层的影响； 4.降低车辆对基层和路基的冲击力； 5.为路面施工提供良好的工作面	增加额外成本	可应用在特重、重交通量条件下的各类基层层顶，厚度超过5cm时经评估后可设置在粒料基层上
热沥青碎石（石屑）封层（0.6～1cm）	1.降低路面板底的温度和荷载应力； 2.有效消除过渡层的影响； 3.为路面施工提供良好的工作面	1.对缓解面板和基层之间的翘曲脱空效果不明显； 2.抗冲刷能力一般； 3.施工质量控制难度高	中、轻交通量条件下的半刚性和刚性基层层顶，建议控制基层28d抗压强度不宜超过15MPa，厚度不超过20cm
乳化沥青稀浆封层（0.6cm）	1.有效降低路面板底的温度和荷载应力，协调面层和基层的变形； 2.有效消除过渡层影响； 3.为路面施工提供工作面	1.对缓解面板和基层之间的翘曲脱空效果不明显； 2.抗冲刷能力不佳； 3.施工质量控制不佳； 4.乳化沥青的质量难控制	建议应用改性乳化沥青稀浆封层，控制基层28d抗压强度不宜超过15MPa，厚度不超过20cm

续上表

功能层类型	优　点	缺　点	适 用 场 合
热沥青＋土工布(5mm 以上)	1. 可有效降低路面板底的温度和荷载应力,协调面层和基层的变形; 2. 有效消除过渡层的影响; 3. 抗冲刷能力较好	1. 对缓解面板和基层之间的翘曲脱空效果不明显; 2. 面板胀缩和施工会破坏土工布; 3. 对基层平整度要求较高; 4. 缺乏实体工程验证	各类交通等级条件下的半刚性和刚性基层,基层 28d 抗压强度不宜超过 15MPa,厚度不超过 20cm
薄膜类功能层(0.6mm 以上)	1. 可有效降低路面板底的温度和荷载应力,协调面层和基层的变形; 2. 有效消除过渡层的影响; 3. 抗冲刷能力较好	1. 对缓解面板和基层之间的翘曲脱空效果不明显; 2. 面板的胀缩会磨损薄膜; 3. 易被面板施工破坏; 4. 对基层平整度要求很高	中、轻交通等级条件下的半刚性和刚性基层,基层 28d 抗压强度不宜超过 15MPa,厚度不超过 20cm
蜡质隔离层	1. 可有效地养护水硬性基层; 2. 可部分降低路面板底的温度和荷载应力,协调面层和基层的变形; 3. 部分消除过渡层影响	1. 局部离析现象严重; 2. 对缓解面板和基层之间的翘曲脱空效果不明显; 3. 易被雨水冲刷侵蚀; 4. 对基层平整度要求很高	适用于养护无机结合料基层,但不适合作为功能层使用

4.3 国外使用经验

4.3.1 国外使用经验

1)美国

美国大多数州建议水泥路面采用排水基层,以提高路面结构内部排水效果,减少唧泥和错台等现象。排水基层的级配与传统密级配碎石基层相似,只是降低了细颗粒的含量,并下置过滤层或包裹土工布防止路床细粒土的侵入。

1990 年,FHWA 针对不同气候区的 95 个路面试验段,就基层类型对水泥路面性能的影响进行评价，得出以下结论：

(1)路用性能最差的基层是水泥稳定基层，贫混凝土基层的性能一般，密级配沥青稳定基层的性能从好到差都有，粒料基层的性能总体良好，性能最好的基层是排水类基层。

(2)经稳定处治后的基层在很大程度上减少了唧泥现象，路面板错台率较未处治基层低33%，但增大了水泥路面的横向开裂率，路面长期使用性能研究项目(LTPP)发现，7.5 年内 155 个稳定处治路段有 28% 有了明显损坏。

(3)使用细料含量少的排水基层可减少基层中的滞留水，排除路面系统内的水分，降低路面唧泥和控制错台。无机结合料含量高的稳定基层较难受侵蚀，可降低错台的趋势，如早期错台在粒料基层路面中最为普遍，在排水类稳定基层和多孔贫混凝土基层上最少见。

(4)基层的刚度是影响路面横向裂缝发展的重要因素，虽然经稳定处治的基层提高了复合体系的整体弯曲刚度，但由于基层和面板处于分离状态，刚度过大的基层增大了面板的温度翘曲应力。刚性路面性能与修复研究项目(RPPR)发现，刚性基层水泥路面的横向裂缝更多，如贫混凝土基层路面的裂缝数量比沥青稳定基层路面高 3 倍，而透水性粒料基层路面的裂缝最少。

美国机场水泥混凝土道面规范规定水泥稳定基层的 7d 圆柱体抗压强度不超过 5.2MPa(约合立方体抗压强度 6.5MPa)，压实层厚限制在 20cm；限定贫混凝土基层的 7d 圆柱体最低强度 5.2MPa(约合立方体抗压强度 6.5MPa)，28d 最高强度 8.3MPa(约合立方体抗压强度 10.5MPa)，并建议使用水泥稳定类排水基层或者沥青稳定类排水基层，排水基层的典型厚度为 10 ~ 15cm。

美国水泥路面的典型结构包括：

(1)高等级路面：30 ~ 35cm 普通混凝土路面板 +4 ~ 6cm 沥青混凝土上基层 + 20 ~ 30cm 级配碎石下基层或 20cm 水泥稳定(贫混凝土)基层 + 20 ~ 30cm 级配砂砾或其他类粒料底基层。

(2)纽约州设计寿命为 50 年的水泥路面典型结构为：22.5 ~ 32.5cm 普通混凝土路面板 + 100mm 水稳排水基层 + 300mm 的粒料底基层。

2)欧洲

欧洲基层的厚度为 15 ~ 25cm，以稳定类基层应用最为广泛(约 80%)，其中水泥稳定基层最为常用，贫混凝土基层、沥青稳定基层和粒料基层也较常见。欧洲较多国家在水泥稳定类基层顶设置沥青混凝土功能层。

(1)德国

德国在中等到重交通等级道路的水泥路面中常采用 15cm 厚的水泥稳定

基层或贫混凝土基层,水泥稳定基层的28d圆柱体设计抗压强度为6MPa(约合立方体抗压强度7.5MPa),贫混凝土基层的28d设计抗压强度为12MPa(约合立方体抗压强度15MPa)。德国一直致力于研究路面内部排水问题,为防止路面层间积水造成的损坏,建议采用水泥稳定基层和土工布完全覆盖底基层,形成新的路面内部排水系统,1986年后非稳定类基层在德国的应用也非常成功。

德国重交通等级水泥路面的典型结构为:

①27cm普通混凝土路面板+5mm土工布+15~25cm水泥稳定基层;

②26cm普通混凝土路面板+10cm沥青稳定基层+50cm抗冻粒料垫层;

③30cm普通混凝土路面板+30cm碎石基层+30cm抗冻粒料垫层。

土工布功能层可采用5mm无纺聚乙烯布取代,在路面板施工前织物应固定在水泥稳定基层上,土工布铺设后应防止面层施工车辆损坏。

无结合料基层可采用最小厚度30cm的开级配碎石基层,以防止从接缝和裂缝渗入的水进入路面结构而导致唧泥。

(2)奥地利

奥地利与比利时使用4~8cm的沥青混凝土功能层。奥地利S级(重交通等级)路面典型结构为:25cm普通混凝土路面板+5cm沥青混凝土功能层+45cm无结合料基层或20cm水泥稳定基层。

(3)比利时

比利时多修建连续配筋混凝土路面,已修建的3 800km的CRCP路面构成了比利时大部分的干线公路网。1970~1977年,比利时的CRCP路面设置有6cm厚的沥青功能层,其下为排水粒料基层;但从1977~1991年,在采用20cm厚的贫混凝土基层后,为了节省造价取消了沥青混凝土功能层,此后路面出现大规模断板现象,因此1992年后在CRCP标准设计中重新引入了6cm厚的沥青功能层。目前,比利时设计30年寿命的重交通荷载CRCP路面的典型结构为:23cmCRCP路面+6cm沥青功能层+20cm贫混凝土基层。

(4)法国

法国20世纪60年代的水泥路面采用15cm厚的稳定粒料基层,20世纪70年代后,为防止唧泥、错台和开裂等病害,重交通等级的水泥路面几乎都采用贫混凝土基层,不过也限制了基层的最高强度。

(5)荷兰

荷兰新建高速公路大都采用连续配筋混凝土复合式路面,典型结构为:5cm厚多孔沥青混凝土罩面+25cmCRCP路面+6cm厚沥青混凝土功能层+25cm

厚水泥稳定基层。

(6)其他欧洲国家

丹麦使用15cm厚的水泥稳定基层，芬兰常用碎砾石粒料基层，瑞典使用15cm厚的水泥稳定基层或沥青稳定基层。

3)加拿大

加拿大使用高质量集料配制开级配透水性基层，从1992年起，重交通等级水泥路面使用10cm厚沥青处治开级配排水基层(最大粒径19mm的碎石、1.8%沥青用量)，低交通量路面使用15cm未处治开级配基层，2007年修筑的魁北克省410公路等项目还允许使用开级配水泥稳定基层。

加拿大没有全国性设计标准，交通量最大的魁北克省的水泥路面典型结构为:25～32.5cm普通混凝土路面板+10cm沥青稳定排水基层+15cm粒料下基层+变厚度抗冻粒料底基层。

4)日本

日本倾向于使用排水性的水泥稳定基层或沥青稳定基层，以及28d无侧限抗压强度12MPa、厚度15cm的贫混凝土基层，日本也倾向于在路面板与刚性基层之间设置厚度为4～8cm的沥青混凝土功能层。

4.3.2 可参考借鉴之处

国外普遍将水泥路面等价于长寿命路面，设计寿命为25～50年不等，实际使用寿命往往会更长，欧美国家在基层设置中常遵循以下原则：

(1)倾向于使用各类排水性基层，虽然美国认为应用粒料类排水基层会导致路面出现明显错台，但欧洲有较成功的使用经验，这与欧洲普遍在粒料基层顶再设置抗冲刷的沥青混凝土功能层、全路床采用透水性填料填筑有关。

(2)不少国家在基层顶特别是粒料基层顶设置4～8cm的沥青混凝土功能层，对路面使用性能的改善效果十分明显，如比利时曾在20世纪70年代末取消了沥青混凝土功能层，结果导致路面破坏现象大增，1992年后又重设沥青混凝土功能层。

(3)欧美在使用水泥稳定基层和贫混凝土基层时，普遍对基层的强度和厚度进行限制，一般水泥稳定基层的28d无侧限立方体抗压设计强度不超过7MPa，贫混凝土基层的28d无侧限立方体抗压设计强度最高不超过15MPa，厚度一般为15～20cm。

(4)采用土工布保护排水基层的孔隙免受路床细粒土的堵塞。

4.4 对基层和功能层组合的设计与施工建议

1)基层和功能层组合设置

基层宜与功能层组合使用,表 4-5 推荐了适合湿热地区不同交通等级道路混凝土路面的基层和功能层组合设置。

适合不同交通等级的路面基层和功能层组合设置　　表 4-5

交通荷载等级	基层		功能层	
	材料	厚度(mm)	类型	厚度(mm)
极重、特重	贫混凝土	120~180	AC-10(13)沥青混凝土*	40~60
			5mm 以上厚度土工布	>5
	水稳碎石	150~200	AC-10(13)沥青混凝土*	40~60
			5mm 以上厚度土工布	>5
	二灰碎石	150~200	AC-10(13)沥青混凝土	40~60
			5mm 以上厚度土工布	>5
重	水稳碎石	150~200	AC-10(13)沥青混凝土*	30~50
			5mm 以上厚度土工布	>5
	级配碎石	200~300	AC-10(13)沥青混凝土	60~100
	二灰碎石	150~200	AC-10(13)沥青混凝土	30~50
中等、轻	水稳碎石	150~200	5mm 以上厚度土工布	>5
			各类薄膜	>0.6
			热沥青石屑封层	>10
	级配碎石	150~300	沥青碎石	>30
	二灰碎石	150~200	热沥青石屑封层	>10

注:* 能够控制基层刚度时,应论证比较沥青混凝土功能层和土工布等功能层的性价比。

2)基层的组成设计指标

基层应在满足使用性能和合理控制刚度的双重前提下进行组成设计,根据配合比设计和使用经验,确定集料级配、水硬性材料或沥青用量等配合比参数,不同交通等级水泥路面基层的组成设计指标如表 4-6 和表 4-7 所示。

(1)强度。

(2)抗冲刷性能。

(3)孔隙率。

使用多孔混凝土基层时,配合比设计空隙率为20% ~30%。

基层的强度设计指标　表4-6

设计强度＼交通等级		特重	重	中、轻
7d无侧限抗压强度(MPa)	水泥稳定基层	4.0~5.0	3.0~4.0	2.0~3.0
	二灰稳定基层	1.0~1.2	0.8~1.0	0.6~0.8
	贫混凝土基层	7~10	4~7	~~
	多孔贫混凝土基层	5~8	3~5	~~

基层的抗冲刷性能控制指标　表4-7

设计冲刷量＼交通等级	特重	重	中等或轻
28d冲刷量(g)	≤10.0	≤20.0	≤30.0

3)基层进场材料控制要求

贫混凝土集料公称最大粒径不宜大于31.5mm,碾压混凝土集料公称最大粒径不得大于26.5mm。

水泥稳定基层集料的公称最大粒径宜为26.5mm或31.5mm,小于0.075mm的细粒含量不得大于5%,小于4.75mm的颗粒含量不宜大于50%,液限应小于28%,塑性指数应小于5。水泥用量宜通过配合比试验确定。

二灰稳定基层集料的公称最大粒径宜为26.5mm,小于0.075mm的细粒含量不得大于7%,小于4.75mm的颗粒含量不宜大于50%。石灰与粉煤灰的配比宜通过配合比试验确定。

沥青混凝土基层集料的公称最大粒径为19.0mm或26.5mm,沥青稳定碎石基层的集料公称最大粒径为26.5mm或31.5mm。

沥青混凝土功能层集料的公称最大粒径为9.5mm或13.2mm,空隙率应控制在2% ~4%。鉴于沥青混凝土功能层受温度影响不如路面那么明显,因此为了提高抗冲刷能力和水稳定性,沥青混凝土基层和功能层的沥青用量可较马歇尔实验最佳用量适当增大0.1% ~0.5%,并添加水泥、消石灰或其他抗剥落剂。

透水性多孔水泥稳定基层的集料公称最大粒径宜为26.5mm或31.5mm,小于0.075mm的细粒含量不得大于2%,小于2.36mm的颗粒含量不宜大于5%,小于4.75mm的颗粒含量不宜大于10%。水泥用量宜通过配合比试验确定。

透水性多孔沥青稳定基层的集料公称最大粒径宜为19.0mm或26.5mm,小于0.075mm的细粒含量不得大于2%,小于0.6mm的颗料含量不宜大于5%,

小于2.36mm的颗粒含量不宜大于15%，小于4.75mm的颗粒含量不宜大于20%。沥青标号应选用50号或70号沥青，沥青用量由试验确定。

4)施工技术要领

各类基层的施工技术要领应符合《公路路面基层施工技术细则》(JTG/T F20—2015)、《公路沥青路面施工技术规范》(JTG/T F30—2014)、《公路水泥混凝土路面施工技术细则》(JTG/T F30—2014)的相关要求。

第5章 提高承载——路面板的结构与构造设置技术

5.1 面层的结构与构造设计技术要点

水泥路面主要依靠路面板承受环境和车辆荷载的作用,因此面层的结构和构造设计被认为是水泥路面设计体系中最重要的内容之一,得到了工程界较多的研究和关注。从20世纪20年代Westergaard公式提出至今,面层的结构与构造设计方法发展已有90余年,一般包括厚度与模量设计、接缝构造设计和(一般或特殊部位的)钢筋配置设计三部分。

厚度和模量是两个最重要的面层结构设计参数,路面混凝土的模量与强度直接相关,其大小由材料设计决定,使用高强度、高模量的路面混凝土虽然理论上可以提高路面板的承载力,但早期开裂趋势会显著增大,组成设计的难度会加大,经济性也不好,因此普通路面混凝土的模量一般控制在30~35GPa,可调整幅度不大,对结构承载力的贡献也不太显著。而当路面承受较重交通等级的荷载时,除了有限的提高路面混凝土的抗弯拉强度,以及在建设成本允许的条件下采用各类加筋或纤维混凝土路面外,在经济许可、施工便利的条件下,增大面层的厚度成为设计者最常用、最便利的办法,但过去几年中,大厚度面层施工出现了施工变异性增大和平整度显著降低的现象。

构造设计包含了板块尺寸设计和接缝类型选择两方面。加大板长在理论上可以减少薄弱接缝的数量,但破碎断板率会大幅度提高。使用传力杆可以提高接缝的传荷能力,但传力杆尺寸过粗和采用后置式插入传力杆工艺也会导致传力杆附近的混凝土变异性提高以及路面的平整度降低。

近年来我国湿热地区水泥路面结构设计发展的趋势是厚度和模量均不断增大,如广西高速公路水泥路面面层设计便按照面层厚度、模量(强度)和接缝传荷类型的不同,分为早期、中期、近期三个时期。早期(1992~2000年)修建的桂柳路、柳南路、南北路、宜柳路等几条高速公路的面层厚度为24cm,混凝土的设计抗弯拉强度为4.5MPa,横缝不设传力杆,采用三辊轴机摊铺方式,部分项目在通车数年后出现了因结构强度和厚度不足导致的早期断裂问题；中期(2000～2005年)采用滑模摊铺方式修建了合浦至山口、业兴至六景、水南路、全州至黄沙河、南坛路、苍梧至郁南等多条高速公路，横缝仍不设传力杆，面层厚度提高到26cm，混凝土的抗弯拉强度增至5.0MPa，但部分项目的部分路段仍出现了大规模的开裂断板现象；近期(2005～2008年)在"更厚更强"观点的指导下，面层厚度继续加大，以岑梧路、全兴路、岑兴路等项目为代表，面层厚度增至30cm以上，对接缝的传荷能力也予以重视，横缝普遍采用后置式插入传力杆工艺，并采用安置直径最大达到38mm的传力杆。面层加厚后路面板的开裂断板速率显著降低，但大厚度面层、后置式插入传力杆法导致施工难度加大，交工平整度普遍低于30%，同时出现了面板断角破坏现象显著增多的新问题。

面层的结构和构造设计技术是在兼顾和调和性能设计、成本控制、施工便利等方面矛盾的基础上逐步发展的，在近年来普遍应用大厚度面层、横缝设传力杆、全宽式滑模摊铺的新形势下，集成和评价已有研究成果、基于结构耐久和功能优良的角度，推荐适合于湿热地区水泥路面的面层合理结构厚度和接缝构造类型，是提升现有水泥路面结构性能的重要内容之一。

5.2　面层厚度对水泥路面使用性能的影响

5.2.1　面层结构厚度计算方法简介

1）力学法

弹性地基板理论假设混凝土路面板是设在弹性地基上的无限大或半无限大薄板结构，荷载的临界荷位定在纵缝边缘中部，假设面层与基层之间光滑紧密接触无脱空，以荷载及温度的综合疲劳断裂控制面层的厚度设计。力学法提出了较多假设，例如将路面各结构层的层间接触状态理想化，各类复杂的外部影响因素简单化，因此按照力学法计算确定的面层厚度较薄(不超过28cm)，不需要设置传力杆。

2）经验法

经验法认为面层与基层、基层与垫层、垫层与土基之间存在脱空，临界荷位根据脱空部位的不同和程度相应改变。经验法在面层设计中的应用，主要根据已有的工程经验修正力学法计算结果，如为了减少早期破损不断增大面层的厚度，为了提高接缝的传荷能力加粗传力杆的直径等。

3）力学经验法

力学法和经验法各有利弊。力学法以各类设计理论为依托，理论基础坚实，但为了计算简便提出了各类假设，导致计算结果偏离实际，我国早期的水泥路面面层设计便主要采用力学法，结构厚度强度偏低，断板和错台等结构性病害较普遍。经验法的优势在于以工程应用经验为依托，促使路面的设计状态接近于实际，但由于我国不太重视对实体工程的长期观测、检测和总结，积累的经验和数据较少，加上设计与施工脱离，因此难以建立完善实用的设计体系，往往是在未充分认识到已有问题的实质和改进设计方法和施工工艺之前，就盲目采用新方法而出现了新问题。20 世纪初广西几条高速公路路面结构设计虽采用经验法，但施工工艺未及时予以调整以满足大厚度面层需要，导致路面的平整度下降和面板断角问题非常严重。

我国目前水泥路面面层的结构厚度由力学计算、损坏预估分析和经验修正综合确定，即所谓的“力学经验法”。结构厚度计算及疲劳验算采用力学法，结构组合设置却采用经验法，通过力学计算得出的面层厚度值通常会进行经验修正，使用者更多的是直接从经验厚度范围中选取。力学经验法是采用有限的实体工程观测结果和使用经验，对力学计算结果修正的一种妥协做法。这是因为力学法与经验法之间始终存在着明显的差异和矛盾，在设计理念上存在差异，形成两种不同的设计方向。

解决力学法与经验法的矛盾，需要依托于对大量实体工程的长期观测和检测结论，修正和完善设计模型，促使设计方法与使用环境、施工工艺更为紧密的结合，确保设计模型更为符合实际使用状况。

4）考虑疲劳开裂的面层厚度计算方法

《公路水泥混凝土路面设计规范》（JTG D40—2011）以设计基准期内的行车荷载和温度梯度综合作用产生的面板疲劳断裂为设计标准，以设计基准期内的最重轴载和最大温度梯度综合作用所产生的面板极限断裂为验算标准，采用公式（5-1）计算。

$$\begin{gathered}\gamma_r(\sigma_{pr}+\sigma_{tr})\leqslant f_r\\ \gamma_r(\sigma_{p,max}+\sigma_{t,max})\leqslant f_r\end{gathered}\tag{5-1}$$

式中：σ_{pr}——面层板在临界荷位处产生的行车荷载疲劳应力，MPa；

σ_{tr}——面层板在临界荷位处产生的温度梯度疲劳应力，MPa；

$\sigma_{p,max}$——最重的轴载在临界荷位处产生的最大荷载应力，MPa；

$\sigma_{t,max}$——最大温度梯度在临界荷位处产生的最大温度翘曲应力，MPa；

γ_r——可靠度系数；

f_r——水泥混凝土弯拉强度标准值，MPa。

当存在超载超限情况时，可采用下列轴载换算公式：

$$N_s = \sum_{i=1}^{n} N_i \left(\frac{P_i}{P_s}\right)^{16} \tag{5-2}$$

式中：P_i——i 级轴载重，kN；

P_s——设计轴载重，kN；

n——各种轴型的轴载级位数；

N_i——i 级轴载的作用次数；

N_s——设计轴载的作用次数。

与《公路水泥混凝土路面设计规范》（JTG D40—2002）相比较，《公路水泥混凝土路面设计规范》（JTG D40—2011）方法仍采用弹性地基板理论，基于面层与基层间光滑接触无脱空的理论假设，但增加了极限断裂验算标准。

对如何精确地定义和测试面板底部的脱空范围和程度、不同类型脱空导致板中临界荷位的变化范围等关键结构计算问题，目前仍无定论，因此《公路水泥混凝土路面设计规范》（JTG D40—2011）仍无法充分考虑板底脱空对面层结构厚度计算的修正，为此提出了经验厚度参考范围。

5）考虑层间脱空的面层厚度计算方法

（1）层间脱空对面层厚度计算的影响

面层与基层脱空后，虽然面层所承受的温度应力并没有很大改变，但荷载应力和临界荷位均发生了显著变化，影响到面层厚度的确定。

传统的面层结构计算方法将临界荷位定位于纵缝边缘中部，符合面层与基层层间为光滑紧密接触状态，但考虑到层间已存在温度翘曲脱空和冲刷脱空，特别是在使用高刚度基层时，负温度梯度下路面板角处层间脱空量较大，当荷载作用于面板时，应力最大的部位距板边角 50 ~ 100cm，面层设计的临界荷位从面板纵缝边缘中部转移至板角，这就需要修正传统的路面结构计算方法，重新计算板角荷载应力。

将临界荷位定在板角也考虑了施工因素，这是因为板角是施工质量薄弱和变异性较大的部位，强度和均匀性均较板中要差得多。

虽然在兼顾经济性和受力模式上，可以将面层做成四壁厚、中间薄的变截面结构，但无法适应机械化摊铺施工，因此面层仍不得不做成等截面薄板结构，并以适应板角断裂的最不利情况来确定面层的整体结构厚度。

（2）考虑冲刷脱空的面层厚度计算

张擎选取路面板角作为产生最大荷载疲劳损坏的临界荷位[2]，计算出标准轴载在四边自由板临界荷位处所产生的荷载应力如式(5-3)：

$$\sigma = 0.55 \times 3.79^{(-0.243\,1^{2}+0.573\,1-0.322)} H^{-2} r^{(0.506\,1^{2}-1.192\,1+0.669)} (l + 1.051) \quad (5\text{-}3)$$

式中：σ——荷载应力，MPa；

r——板的相对刚度半径，m；

H——路面板厚度，m；

l——脱空圆圆半径，m。

式(5-3)认为板底脱空主要由冲刷脱空引起，脱空圆圆半径以下式表示：

$$l = \frac{3}{10\,000} k_c k_d N \frac{1}{\lambda} \quad (5\text{-}4)$$

式中：k_c——基层抗冲刷系数；

k_d——降水天气修正系数；

N——标准轴载作用次数；

λ——脱空体高度与底面边长之比。

由式(5-3)可知，是否考虑脱空对确定面层的厚度非常重要，由计算可知，面层如需抵抗脱空时的厚度较不脱空时要大 3 ~ 5cm。

(3)可抵抗脱空的面板最小厚度

《水泥混凝土路面基层长期性能研究总报告》针对不同的板底脱空范围，得出考虑疲劳应力时的板底最大容许脱空量和板底脱空后的板中荷载应力的修正公式，并由此推荐了能够抵抗一定脱空面积的最小路面板厚度值，如表 5-1 所示。

可抵抗一定脱空面积的最小路面板厚度(摘录)　　表 5-1

脱空部位	脱空范围($L_x \times L_z$)(m×m)	可抵抗一定脱空面积的最小路面板厚度(cm)				
		P = 100N	P = 150N	P = 200N	P = 250N	P = 300N
板角脱空	0.6×0.6	26	32	*	*	*
	0.9×0.9	29	*	*	*	*
	1.5×1.5	*	*	*	*	*
板角脱空有传力杆	0.6×0.6	20	23	26	32	*
	0.9×0.9	20	26	29	*	*
	1.5×1.5	23	29	32	*	*
	2.0×2.0	26	32	*	*	*
	2.5×2.5	26	32	*	*	*

注："*"表示在大于此类脱空程度和高于此荷载时，面层厚度超过 32cm 也不能满足要求。

由表5-1可知,脱空范围对确定可抵抗一定板底脱空程度的面层厚度影响较大,脱空范围越大,面层厚度需越大,但接缝设置传力杆后,路面板的厚度可以适当降低。此外,当面层厚度较小时,增大板厚对抵抗一定程度的脱空效果较为显著,但当板厚大于26cm后效果开始减弱。

6)现有理论计算方法的不足

板底脱空可分为冲刷脱空和温度脱空,精确定义板底的脱空状态难度很大,脱空形状、脱空面积、脱空发展速率等参数的判定,甚至比推导脱空对面层受力的影响还要复杂。现有的计算方法要么仅考虑冲刷脱空而不考虑温度翘曲脱空,要么事先假定脱空的范围后才进行下一步计算,最完善的是采用对少量实体工程的检测结论来修正计算结果,但计算模型和方法中充斥了各类假设,导致理论计算值和应用实际仍然存在不小的差距。

在目前仅能通过落锤式弯沉仪、探地雷达粗略判定板底脱空程度的情况下,精确推算考虑脱空下的面层厚度相当困难,这一方面需要更为精确的板底脱空检测方法,另一方面也要通过长期对大量实体工程的检测和观测结论,对计算方法进行完善和修正。

5.2.2 工程应用实例调研

1)面层厚度对路面使用寿命的影响

实践证明,当板底不存在冲刷脱空和温度翘曲脱空,即路面排水系统运作良好、路基采用透水性粒料填筑、基层刚度不高或采用功能层调整时,面层的厚度可以适当降低。对典型的湿热地区广西境内几段典型的高速公路水泥路面的检测结果如表5-2所示。

分析表5-2可以得到下列结论:

(1)薄板(厚度低于28cm)

薄面板无法有效地抵御板底脱空对面层使用性能的影响,当面层厚度低于28cm时和存在板底脱空时,无论是何种基层路面,路面的破碎断板率均较高,如G1、G3、G4段。

当板底不存在明显脱空,面层厚度较薄时即可满足结构承载要求,面层的使用寿命较长,但因为错台率较高,导致平整度不佳。G2、G5段通车均超过10年,面层厚度仅为24cm,交通量很大,但两段路面的破碎断板率均低于8%,不过错台率仍均超过了65%。

厚度低于28cm的薄面板适用于无板底脱空状态下的水泥路面,这对路基

广西区内的实体工程检测结果

表 5-2

序号	路段名称	施工/检测年份(年/年)	板角弯沉(21:00~次日9:00)(μm)	板角脱空情况	面层厚度(cm)	检测时路面使用状况		
						错台率(%)	破碎断板率(%)	平整度(%)
G1	宾阳至南宁公路二灰稳定基层段(K725+690~K725+740)	2000/2009	200~400	冲刷脱空	24	57.6	42.6	因车流量大无法测当前平整度,交工平整度>90%,竣工平整度>80%
G2	桂林至柳州公路永福段二灰稳定基层段(K415+580~K415+540)	1997/2009	50~150	脱空不明显	24	66.7	7.8	
G3	南宁至坛洛公路水泥稳定基层段(K759+680~K759+630)	2003/2009	150~450	温度翘曲脱空	26	17.2	39.1	
G4	水任至南宁公路贫混凝土试验段	2003/2009	300~600	温度翘曲脱空严重	26	75.5	72.2	
G5	宾阳至南宁公路贫混凝土伶俐试验段	2000/2009	30~120	脱空不明显	24	72.0	6.3	
G6	坛洛至百色公路沥青混凝土功能层试验段(传力杆)	2008/2011	20~30(2009年检测弯沉值)	脱空不明显	30	3年后试验段无断板,局部板块有开裂,错台不明显		—
G7	岑溪至兴业公路贫混凝土基层段(传力杆)	2008/2011	40~60(2009年检测弯沉值)	板角有脱空	30	2.5年后有局部错台、路面断板率较低		4.8%
G8	岑溪至梧州公路贫混凝土基层段(传力杆)	2008/2011	—	—	32	11.0	1.2	14.9
G9	全州至兴安公路贫混凝土基层段(传力杆)	2008/2011	—	—	32	15.5	12.3	10.0

注:破碎断板率=破碎率+断板率+换板率。

的稳定状况、路面结构的合理组合、结构层材料的合理设计与施工、路面排水体系的效率等均提出了很高的要求，在我国当今的工程实际中较难实现。

（2）厚板（厚度超过30cm）

当面层厚度超过30cm，以及使用耐冲刷的沥青混凝土功能层和贫混凝土基层组合时，路面板的错台率有大幅度下降。

增大面层厚度对缓解板角温度翘曲脱空程度有一定效果，如岑梧路、岑兴路的竣工（通车3年后）的断板破碎率均控制在一定范围内，全兴路虽然面层的厚度达到32cm，但在施工时为了减少塌边，有意控制面层混凝土较为干稠黏滞，导致面层施工变异性大，平整度不佳，断板率要高一些。

坛百路试验段面层厚度也采用30cm，但由于采用可缓解板角温度翘曲脱空程度的沥青混凝土功能层措施，路面的使用寿命和耐久性大幅提高，目前无断板开裂现象。

面层的厚度是影响不同交通量公路路面使用寿命的重要因素，我国很多公路的上行与下行线的交通量相差很大，因此采用了不同的路面结构形式，经济性和使用效果俱佳，如2013年11月修建的内蒙古运煤主干线准格尔至兴和高速公路便充分考虑了实际交通量，从准格尔至兴和的运煤重载方向路面采用了32cm的厚面板，反方向的空车轻载方向路面则使用了28cm的薄面板。

2）面层厚度对路面表面功能的影响

分析表5-2，可得到面层厚度对路面使用平整度的影响如下：

（1）薄板

2004年前广西采用薄板型路面结构，面层的厚度普遍低于26cm，采用三辊轴摊铺方式和小型滑模机摊铺方式，一次摊铺宽度不超过8m，对供料能力要求不高，便于振捣与整平，因此施工变异性小，平整度高，表面功能好，薄板型路面的交工平整度合格率普遍在90%以上，竣工合格率也超过80%。

但薄板型路面在使用数年后因错台率和破碎断板率较高，使用功能衰减的速度较快，通车5年后的错台率普遍大于60%，破碎断板率高于40%，平整度合格率较低。

（2）厚板

当面层厚度超过30cm时，无论是否使用传力杆，路面的平整度均会大幅降低，如广西在2005～2008年间建设的几条面层厚度在30cm以上的高速公路水泥路面的交工平整度均不高于30%，这与使用大厚度全宽一次性滑模摊铺方式有关。

全宽式滑模机一次摊铺宽度为11.25m以上，摊铺厚度超过30cm，较以往对拌和楼供料能力的要求提高了60%。如供料不及时或采用多个小拌和楼联合供料时，不同部位的混凝土均匀性降低，不均匀收缩率增大，对路面平整度有显著影响，加上全宽式摊铺机是在传统摊铺机的基础上加长改进得来，振捣和整平能力常难以适应摊铺要求，实际上，目前国外的一次性滑模摊铺宽度也多为7m左右。

此外，采用后置式插入传力杆（DBI）方式后，由于安置粗传力杆所受到的混凝土反作用力会导致摊铺机上翘，因此路面的平整度下降更为明显，这在岑兴路、全兴路表现得较为明显。岑罗路由于降低了混凝土的黏性且部分路段采用了前置式支架法，路面的平整度大大提高。

3）面层厚度对施工均匀性的影响

施工均匀性可采用回弹法评价，即对不同厚度的路面板取芯，在芯样的不同位置径向切片并测定回弹值。对采用三辊轴机组施工的26cm面层的测试结果如表5-3所示，对采用滑模摊铺方式的26cm面层和32cm面层的测试结果如表5-4～表5-6所示。

三辊轴摊铺面层的施工均匀性（芯样长26cm，27个试样，桂平二级路）　表5-3

项目	表面	0～50cm	50～100cm	100～150cm	150～200cm	200～260cm	底面	平均
标准差（cm）	2.29	2.73	2.06	2.57	2.88	2.89	3.69	—
变异系数	0.050	0.056	0.041	0.049	0.055	0.057	0.071	0.056

滑模轴摊铺面层的施工均匀性

（芯样长26cm，25个试样，水任至南宁公路）　表5-4

项目	表面	0～50cm	50～100cm	100～150cm	150～200cm	200～260cm	底面	平均强度
平均值（cm）	42.7	44.7	46.6	47.2	47.2	46.6	47.8	—
标准差（cm）	2.87	4.09	3.30	3.12	2.46	2.85	3.60	—
变异系数	0.067	0.092	0.07	0.066	0.052	0.061	0.074	0.069

滑模轴摊铺面层的施工均匀性

（芯样长32cm，9个试样，全州至兴安公路）　表5-5

项目	表面	0～50cm	50～100cm	100～150cm	150～200cm	200～250cm	250～300cm	300～350cm	底面	平均
平均值（cm）	41.0	46.0	46.7	48.3	48.6	46.5	46.7	42.8	50.7	—
标准差（cm）	4.03	3.75	3.26	3.42	4.09	3.36	4.19	3.25	4.53	—
变异系数	0.098	0.082	0.070	0.071	0.084	0.072	0.090	0.076	0.089	0.081

滑模轴摊铺面层的施工均匀性

（芯样长 32cm,253 个试样,岑溪至兴安公路） 表 5-6

项目	表面	0 ~ 50cm	50 ~ 100cm	100 ~ 150cm	150 ~ 200cm	200 ~ 250cm	250 ~ 300cm	300 ~ 350cm	底面	平均
平均值(cm)	37.8	45.0	46.9	48.3	48.5	48.0	46.9	46.3	48.9	—
标准差(cm)	2.94	3.21	3.00	2.79	2.95	3.0	3.47	3.65	4.53	—
变异系数	0.078	0.071	0.064	0.058	0.061	0.063	0.074	0.079	0.093	0.071

分析表 5-3 ~ 表 5-6 数据可知：

(1)无论何种摊铺方式,32cm 的厚板混凝土的施工均匀性要低于 26cm 的薄板,这是因为大厚度全宽一次性摊铺方式对拌和楼的供料能力要求较高,但施工中常由于各种因素,供料易出现不连续间断现象,混凝土的强度变异系数要高得多。此外,由于摊铺机械、混凝土配合比设计和施工工艺等未随板厚的增大而相应调整,厚板在全宽、全厚度方向较难做到均匀振捣。

(2)全兴路面层的厚度较岑兴路大 2cm,施工变异系数也要高 0.01,这可能与面层厚度更大和使用更低坍落度(1 ~ 3cm)的混凝土有关。

在满足疲劳断裂设计和可缓解板底脱空的前提下,采用大厚度面层有利于提高水泥路面的使用寿命,但必须在施工工艺优化方面予以充分考虑,相关路面施工技术可参考本书第 6 章。

5.2.3 “哑铃式”路面设计思路的提出

1)水泥路面设计的“三大假设”和实际情况

经典的水泥路面结构计算模型一般基于以下三大假设：

假设一,路面结构置于连续、完好、完整的地基上。

假设二,面层与基层之间光滑紧密接触,基层对面层均匀支承。

假设三,路面各结构层为均匀、各向同性无缺陷的整体性结构。

但工程实际情况是：

假设一要求路基形成对路面结构均匀完整的支撑,但实际上路基的差异沉降会导致路面结构与路基之间存在脱空,对此本书第 3 章提出了采用稳定路基技术和粒料层技术以缓解路基的差异沉降。

假设二要求基层对面层均匀支承,但实际上冲刷和温度翘曲变形会导致路面板与基层之间存在脱空,对此本书第 4 章提出了基层和功能层组合技术以解决该问题。

假设三要求路面板为均匀、各向同性无缺陷的整体性结构物,但实际上大厚度、高强度面层的施工变异性大,影响路面的内部密实度和外部平整度,对此本书第6章推荐了大厚度面层施工变异性控制技术。

2)大厚度面层是否有必要

以往我国水泥路面的结构组合设置多参考传统理论计算成果和国外经验,采用30cm以下的薄面板,但往往忽略了以下问题:

(1)传统计算理论采用标准轴载计算,未充分考虑重载及超载车辆的影响,而重载和超载对刚性路面的破坏效果往往是呈几何级数上升的。

(2)传统计算理论假设路面结构层间均为连续紧密接触状态,未充分考虑各类差异沉降和脱空对路面使用寿命的影响,当出现脱空后,面板成为局部悬空的悬臂板,承载力显著下降。

西方国家以往的面层厚度一般不超过30cm,这是因为国外的超载交通量比率低,此外路基填高普遍不高,路床填料质量控制较好,基层强度不高、厚度不大,路面排水相对做的也较好,因此各类脱空量要低一些,采取30cm以下厚度的面层能够满足大多数情况下的承载要求。事实上,国外目前一些重载交通量较大的路面如不采用配筋式路面,则采用30cm以上的素混凝土路面,如《美国水泥混凝土路面滑模摊铺技术新进展》提到的路面面层厚度为33cm。

水泥路面依靠路面板承受荷载,增大面层的厚度是提高其承载能力的有效途径,面板厚度越大,承载能力也越强。《贫混凝土基层超厚水泥混凝土路面结构研究》也证实,采用大厚度面层可以部分防止层间脱空的影响,本章对实体工程的调研结论也证实了增大面层厚度可以有效提高路面的使用寿命。在一些超载和重载情况较为普遍的高速公路及矿区、农产品运输道路中,采用30cm以上甚至40cm的面板厚度是完全有必要的。

3)"哑铃式"路面结构设计理念的提出

针对湿热地区的特重和重交通等级道路,本书推荐了一种"哑铃式"路面结构形式:30~40cm的普通混凝土面板+抗冲刷功能层与18~20cm的半刚性或刚性基层组合+30cm以上的粒料层,即两头(面板和粒料层)厚、中间(基层)薄的所谓"哑铃式"路面结构。该结构可充分抵御重载交通和路基差异沉降的影响,充分发挥各结构层的作用,确保合理的经济性与可施工性。

5.2.4 面层合理厚度的推荐

面层合理厚度范围的确定应参考以下依据:

(1)面层在设计期内的行车荷载和温度梯度综合作用下不产生疲劳断裂。

(2)面层能够抵挡一定程度的板底(特别是板角)脱空所带来的附加应力。

(3)便于机械化连续施工,施工变异性小,使用功能好。

不同交通等级下的水泥路面面层厚度 H_{min} 可参考表5-7初拟,并参考表5-8修正后选取最终厚度值 H。

路面面层厚度初拟值　　表5-7

交通荷载等级	极重	特　重				重			
公路等级	高速	高速	一级		二级	高速	一级		二级
变异水平等级	低	低	中	低	中	低	中	低	中
面层厚度(mm)	300～400	280～360	260～340	240～320			230～300	220～280	

交通荷载等级	中等				轻	
公路等级	二级		三、四级	三、四级	三、四级	
变异水平等级	高	中	高	中	高	中
面层厚度(mm)	210～260	200～240		190～230	180～220	170～210

考虑脱空的面层厚度修正值　　表5-8

基层类型	设3cm以上沥青混凝土功能层	无功能层			
		二灰稳定基层	水泥稳定基层	贫混凝土基层	排水基层
厚度修正值(mm)	+0～10	+10～30	+20～40	+20～40	+0～10

5.3　面层构造对路面使用性能的影响

面层构造设计主要包括面层的板块形状和板块尺寸设计、接缝传荷设计、接缝料的选择三方面。

5.3.1　面层板块形状设计

按照横缝切缝方式的不同,路面板一般采用正交板和斜交板。

1)理论计算成果

杨斌采用有限元法计算表明:斜交板横缝边缘的最大挠度比正交板减少了28%,最大弯拉应力减少7%,因此斜交板横缝边缘的受力性能要优于正交板。当板角角度由90°减小至70°时,板角临界荷位的最大弯拉应力变化不大,但对挠度值的影响更大,80°、54°的板角挠度比90°时分别增大了6%和13.2%。由于车轮驶过板角的概率较小,因此汽车轮载对于斜距较小的路面板并不会造成大的影响。

2)工程应用实例调研

虽然理论计算结果表明斜交路面板的性能优于正交路面板,但由于路面板边、角和基层间会存在各类脱空,当汽车驶过路面板边、角处时,板边、角错台和断裂的概率显著增大。

桂柳路鹿寨服务区段(K479 +600)曾铺筑了2km的斜交路面板试验段,该段路面板块宽度为4.25m,与行车方向斜交,斜距与板宽之比为1∶6(80.5°)。2009年对该路段进行了观测,虽然该斜交板段落由于进出服务区的车辆太多而无法准确检测路面病害率,但将其与临近的正交板段落目测估计对比可知,斜交板段落的错台率和板角断裂率要高得多,如图5-1所示。交通运输部公路科学研究院对河北省高碑店试验路的观测结果也曾得出了类似结论。

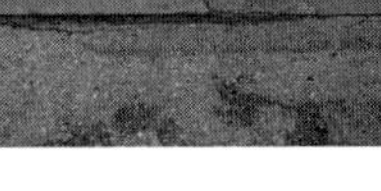

a)斜交板

b)正交板

图5-1　正交板和斜交板路面性能的对比

此外,目前横缝普遍采用传力杆传荷装置,但无论是前置支架法抑或后置式插入传力杆法,当面板采用斜交板时,传力杆更难准确定位。

因此,理论计算上斜交板虽然优于正交板,但在重交通等级以上公路的应用中并无优势。考虑到其对无显著脱空、不设置传力杆路面仍有降低接缝边缘应力的优势,因此更适用于中轻交通量道路。

5.3.2　面层板块尺寸设计

1)等板长与不等板长

当采用不等板长板块,行车荷载相同时,长板所受的弯拉应力大,短板的弯拉应力小,因此长板的使用寿命不如短板。

桂柳路部分段落的板块设计采用3.75m—4.25m—5.0m—4.25m的不等板

长形式，夹杂了4.25m的等板长板块，另有一些板块由于切缝工序控制不严，板长的变化无规律可循。长期观测结果可知，板长是否变化并不是影响面层使用性能的主要因素，二者的使用性能接近以至于无法比较，变板长的最大功能可能是能够降低噪声。

杭伯安的观测结论如图5-2所示。在使用3年后，面层的横缝传荷系数比等间距路面稍大，但相差不大。

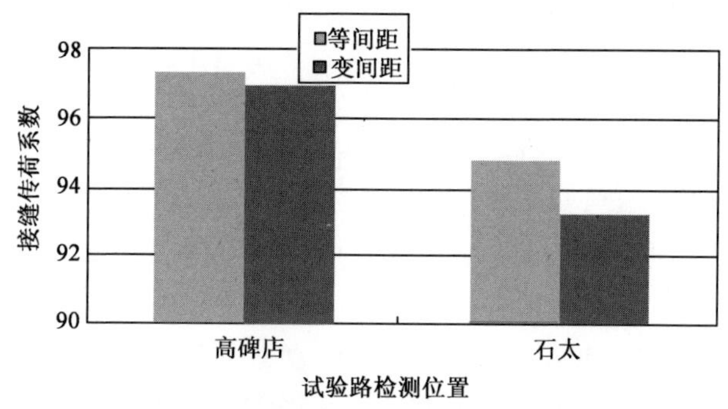

图5-2 等间距横缝与不等间距横缝的比较

2）板长（横缝间距）

板长会影响板内温度应力、接缝缝隙宽度和接缝传荷能力的大小，对此国内外研究已较为充分。一般认为面层的接缝间距与基层刚度直接相关，刚度越大则板长越小，板长不应超过板厚的20倍，板长与基层相对刚度半径的最大比值为5.0，超过此临界值时，面板横向开裂的可能性大大增加。基层的相对刚度半径按公式(5-5)计算，由此计算横缝的最大间距为6m。

$$l = h\sqrt[3]{\frac{E_c(1-\mu_0^2)}{6E_s(1-\mu^2)}} \tag{5-5}$$

式中：h——板厚，mm；

E_c——混凝土的弹性模量，MPa；

E_s、μ_0、μ——基层顶面的回弹模量、泊松比和混凝土泊松比。

短面板利于降低板内应力已成为共识，但也有专家认为使用短板会增加接缝数量，导致面层接缝下渗水数量增大，面层错台和接缝损坏的概率增大，使用寿命和舒适度降低。但是，对于普通混凝土路面，增大板长的最佳办法是提高混凝土强度，为此以往多采用降低水灰比、掺入硅粉或其他外掺料等多种办法配制高强度混凝土，并根据应力计算结果相应增大板长，但在实际应用中，该办法未达到设计预期效果，主要原因是高强混凝土的早期收缩较大，导致路面开裂趋势显著增加。

本书编写组通过总结已有工程经验和大量实体调研结论认为,使用短板并不会增加上述病害发生的概率或严重性,主要原因如下:

(1)采用短板虽然横缝数量增多,但横缝的缝宽也减小,美国的观测结果如图5-3所示,从图5-3中可以看出,长板所带来的横缝数量减少的优势被缝宽的增大所抵消,缝宽越宽,接缝料损坏的速度和外部水渗入的速度呈几何级数增长,较横缝数量增多的问题更为严重。

(2)横缝数量增多带来的问题主要是面板接缝下渗水导致的冲刷脱空类病害,但我国已普遍采用较耐冲刷的水泥稳定基层和贫混凝土基层,如再增加防冲刷功能层,冲刷脱空已不再是造成路面错台和板角断裂的主要原因,反而板长越长,板角温度翘曲脱空导致的附加荷载应力越高,板角断裂问题越严重。

(3)如果没有冲刷脱空导致的严重错台现象,横缝数量增多并不会影响行驶舒适性,如早期的高速公路普遍采用4~4.5m的板长,在面层未出现严重冲刷脱空和大规模断裂的情况下,行驶舒适度要高于后来的一些更大板长的路面。

(4)设置传力杆可以大大缓解横缝数量增多带来的路面错台问题。

解小有开裂趋势的路面板,还能够释放面板内部的应力,延长路面的使用寿命。本书编写组曾于2007年指导养护部门,在断板病害速率增长较快的南坛路安吉段选择了2km路面试验段,将原5m长面板从中部横切解小为2.5m长板,未增加传力杆措施。此后该段路面的断板发展趋势基本停止,较附近路面的使用性能更加优良,如图5-4所示。可惜的是养护部门当时顾虑大规模地采用解小路面板块措施会带来不良的社会影响,未将该做法继续推广。

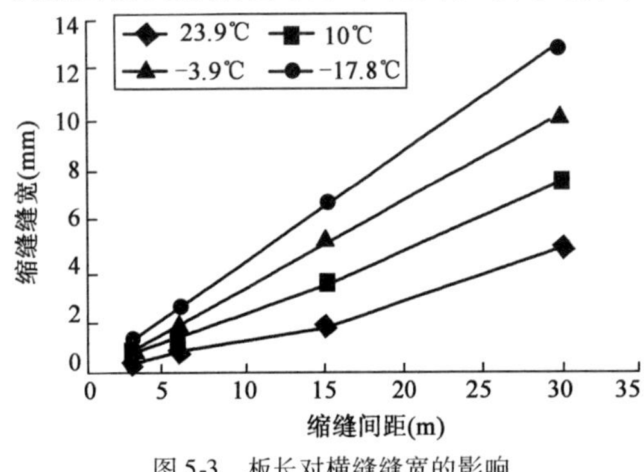

图5-3 板长对横缝缝宽的影响

图5-4 南坛路个别段落在解小路面板块后开裂趋势停止

配合使用基层和抗冲刷功能层组合的技术条件下,重交通等级以上公路水泥路面的板长可定为3.5~4.5m,低等级路面可适当加长。

3)板宽(纵缝间距)

路基的差异沉降、外部荷载、温度变化都会导致路面板出现纵向开裂,纵缝的作用是将裂缝控制在规定位置上,防止任意纵向开裂。纵缝通常分为纵向施工缝和纵向缩缝,分幅施工时设置纵向施工缝,全宽施工则设置纵向缩缝。纵缝间距应根据滑模摊铺机的可施工宽度、路面宽度、车道宽度、拌和能力、运输条件等因素综合确定,并遵循下列原则:

(1)结构受力

为防止面板出现纵向任意裂缝,纵缝最大宽度不大于4.5m,面板的长宽比不宜超过1.35,平面面积不宜大于25m^2,板宽不宜大于板长。

(2)施工组织

充分发挥摊铺机的效率,尽量使每次摊铺宽度达到最大值,减少机器调头次数,以提高路面整体施工质量、节省时间和施工费用。

路面板宽宜定在3.5~4.5m,宽长比为1∶1.35~1∶1。

5.3.3　横缝传荷装置设计

1)传荷装置的选择

横缝传荷装置可选择设传力杆与不设传力杆两种,研究认为,设传力杆后,接缝的初始传荷能力及使用多年后的传荷能力均能够得到保证。

接缝破坏是水泥路面的三大病害形式(断板、错台、接缝破坏)之一,是影响路面使用寿命和运行舒适性的关键,与接缝传荷能力差有很大关系。研究认为,传力杆设置与否对接缝病害的影响最大,设置传力杆后,建设成本虽然增加了5%~8%,但接缝寿命可提高25%以上。接缝无传力杆的旧水泥路面在考虑加铺沥青罩面时,往往会因接缝传荷能力差而导致老路面接缝处的错台量大和反射裂缝增多,需要加厚加铺层。因此,重交通等级以上路面面层的横向缩缝、中等和轻交通荷载公路邻近胀缝或自由端部的3条横向缩缝、收费广场的横向缩缝等均应采用设传力杆的假缝形式。

当前,传力杆的使用已成为共识,但新出现的问题在于过度强调传力杆的作用,一味地加粗、加密传力杆,导致当采用后置式插入传力杆工艺时,会出现路面的平整度下降等问题。

2)传力杆对板底脱空的影响

传力杆在板底存在冲刷脱空时仍起到保证接缝传荷能力的作用,因此能够显著提高二灰稳定基层、粒料基层、低水泥掺量水泥稳定基层路面的使用寿命,这已被国内外研究应用所证实。

对于目前普遍使用的水泥稳定基层和贫混凝土基层路面，主要破坏形式是板角脱空带来的板角断裂，从实体检测结果来看，加设传力杆并不能解决板边角脱空问题，如岑兴路采用直径38mm的传力杆，理论上接缝传荷能力应该很高，但通车1年后路面板角动弯沉最大值已达到60μm（详见第4章）。

由表5-2可知，岑梧路与全兴路的路面结构相同，均采用直径38mm的传力杆，但破碎断板率相差较大，这可从侧面说明采用较粗的传力杆并非是影响路面使用寿命的主要因素。广东清远至连州高速公路同样采用粗传力杆，但由于板角脱空问题未得到解决，通车数年后部分段落路面的板角断裂现象较为普遍。

3）传力杆安置方式选择

（1）对路面平整度的影响

传力杆的安置方式包括前置支架法和后置插入法，如图5-5所示。前置支架法工艺预先用支架安装传力杆，如能像国外一样采用侧向布料机布料后再进行面层摊铺施工，路面平整度基本不受工艺的影响。

a)采用侧向布料机的前置式支架法

b)后置式插入传力杆法(DBI)

图5-5　传力杆的安置方式

后置插入法对路面表面功能的影响主要来源于传力杆被插入混凝土时受到的施工阻力导致摊铺机上翘，影响到面层的平整度，该施工阻力包括混凝土的屈服剪应力、挤压力、浮力和黏性阻力。

插入过程中需要克服的混凝土屈服剪力为：

$$Q = 2\tau_y lh \tag{5-6}$$

式中：Q——插入传荷装置克服槽壁的剪切阻力，N；

τ_y——混凝土屈服剪应力，Pa；

l——传荷装置的长度，m；

h——传荷装置的插入深度,m。

插入过程中需要克服的混凝土挤压力为:

$$P = \frac{1}{2}\rho g h V_{料} = \frac{1}{2}\rho g h^2 d l \tag{5-7}$$

式中:P——混合料受到的挤压力,N;

d——传荷装置的直径,m;

ρ——混合料的表观密度,kg/m^3;

$V_{料}$——排开混合料的总体积,m^3。

插入过程中传力杆受到的浮力为:

$$F_{\mathrm{f}} = \frac{1}{4}\pi d^2 l(\rho_{\mathrm{g}} - \rho)g \tag{5-8}$$

式中:F_{f}——传荷装置受到的混合料浮力,N;

ρ_{g}——传荷装置的密度,kg/m^3。

插入过程中受到的黏性阻力为:

$$F_{\mathrm{n}} = 6\pi\eta v \tag{5-9}$$

式中:F_{n}——黏性阻力,N;

η——混合料黏度系数,Pa·s;

v——插入速度,m/s。

插入传荷装置受到的总阻力为:

$$F = n(P + Q + F_{\mathrm{f}} + F_{\mathrm{n}}) \tag{5-10}$$

式中:F——插入传荷装置的总阻力,N;

n——同时插入传荷装置的根数,根。

影响施工阻力的主要因素是混凝土的黏度与屈服剪应力,插入速度越快,插入深度越大,钢筋的直径及长度越大,施工阻力越大。

插入每根传力杆的计算阻力为30~40kN,如传力杆间距为30cm,全幅摊铺12m宽路面需40根传力杆,贯入总阻力达1 200~1 600kN,而摊铺机的重量一般不超过200t,因此插入传力杆时,摊铺机可能被顶起或履带会陷入路肩及中央分隔带中。由于路面摊铺平整度主要依靠摊铺机传感器压住导线控制,对导线的张力有一定要求,摊铺机反复抬起将压迫导线变形,高程控制失效,平整度自然没有保证。掺减水剂的混凝土坍落度损失更快,贯入阻力增长迅速,更会导致平整度显著降低。此外,如混凝土较密实后再压入传力杆,会导致传力杆附近的路面有少量拱起,也是影响平整度的原因之一。路面越厚,插入传力杆的路径越长,贯入阻力也越大。

传力杆插入对路面平整度的影响非常显著,如2005年后广西铺筑的几条高速公路水泥路面,平整度合格率大都不超过30%。

(2)对传荷能力的影响

采用后置插入法时,传力杆周围的混凝土组分主要是回流的砂浆或水泥浆,其抗压强度较其他部位的混凝土低得多,在路面受车辆荷载和温度变化时,面板的伸缩和振动会带动传力杆活动,导致传力杆附近的低强度混凝土崩裂破坏,最终致使传力杆的传荷能力降低,此时需要增加传力杆的密度。

(3)对面层纵向开裂的影响

采用后置式插入传力杆工艺时,传力杆上部混凝土的性能与其他部位不同,收缩变形量自然存在差异,导致传力杆附近的混凝土开裂趋势增大。《水泥混凝土路面施工技术细则》(JTG/T F30—2014)认为,当路基存在差异沉降导致路面纵向开裂时,传力杆附近混凝土的破坏会提高路面纵向开裂的整体趋势,美国一些州因此禁止采用后置插入法。

传力杆安置方式宜采用前置支架法,当采用后置插入法时,应采用附加振动设备降低插入部位混凝土的黏度,减少插入阻力,同时可以促使传力杆上部的混凝土更为密实。此外,在混凝土配合比设计时可采用引气措施或内养生剂,降低混凝土的施工黏度。

4)传力杆传荷能力的影响因素

(1)安装偏差

彭鹏发现传力杆安置偏差是造成面层混凝土在接缝两侧50cm范围内出现裂缝的主要原因,认为随着传力杆偏差角度的增大,接缝的初始传荷能力迅速下降,整个工作周期内的传荷能力也越来越差。当传力杆在水平面内存在不大于5°的角度偏差时,接缝的传荷能力可保持在中等水平,对传力杆的工作性能不会造成太大影响。

(2)传力杆孔洞间隙

当采用钻孔法埋设传力杆时,孔洞与传力杆之间存在间隙,设套筒的传力杆如胀缝传力杆的端头与套筒之间也会存在间隙,这些都会对传力杆的传荷能力产生较大影响,相当于传力杆埋置长度被减少,最大相当于被减少50~100mm,传力杆的承载能力被降低20%~35%。因此,在采用钻孔法埋设传力杆和胀缝采用带套筒的滑动传力杆时,宜加长传力杆。

(3)接缝宽度

接缝宽度越大,传力杆承载能力越低。传力杆承载能力的变异性可用承载能力比表示:

$$\frac{P_{\mathrm{c,b_1}}}{P_{\mathrm{c,b_2}}} = \frac{2+\beta b_2}{2+\beta b_1} \tag{5-11}$$

$$\frac{P_{\mathrm{s,b_1}}}{P_{\mathrm{s,b_2}}} = \sqrt{\frac{1+(1+\beta b_2)^2}{1+(1+\beta b_1)^2}} \tag{5-12}$$

式中：$P_{\mathrm{c,b}_i}$——接缝宽度为 $b_i(i=1,2)$ 时传力杆混凝土抗压承载力，N；

$P_{\mathrm{s,b}_i}$——接缝宽度为 $b_i(i=1,2)$ 时传力杆抗弯承载力，N；

β——系数，无量纲。

如缩缝宽度为1mm，胀缝宽度为20mm，传力杆直径为30mm时，胀缝传力杆处混凝土的抗压破坏能力仅为缩缝传力杆处混凝土的58%，胀缝传力杆的抗弯破坏能力仅为缩缝传力杆的53%。

(4)路面相对刚度半径

传力杆系的总有效系数与路面相对刚度半径成正比，相对刚度半径为：

$$l_0 = 0.573h\left(\frac{E_{\mathrm{c}}}{E_{\mathrm{tc}}}\right)^{\frac{1}{3}} \tag{5-13}$$

式中：l_0——路面相对刚度半径，mm；

h——混凝土面板厚度，mm；

E_{c}——混凝土弹性模量，MPa；

E_{tc}——基层顶面计算回弹模量，MPa。

相对刚度半径越大，传力杆系的有效范围越大，在有效范围内布置的传力杆的总有效系数越大。对于柔性基层混凝土路面，基层顶面的计算回弹模量较小，路面的相对刚度半径较大，此时传力杆的传荷效率比水稳粒料基层、贫混凝土基层等半刚性或刚性基层高。相同间距时，半刚性或刚性基层上混凝土面板中的传力杆，单根传力杆承受的荷载远远大于柔性基层上的传力杆，为了满足承载能力的要求，需要加密传力杆。

5)传力杆的合理规格

传力杆的直径、长度及间距可根据面层的厚度、交通荷载等级及其他相关要求选用，必要时应进行应力验算。

(1)直径

直径是传力杆最重要的规格参数，传力杆越粗，在提高接缝传荷能力、降低接缝碎裂损坏等方面的性能越有效，各国选择的传力杆直径一般为24~38mm，随面层厚度的增加而增大，一般不小于面层厚度的1/8。

目前我国采用直径30mm以上粗传力杆的理念主要是参考美国的做法，但美国的设计模型是基于粒料类基层建立，此时路面承受车辆荷载时接缝下部的基层弯沉较大，采用粗传力杆可防止面板出现错台，而我国一般使用半刚性或刚性基层，基层弯沉较小，采用较细的传力杆完全能够满足接缝传荷要求。

此外，国家已在《钢筋混凝土用钢 第1部分：热轧光圆钢筋》(GB 1499.1—2008)中取消了22mm以上的光圆钢筋规格，市场上虽为满足混凝土路面铺筑等用途有少许更粗的光圆类钢筋出售，但直径一般不会超过30mm，继续使用30cm以上的传力杆会在应用上造成困难。

因此，建议目前传力杆的直径可适度降低，最高不超过28cm，对于重载交通条件可考虑在轮迹带适当加密。

(2)长度

有专家认为，传力杆长度在一定范围内变化时，对传力杆的传荷能力影响不大，传力杆的长度一般为35~60cm，埋入混凝土内的长度(每侧)大于6倍传力杆直径。

(3)间距

传力杆的间距通常不大于30cm，等间距布置，这是在经典计算模型中基于面层和基层紧密光滑接触的假设得出的，但目前水泥路面的板角处脱空破坏较普遍，因此等间距布设方式对板角处传力杆数量稍显不足，板中处又可能过密。因此，适当加密板角处传力杆的布置和加宽板中处传力杆的间距，既受力上能满足要求，又较经济合理。

高伟采用布拉德伯利(R. D. Bradbury)传力杆设计计算公式和三维有限元分析程序对传力杆的间距进行计算，认为当路面板厚度大于24cm时，传力杆间距可增至40cm，但未充分考虑板角脱空状况。

基于受力性能和经济性考虑，建议面层最外侧传力杆距纵向接缝或自由边的距离为15~25cm，纵缝或自由边向板中1m范围内的传力杆间距为20cm，其他板中位置的传力杆间距为40cm。

综上所述，传力杆应采用光面钢筋，尺寸和间距可按表5-9选用，最外侧传力杆距纵向接缝或自由边的距离为150~250mm。

传力杆尺寸和间距(mm) 表5-9

面层厚度(mm)	传力杆直径(mm)	传力杆最小长度(mm)	传力杆最大间距(mm)
220	22	400	300
240	22	400	300

续上表

面层厚度(mm)	传力杆直径(mm)	传力杆最小长度(mm)	传力杆最大间距(mm)
260	25	450	300
280	28	450	纵缝或自由边向板中1m内传力杆间距为20cm,板中处传力杆间距为40cm
≥300	28	500	

注:当重载超载交通量明显时,可在重车车道轮迹带加密间距30%。

6)传力杆安置质量控制标准

当传力杆的承载能力变异性小于5%时,传力杆的安装偏差控制标准如表5-10和表5-11所示。

支架前置法安装传力杆允许偏差 表5-10

项　　目	杆端上下左右偏差	杆中心上下左右偏差	杆纵向前后偏差
允许偏差(mm)	10	20	10

后置法安装传力杆允许偏差 表5-11

项　　目	杆端上下左右偏差	杆中心上下左右偏差	杆纵向前后偏差
允许偏差(mm)	30	20	30

5.3.4 填缝材料的选择

1)封缝板

胀缝接缝板应选用能适应面板胀缩、施工不变形、复原率高和耐久性好的材料,高速公路和一级公路宜选用泡沫橡胶、沥青纤维类板,其他等级公路可选用木材类或纤维类板。

2)封缝料

填缝料应选用与接缝槽壁黏结力强、回弹性好、适应面板胀缩、不溶于水、不渗水、高温时不流淌、低温时不脆裂、耐老化、有一定抵抗砂石嵌入的能力、便于施工的材料。对湿热地区常用的几类填缝料的调查评价如表5-12所示。

湿热地区水泥路面常用几类填缝料的调查评价 表5-12

填缝料名称	优点	缺点	使用年限	适用交通等级
沥青	成本低	耐久性差	2年以下	中、轻交通量
焦油型聚氨酯	弹性和黏结性好	含大量易挥发性焦油,抗老化和耐高温性能差	2~3年	中、轻交通量

续上表

填缝料名称	优点	缺点	使用年限	适用交通等级
聚氯乙烯胶泥(煤焦油、聚氯乙烯树脂和其他填料)	初始高温下不流淌,低温下不脆裂,具有一定的回弹能力	煤焦油易挥发,使用多年后回弹能力差,与接缝槽壁黏结不紧。施工时需现场加热,环境污染大	2年左右	中、轻交通量
有机硅	耐候性、耐久性、憎水能力好	机械能力和耐化学药品能力差,胶层物质易渗析造成污染,价格昂贵	5年	中、重交通量
聚氨酯	弹性和黏结性能好,耐油、耐磨、耐振动、耐疲劳、耐高低温性能均好	耐久性、耐候性、耐水性不佳	3年以下	中、轻交通量
有机硅改性聚氨酯填缝胶	兼备有机硅和聚氨酯的优点	价格稍贵	5年以上	重交通量及以上

5.3.5 纵缝传荷设计

为防止分块的路面板因自重、车辆荷载作用产生侧向滑移,通常采用拉杆将不同车道、车道与路肩连接成整体。拉杆设计参数包括拉杆的直径、长度和间距。

拉杆应采用螺纹钢筋,设在板厚中央,并对拉杆中部100mm范围内进行防锈处理。拉杆的直径、长度和间距可按表5-13选用,拉杆的间距按横向接缝的实际位置予以调整,最外侧拉杆距横向接缝的距离不得小于100mm。

拉杆直径、长度和间距 表5-13

面层厚度(mm)	到自由边或未设拉杆纵缝的距离(m)					
	3.00	3.50	3.75	4.50	6.00	7.50
200~250	14×700×900	14×700×800	14×700×700	14×700×600	14×700×500	14×700×400
≥260	16×800×800	16×800×700	16×800×600	16×800×500	16×800×400	16×800×300

注:拉杆尺寸数字为直径(mm)×长度(mm)×间距(mm)。

第6章　减少变异——大厚度面层施工变异性控制技术

6.1　大厚度面层的施工变异性

由于机械设备条件、材料人员准备、环境气候、作业条件的不同和变化，现场大规模施工得到的混凝土结构物与室内小方量配比试验配制的试件在质量均匀性上存在显著差异，导致混凝土的现场性能难以体现配合比设计意图。施工变异性的存在一方面会导致混凝土的材料组分在空间内变化，影响到混凝土的体积稳定性和抗裂性；另一方面会导致路面板内形成有害的内分层和外分层结构，影响面板内强度、耐久性和表面功能的均匀性。

大厚度面层的施工变异性要高于薄板路面，体现为混凝土在平面和立面两个截面上的强度变异性均显著增大，内部和表面开裂趋势增加。大厚度面层的平整度更是与混凝土材料组成的波动性、供料的及时性、混凝土的施工性能关联较大，当供料不及时、混凝土的材料组成不稳定、施工性能下降、采用后置式插入较粗传力杆工艺时，路面的平整度会显著下降。

在现场施工中，除了如材料组成变化大、施工管理细节控制不严格、现场操作技术水平不高等常见问题外，由于路面板为大截面薄壁型结构，密实工艺与成型工艺成为路面板内部存在施工变异性的主要根源之一。大厚度面层的施工变异性体现为内分层与外分层现象，出现的概率及对路面的结构性能、使用性能和耐久性的影响均较薄板路面更为显著。

路面混凝土的密实工艺一般采用插入式振动密实方法，如果振捣棒在面板内拖行，沿振捣棒拖行轨迹及附近的混凝土由于振动波的作用，较面板其他部位的混凝土水灰比大且集料含量少，因此收缩量更大且更易开裂，形成了内分层结构，如图6-1所示。内分层在使用排式振捣棒振捣的三辊轴机组施工路面以及使用手持振捣棒的小型机具施工路面中表现得最为显著，晚上用强光照射混凝土已初凝但未终凝的这些路面，会发现在振捣棒振动轨迹的位置及附近有明显的纵向亮带，这些亮带可能是路面板未来出现裂缝和裂纹的主要区域之一。

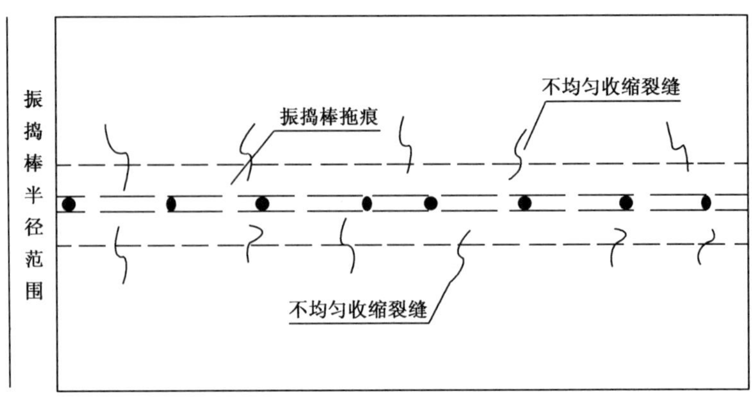

图 6-1 内分层结构

外分层更容易理解一些,出于制作表面抗滑构造的原因,施工时会采用表面振动工艺在路表面提起一定厚度的砂浆体,砂浆体由于缺少粗集料,加上表面振动波的作用,水灰比较下部混凝土更高,强度和密实性更低,收缩性更大。特别是当混凝土的施工性能较差而提浆不畅时,施工中往往会加大表面振动功率强行提浆,导致表面提起的砂浆水灰比很大甚至为稀浆,这就形成了外分层结构。外分层在使用平板振动器表面振动成型工艺的小型机具施工的路面最为常见,在未有效刮除表面稀浆的三辊轴机组施工的路面中也较为普遍,即使对于施工变异性较小的滑模摊铺路面,当混凝土施工性能较差时,挤压成型和搓平梁的过度振动也会导致外分层现象的出现。存在外分层现象的路面表面强度和耐磨性较差,抗滑构造的耐久性不高,易出现开裂。

以往对施工变异性的研究主要集中于路面结构可靠度设计和对弯拉强度的控制和评定上。可靠度设计主要是根据弯拉强度和弹性模量的变异性分析面层厚度设计的可靠度。弯拉强度的控制和评定则是采用数理统计方法统计弯拉强度值,以弯拉强度标准差和偏差系数作为变异性控制指标,从而控制和评定混凝土的施工质量。

无论是何种摊铺工艺,均要求混凝土的设计与施工相结合,强调控制混凝土性能的变异性及路面表面功能的均匀性,但在现场施工中,由于种种障碍,目前对不同摊铺工艺的适用范围、摊铺工艺参数的合理选择、摊铺工艺过程对路用性能的影响等研究均不够充分,存在以下问题:

(1)未能充分掌握不同搅拌工艺对混凝土的宏观均匀性和微观均匀性的影响机理。目前搅拌机的类型复杂多样,现场往往难以正确掌握搅拌工艺原理和严格控制搅拌工艺制度,导致混凝土的材料组成变异性较大,特别是当水和外加剂用量控制不准确时,水灰比的变异性较大,搅拌均匀性受到很大影响。此外,不同的运输设备和卸料方法对混凝土的施工性能也有重要影响,这些在已有研究中大都未得到充分注意和重视。

(2)未充分掌握摊铺、密实与成型工艺对施工变异性的影响机理,如:布料过程中的卸料高度和混凝土移动距离对混凝土的物理离析有显著影响;振动密实工艺如控制不严,有过振及欠振现象,也会增加混凝土组成及性能的变异性;饰面时机如把握不好,难以达到表面均匀、密实和平整的效果。目前,对不同摊铺和密实工艺对施工变异性的影响研究仍不够充分,难以指导实际施工。

(3)未充分掌握不同施工条件对路面表面功能的影响机理,对面层的养生、纹理制作、接缝制作的工作原理和关键控制工艺等均掌握不够,包括:纹理构造制作不到位,特别是细构造深度不足;切缝工艺掌握不好,易造成早期裂缝;养生方式与养生时机把握不好,混凝土结构形成和强度发展的矛盾没有很好解决,导致混凝土的结构性能、表面功能和耐久性波动较大。

(4)未充分考虑室内试验条件和实际工程状况的差异。配合比设计主要在标准室内工艺条件下进行,小型试件内的混凝土材料组成波动性较小,工艺参数控制准确,不需要考虑环境和施工工艺的影响,因此与工程实体情况有很大差别。实际中路面板内的材料组成由于评价方法及平均化的影响,处于一种不受控状态,内分层及外分层导致了面板内的材料组成在空间上存在变异性,从而导致采用室内试验结果评价现场混凝土的性能会存在很大偏差。

(5)未充分考虑面板内不同部位的变异性。虽然可靠度设计考虑了结构设计参数和交通荷载的变异性,提高了路面结构设计的可靠性,但在分析混凝土强度及模量的变异性时,没有计入尺寸效应的影响,也未考虑路面板不同部位强度和弹性模量的变异性。对混凝土内部的材料组成、物理性能、力学性能、耐久性、饰面性能的波动,目前还没有实际掌握,而这些波动对路面使用性能及耐久性的影响也没有适合的指标及方法进行评价。

本书编写组的大部分成员是国家西部交通科技项目“道路水泥混凝土组成设计研究”、“水泥混凝土路面施工变异性及控制技术研究”等课题的主要研究人员,编写组依据相关成果提出了水泥混凝土路面施工变异性控制成套技术。由于篇幅所限,将研究过程省略,仅摘录部分相关技术成果,凝练成为大厚度混凝土面层施工控制技术,供对施工控制有兴趣的读者参考。

6.2 原材料技术性能的变异性控制

普通路面混凝土由水泥、粗细集料和水混合配制，通常会掺加化学外加剂，必要时也会掺入矿物掺和料、纤维等。各类材料的组成、性能及施工工艺过程等均对混凝土的性能有重要影响，外加剂和矿物掺和料的掺入更是增大了混凝土结构与性能的复杂性。因此，控制原材料性能的变异性对降低面层的施工变异性有着重要影响。

6.2.1 水泥

1）水泥的种类

优选水泥的种类和控制熟料的矿物组成，目的在于获得标准稠度用水量低、收缩量小、抗折强度高的水泥，但也要满足规模化生产和经济性的需要，道路用水泥一般采用硅酸盐水泥和普通（硅酸盐）水泥。

20 世纪 90 年代我国曾生产过道路水泥，是通过改变普通水泥的矿物组成，将铝酸三钙的含量降至 5% 以内，铁铝酸四钙的含量提高到 16% 以上实现的。道路水泥虽然抗折强度高，耐磨性好，收缩量小，但铁相含量高，易结块结窑，熟料的磨细较为困难，因此生产效率低，价格高，性价比不高，目前在市场上已基本绝迹。

路面混凝土的抗弯拉强度主要由水灰比决定；收缩性受水泥的细度、水泥净浆的体积含量和水灰比控制；耐磨性主要取决于表面砂浆的水灰比，与混凝土的水灰比直接相关；抗渗性由混凝土的孔结构即水灰比大小所决定。因此，控制水泥的细度和需水性，特别是减少占混凝土体积比接近 1/5 的水泥的标准稠度用水量，降低水泥用量，意味着可以减少混凝土的单位用水量和水灰比，提高路面混凝土的抗弯拉强度或工作性。

路面混凝土用水泥不宜选用矿渣水泥或粉煤灰水泥，这是因为掺矿物掺和料的水泥的生产采用将矿物掺和料与水泥共同粉磨的工艺，而如矿渣等矿物掺和料的可磨性低于水泥，共同粉磨后矿物掺和料的细度不高甚至会低于水泥，因此活性发挥不充分，反而掺入后会增大混凝土的黏度，导致混凝土一方面摊铺饰面难度加大，施工变异性增大，另一方面表面提浆工艺易造成非活性的矿物掺和料在面层上部富集，降低混凝土表面的强度、耐磨性及耐久性。

2）水泥的矿物组成

混凝土路用性能的改善可通过多种途径实现，但通过改良水泥的矿物组成提高水泥的性能难度较大。在常用的水泥矿物组成范围内，通过调整矿物组分来提高水泥的性能，不仅增加了水泥的生产成本，对改善混凝土的性能效果也不明显。

(1)强度：混凝土的抗弯拉强度受水灰比大小制约，对水泥本身抗折强度的变化敏感性不大，水泥抗折强度每提高1MPa，混凝土的弯拉强度仅增大不到4%。采取优化水泥的矿物组分来提高水泥抗折强度的技术措施，对提高混凝土抗弯拉强度的效果不大。

(2)收缩抗裂性：虽然降低铝酸三钙的含量会减小水泥的收缩，但由于水泥仅占混凝土的体积组分不到1/5，而混凝土的收缩性决定于混凝土的孔结构，与水泥细度、水泥用量和水灰比的关系更密切，与水泥的矿物组分关系不大。

(3)耐磨性：混凝土的耐磨性主要取决于表面砂浆的耐磨性，与砂浆的强度、水灰比及表面成型工艺直接相关，增大熟料中铁铝酸四钙的含量虽然能够提高水泥的强度与耐磨性，但对混凝土整体耐磨性的改善效果并不明显。

(4)耐久性：混凝土的耐久性主要与混凝土的孔结构及孔隙率有关，水泥中硅酸三钙、铝酸三钙和铁铝酸四钙的含量过高，对混凝土的耐久性不利，但在常用的水泥矿物组分范围内，使用减水剂可有效降低混凝土的水灰比和水泥用量，达到耐久性要求，其效果和经济性比调整水泥矿物组分要好得多。

3)水泥的强度

本书编写组的部分成员参与了国家西部交通建设科技项目“道路水泥混凝土组成设计研究”，该项目的一大成果是通过大量实验，重新得到了抗弯拉强度与材料组成的关系，如式(6-1)所示。

$$f_r = 0.861 f_{rc}^{0.262} d_0^{-0.098} V_m^{-0.529} (W/C)^{-1.533} \quad (n = 207, r = 0.75) \tag{6-1}$$

式中：f_r——混凝土弯拉强度，MPa；

f_{rc}——水泥抗折强度，MPa；

W/C——水灰比(集料饱和面干)；

d_0——集料公称最大粒径，mm；

V_m——混合料砂浆体积率，以小数表示。

由式(6-1)可知，水泥的抗折强度对混凝土的抗弯拉强度有一定影响，但0.262的指数说明影响程度不大，譬如将水泥的抗折强度从7.0MPa提高到8.0MPa，抗压强度需提高10MPa，即将水泥提升一个等级，但混凝土的弯拉强度仅能提高3.6%。因此，采用高强水泥对提高混凝土的抗弯拉强度作用不大，反而由于抗压强度增长过快，导致混凝土的脆性和早期收缩率过大，路面更易开裂。

路用水泥不宜直接选用早强型(R 型)水泥,这是因为 R 型水泥熟料中硅酸三钙和铝酸三钙的含量较高,水泥的比表面积较大,需水性较大,水化热高,对混凝土的早期温度应力、后期强度、早期收缩性和耐久性等均有不利影响。

4)水泥的生产方式

水泥的生产方式可分为回转窑(旋窑)和立窑,道路用水泥宜采用旋窑产水泥,水泥的出磨安定性应符合要求,氧化镁含量较高时需采用压蒸法验证。

立窑产水泥的质量稳定性较旋窑产水泥要差得多,这是因为立窑产水泥采用半干法生产,将原料与煤共同磨细制成生料球后入窑煅烧,由于生料球尺寸较大,煅烧难以充分,加上温度控制变异性较大,熟料的游离氧化钙含量较高,硅酸三钙含量相对较低,如为了提高烧成程度,采用较高的铝率和较低的硅率,会增加熟料矿物中铝酸三钙的含量。

湿法回转窑生产的水泥,生料混合较均匀,煅烧充分,硅酸三钙含量较高且较稳定,游离氧化钙含量和硅酸二钙的含量较低,但采用较高铝率时,熟料中的铝酸三钙含量较高。

干法回转窑生产水泥采用预匀化和窑外分解技术,提高生料混合的均匀性。窑外分解使得煅烧更加充分,水泥质量更为均匀稳定。采用较低铝率时,可生产铝酸三钙含量低的水泥,但当石灰饱和系数相同时,干法回转窑生产水泥的游离氧化钙的含量高于湿法回转窑水泥。

5)水泥的技术指标推荐值

基于相关研究成果,对道路用水泥的主要技术指标提出以下建议:

(1)强度

按照路面混凝土的设计抗弯拉强度要求及变异性控制需要,水泥的强度宜符合表 6-1 的要求。

道路用水泥的强度最低要求 表 6-1

混凝土设计弯拉强度(MPa)	5.5		5.0		4.5		4.0	
龄期(d)	3	28	3	28	3	28	3	28
水泥抗压强度(MPa)	25.5	52.5	22.0	42.5	16	42.5	16	32.5
水泥抗折强度(MPa)	4.5	8.0	4.0	7.5	3.5	7.0	3.0	6.5

(2)标准稠度用水量

考虑到水泥的标准稠度用水量每增加 1%,混凝土的单位用水量会增加约

5kg/m^3,因此从控制混凝土的水灰比角度出发,当混凝土的设计强度为5.0MPa以上时,水泥的标准稠度用水量不宜大于26%;设计强度为5.0MPa及以下时,水泥标准稠度用水量不宜大于28%。

(3)比表面积

水泥的比表面积增大,对混凝土的强度增加有利,而不利影响主要体现在收缩上。文献[47]研究得到,混凝土的干缩率与水泥的比表面积成正比,当水泥的比表面积从300m^2/kg增大到450m^2/kg时,混凝土的干缩率增长约20%。因此,根据收缩和水化热控制要求,水泥的比表面积宜为300~350m^2/kg,当混凝土的28d干缩率符合要求时,水泥的比表面积可适当增大,但不宜大于400m^2/kg。

文献[47]借助激光粒度分析技术和灰色系统理论,研究了水泥的颗粒组成与路面混凝土路用性能的关系,如表6-2所示,并由此推荐了路面混凝土用水泥颗粒组成的合理分布范围,如表6-3所示。在水泥生产中,可参考相关建议对颗粒组成进行调整,适度增加优势颗粒的比率。

水泥颗粒分布对道路混凝土性能的影响 表6-2

混凝土性能	性能评价指标	起促进作用的颗粒范围(μm)	最关键促进作用颗粒范围(μm)	起削弱作用的颗粒范围(μm)	最关键削弱作用颗粒范围(μm)
力学强度	抗折强度(MPa)	<30	<10	>30	30~40
	抗压强度(MPa)	<30	<10	>30	30~40
抗冻性	质量损失率(%)	<30	20~30	>30	40~60
	冻蚀颗粒质量(kg)	<30	20~30	>30	30~50
	相对动弹模量之比(%)	<30	<10	>30	30~40
抗渗性	通过的电量(C)	<30	20~30	>30	30~40

湿热地区道路用水泥颗粒分布的"优势颗粒"推荐(单位:μm) 表6-3

交通等级 / 气候分区	特重、重	中等、轻
湿热地区	10~40	30~50

(4)凝结时间、干缩率和耐磨性

为了满足施工要求,水泥的初凝时间不早于1.5h,终凝时间不迟于10h。当满足20℃·h的施工性能要求时,水泥的初凝时间可适当缩短,但不宜早于1h;胶砂的28d干缩率一般不应大于0.1%,当混凝土设计强度较低时可适当放宽。

混凝土的耐磨性与水泥胶砂磨耗量没有直接关系，可按照强度和耐磨性的关系，控制水泥胶砂的磨耗量，使其不大于3.6kg/m^3。

(5)碱和游离氧化钙含量

为避免路面混凝土受碱集料反应破坏，以及水泥的含碱量高时可能与外加剂的相容性不好，应控制水泥中的碱($Na_2O+0.658K_2O$)含量不大于0.60%。当使用环境对碱集料反应无要求时，碱($Na_2O+0.658K_2O$)含量不大于1.0%。

游离氧化钙晶粒的尺寸大时会增大水泥浆体的内部缺陷尺寸，降低水泥或混凝土的抗疲劳性能，因此对于熟料中的游离氧化钙含量，旋窑生产水泥不大于1.0%，立窑生产水泥不大于1.8%。当水泥的安定性合格，且混凝土使用矿物掺和料时，旋窑生产水泥的游离氧化钙含量不大于1.5%，立窑生产水泥的游离氧化钙含量不大于2.0%。

6.2.2 粗集料

1)生产工艺

目前在国内无论是水泥路面抑或沥青路面，对粗集料的使用均存在着一些认识误区，主要体现为盲目追求母材的材质特别是强度，强调使用坚硬的石料破碎生产的碎石。在很多一线工程人员的心中，最重要甚至唯一重要的石料技术指标就是压碎值，只要压碎值达到要求，并不太注重碎石的粒形、含泥粉量等指标。当前大部分碎石生产料场为社会开办的小料场，这些小料场因为投入资金有限，缺乏各类破碎机械和除尘设备，生产的石料粒形差、级配不良、含泥粉量大，不同批次的材料质量波动性较大，导致配制的混凝土质量变异性高。

目前水泥路面多集中于二、三级地方公路，这些项目由于条件限制和理念问题，对粗集料的进场质量控制和存放都不够重视，如料源来源不稳定，不同料源的石料混杂堆放，料场缺乏防串料、防雨、防浸泡措施，导致集料级配的变异性较大，不利于质量控制。

与之形成鲜明对比的是，国外由于环保原因，对地方材料的开采限制很多，因此对石料的材质要求不特别挑剔，如破碎卵石、砾石的使用率较高，很多项目直接采用旧水泥混凝土或旧沥青混凝土的回收集料生产双层式路面的下面层，但国外小料场少，大料场对集料的生产工艺要求较为严格，石料的粒形较好且较为洁净，与水泥的黏附性强，配制出来的混凝土质量较高。

综合性价比可知，路面混凝土可采用碎石、卵石和破碎卵石，其中碎石的生产应采用两级以上的破碎工艺，二次破碎时需使用反击式破碎机，并宜加设除尘设备，确保碎石的粒形、级配和含泥粉量均达到相关要求，如图6-2所示。

图6-2　集料的破碎工艺和除尘工艺

2）针片状颗粒

针状颗粒和片状颗粒对混凝土路用性能的影响是不同的，片状颗粒由于形状扁平，配制的集料骨架的稳定性较针状颗粒更差，对混凝土性能的影响也更大，《道路水泥混凝土组成设计研究》对此进行了较为深入的研究。在实际控制中为了方便，可将针状和片状颗粒的数量统一考虑与控制，具体如表6-4所示。

粗集料针片状颗粒含量推荐建议　　表6-4

混凝土设计弯拉强度（MPa）		5.5	5.0	4.5	4.0
针片状颗粒含量≤（%）	碎石	8	12	15	20
	卵石	5	8	12	15

3）最大粒径和级配

降低集料的最大粒径，可以增大集料和水泥砂浆之间的黏结面积，减少搅拌用水量，从而提高混凝土的弯拉强度，但更为重要并常常被使用者所忽视的是，小粒径碎石还可以降低混凝土在搅拌和运输时的离析趋势，减小混凝土的施工变异性，混凝土的质量更为稳定。

集料由于被水泥浆包裹，级配的范围可以较沥青混凝土甚至水稳材料要宽泛一些，现行规范的级配范围完全可以满足使用要求。集料的最大粒径推荐建议如表6-5所示。

粗集料的最大粒径推荐建议　　表6-5

混凝土设计弯拉强度(MPa)		5.5	5.0	4.5	4.0
合成级配符合连续级配要求(mm)	碎石	4.75～19	4.75～26.5	4.75～31.5	4.75～31.5
	卵石	4.75～16	4.75～19	4.75～26.5	4.75～31.5

4)压碎值、密度和吸水性

粗集料的强度是影响混凝土的强度和其他性能的重要因素之一,反映粗集料强度的最直接指标是岩石的抗压强度,但测试方法较为繁琐,在日常抽检中不易操作,因此国内外普遍采用一些简易指标从侧面反映集料的强度与硬度,如国内采用压碎值指标,国外则多用洛杉矶磨耗值。

以往过分强调了压碎值的重要性,使压碎值成为工程一线判断集料质量的最重要指标,但影响压碎值测试精度的因素较多,如石料本身的强度和硬度、试验用样本的颗粒直径和形状、压碎界限筛孔尺寸,其中样本颗粒的直径和筛孔尺寸在测试方法中已预先定义,而颗粒形状对压碎值测试精度的影响大小仍未引起工程界的注意。

本书编写组曾在桂柳路、宾南路、南宁外环高速公路中,选取了同种母材但不同加工工艺得来的不同颗粒形状的碎石,发现压碎值测试结果最大可相差一倍,且圆形颗粒压碎值 < 方形颗粒压碎值 < 长条形和扁平形颗粒压碎值。试验中还发现,如果针片状颗粒含量减小到一定程度,压碎值测试的误差会大大降低至可容忍程度,如表6-6所示。因此,在压碎值试验中,预先剔除针片状颗粒含量可保证测试结果稳定。

针片状颗粒对压碎值测试精度的影响　　表6-6

石场名称	按《公路工程集料试验规程》(JTG E42—2005)换算的压碎值(%)		相差(%)	按《公路工程集料试验规程》(JTJ 058—2000)测试的压碎值(%)		相差(%)	针片状含量(%)
	剔除针片状颗粒	不剔除针片颗粒		剔除针片状颗粒	不剔除针片颗粒		
泰恒石场	13.7	14.4	0.7	11.7	12.3	0.6	4.4
甘露石场	13.0	13.6	0.6	11.0	11.2	0.2	2.4
金湖石场	12.2	13.0	0.8	10.2	10.8	0.6	2.1
凤翔石场	12.9	13.7	0.8	10.8	11.6	0.8	5.0
三班岭石场	14.0	14.4	0.4	11.7	12.0	0.3	3.4

碎石的密度和吸水率是两个关联紧密的指标,密度越高,吸水率越低。集料的吸水率会影响混凝土的有效用水量和水灰比,吸水率大的集料配制的混凝土需水量波动性大,质量变异性提高。控制吸水率,可以减少一些坚硬但多孔类的不良集料在路面中的使用。压碎值、吸水率和密度要求如表6-7所示。

粗集料的压碎值、吸水率和密度要求 表6-7

混凝土设计弯拉强度(MPa)		5.5	5.0	4.5	4.0
压碎值(%)	碎石	24	26	28	30
	卵石	20	22	24	26
吸水率≤(%)	碎石	1	1.5	2.0	2.5
	卵石	0.5	1.0	1.5	2.0
表观密度≥(kg/m^3)	碎石	2 700	2 650	2 600	2 550
	卵石	2 650	2 600	2 550	2 500
含泥量≤(%)	0.5	1.0	1.2	1.5	含泥量≤(%)
泥块含量≤(%)	0	0.2	0.3	0.5	泥块含量≤(%)
坚固性(质量损失)≤(%)	5	8	10	12	坚固性(质量损失)≤(%)

5)其他技术指标要求

集料中的含泥状态有团块型、包裹型和分散型,从混凝土的抗弯拉强度角度考虑,控制包裹型含泥量较为重要,但从提高耐磨性考虑,控制团块型含泥量较重要。此外,集料的坚固性对混凝土的抗压强度和抗弯拉强度有一定影响,相关要求可见表6-7。

6.2.3 细集料

1)天然砂

(1)种类

天然砂按照采集源头的不同可分为河砂、山砂和海砂。配制路面混凝土宜采用河砂,这是因为河砂经历千百年的水流冲刷,颗粒坚硬且圆润,级配良好,含泥量等指标相对较易控制,质量较稳定。山砂的软弱颗粒含量相对偏多,质量不稳定,含泥量有时会偏大。海砂则总体级配偏细,需水量大,且表面吸附有氯离子和硫酸根离子,会影响混凝土的耐久性。

砂的质地应坚硬、耐久、洁净,优先选用中粗砂。中粗砂混凝土的施工性能较好,可降低单位用水量和水灰比,提高混凝土的强度和耐久性。细砂或特细砂需水量较大，对混凝土的性能设计不利，且混凝土经表面振动工艺提取的砂浆质量不佳，导致混凝土的耐磨性和抗滑性难以保证，需要采取其他措施才能满足要求。

(2)级配

天然砂的级配应符合规范要求，细度模数宜为2.0～3.5。为了降低混凝土质量的变异性，使用中保证级配的稳定比追求某个级配范围更为重要。当砂的细度模数变化超过0.3时，混凝土的单位用水量改变会超过5kg/m^3，因此应将细度模数差别超过0.3的砂视为不同规格的砂，需分隔堆放。

研究认为，与沥青混凝土集料级配类似，路面混凝土也存在集料级配的关键筛孔，即较公称最大粒径低一级的筛孔，以及细集料的4.75mm与0.075mm筛孔。但该结论仍有待工程实践验证。

(3)其他技术要求

天然砂的技术指标应符合表6-8的要求。

表6-8中指标的核心思想是控制水灰比，因此宜限制砂的吸水率，并由此对表观密度、含泥量、云母含量等均提出了要求。

天然砂的技术要求 表6-8

设计弯拉强度(MPa)	5.5	5.0	4.5	4.0
表观密度≥(kg/m^3)	2 650	2 600	2 550	2 500
吸水率≤(%)	2	3	4	5
含泥量≤(%)	0.5	1.0	2.0	3.0
泥块含量≤(%)	0.2	0.5	1.0	2.0
云母含量≤(%)	0.5	1.0	1.5	2.0
坚固性(质量损失)≤(%)	5	8	10	12
有机质含量	合格			

2)机制砂

(1)母岩类型和生产工艺

我国西部如重庆、贵州，广西西北部和其他很多地区因缺乏优质河砂或河床保护等原因，机制砂成为取代河砂的不二选择。与河砂不同，机制砂是石材破碎生产而成，其粒形、级配、含泥粉量等重要指标受生产工艺的影响非常显著，质量波动性很大。而由于机制砂的生产需要投入破碎、整形、除尘等成套机械设备，除尘、整形工艺会显著影响到产量、效率乃至成本，导致目前路面混凝土所用的大部分所谓的“机制砂”实际上是破碎碎石得来的边角料,即石屑。石屑的粒形差、级配不良、含泥粉量大,配制的混凝土即使强度能够达到要求,但易早期收缩开裂,特别是在表面振动后,石屑中的粉尘会上浮到表面砂浆内,导致砂浆的强度和耐磨性大大降低,抗滑构造损失速率较快,如隆百路某标段有一段为援建地方的乡村道路,采用机制砂混凝土路面,由于机制砂质量较差,路面刻槽在通车仅一年后即磨损严重。

机制砂应采用坚硬、洁净、吸水率低的母岩石料而非边角料破碎生产。生产工艺宜采用所谓的“三破”工艺,其中第三破主要目的为整形,可采用圆锥破或其他整形工艺,同时增设除尘工艺,确保机制砂的粒形、级配和含泥粉量达到要求。

(2)吸水率和石粉含量

机制砂的吸水率大小影响到混凝土的水灰比控制,是机制砂的关键指标。采用坚硬的母岩加工机制砂,且生产工艺适当时,可控制石粉含量。

(3)级配

机制砂的级配应符合技术规范的要求,细度模数宜为2.5~3.5,同一批砂的细度模数变化范围应不大于0.3。

(4)针片状颗粒含量

机制砂的棱角性和空隙率高时,会影响混凝土的单位用水量和水泥用量。目前机制砂的生产工艺差异很大,颗粒的级配和棱角性未得到控制,级配中较粗颗粒和较细颗粒的含量较高,中间颗粒含量较少,配制的混凝土工作性较差。采用短头圆锥破整形工艺,可提高砂的方正率和圆度,减少针片状颗粒含量。机制砂的棱角性可采用松散堆积空隙率间接评价,不宜大于52%。

机制砂的技术要求应符合表6-9的要求。

机制砂的技术要求 表6-9

混凝土设计弯拉强度(MPa)	5.5	5.0	4.5	4.0
表观密度≥(kg/m^3)	2 750	2 700	2 650	2 600
吸水率≤(%)	2	3	5	7
含泥量≤(%)	0.5	0.5	1.0	2.0
泥块含量≤(%)	0.5	0.5	1.0	1.0
石粉含量≤(%)	5.0	6.0	8.0	10.0
坚固性(质量损失)≤(%)	5	8	10	12
有机质含量	合格			

6.2.4 外加剂

1)减水剂

(1)种类

路面混凝土可选用普通减水剂或高效减水剂。糖钙类普通减水剂会增大水泥的早期水化放热,低浓度型β-萘磺酸盐甲醛缩合物高效减水剂的总碱含量高,两类减水剂均不宜选用。当路面有配筋时应控制外加剂中氯离子和硫酸根离子的含量,满足钢筋防锈要求。

(2)与水泥的适应性

建议在允许最高施工温度条件下检验减水剂与水泥的适应性,这是因为水泥依靠石膏与水化铝酸三钙的结合调整水泥的凝结速度,当掺外加剂影响石膏的溶解度时,会造成水泥出现假凝或急凝现象,导致外加剂与水泥不相容。

一般木钙减水剂与掺入无水石膏、磷酸石膏或氟石膏的水泥存在不相容问题。木钙减水剂与使用二水石膏的水泥相容性受木钙性能的影响,采用多元醇类外加剂对各种水泥的相容性较差,羧基酸盐外加剂对氟石膏水泥的相容性较差,醚系外加剂掺量较少时与天然石膏或氟石膏水泥的相容性较差,二甘醇外加剂与水泥的相容性良好。

当适应性不良时,应分析外加剂和水泥的总碱含量及可溶硫酸盐含量,当存在不适应时,应改选减水剂或水泥。

2)引气剂

与建筑、水工等用途的富浆类混凝土不同,为了降低收缩、利于立模和减少塌边,路面混凝土的浆体含量不高,坍落度较低,加上普遍使用较大掺量的减水剂,而减水剂特别是第五代聚羧酸减水剂的掺入虽然能够大幅度提高混凝土的流动性,但混凝土的黏性也会大幅增加。当坍落度较低时,虽利于立模不塌边但不利于内部振动密实和表面饰面,内分层和外分层现象表现显著。使用引气剂后,可以减小使用减水剂对混凝土的不利影响。

国外普遍通过掺入引气剂来提高混凝土的施工性能,反而较少使用减水剂,即使是无冰冻地区的水泥路面,也会在路面混凝土中引入3% ~4%的引气量,这个引气量被认为既能够改善混凝土的施工性能,也不会显著降低混凝土的抗弯拉强度。在日常检测中,由于常规的体积法较为耗时,欧美普遍使用一种叫作Air-Void-Analyzer(AVA)的设备实时检测每车混凝土的引气量,这在本书第1章可以看到。

国内目前较多市售的引气剂是参照减水剂机理生产的，往往表面活性过高，引入气泡过大，但气泡不稳定，在使用中往往会观察到混凝土的初始坍落度显著提高，但坍落度下降很快，混凝土的施工性能并不好，易塌边，强度和其他性能显著下降。优质引气剂应满足分散性好、降低表面张力明显和稳定泡沫的要求，引入气泡的尺寸及间距符合混凝土耐久性的要求，混凝土的坍落度并不会显著上升，但初始黏度会明显下降，混凝土易被振动液化而密实度提高，但经过一段时间的黏度又会上升，混凝土的塌边趋势降低。

即使对于无冻融的湿热地区，仍建议在路面混凝土中使用引气剂，控制混凝土的引气量在3%～5%之间，并建议在配合比设计过程中采用气泡间距系数对引气剂的质量进行评判。

3）缓凝剂

路面混凝土不宜单独使用缓凝剂，这是因为缓凝剂具有聚沉作用，会导致混凝土的黏度迅速增大，建议其与具有表面活性作用的减水剂或引气剂复合使用，从而降低黏度，增强缓凝剂的缓凝效果。宜选用木质素磺酸钙类缓凝减水剂或高效减水剂与无机盐类、醇类或羟基羧酸类缓凝剂共同使用。宜在允许最高施工温度条件下检验缓凝减水剂与水泥的适应性，适应性不良时可分析外加剂与水泥的总碱含量、可溶硫酸盐含量，不适应时需改选缓凝剂或水泥。

6.2.5 矿物掺和料

从近几年的实践来看，路面混凝土在采用矿物掺和料时应较为谨慎，这是因为与其他用途混凝土不同，路面混凝土的服务功能由表面砂浆层提供，砂浆层需要经受车轮的反复磨损，耐磨性要求较高。如果采用质量不稳定的矿物掺和料，轻质的矿物掺和料会上浮至砂浆层，导致路表面的强度和耐磨性降低。

矿物掺和料可选用粉煤灰、超细矿渣等多种材料，其性能设计目标是不同的。从改善施工性能角度出发，可采用干排低钙粉煤灰，粉煤灰的比表面积不小于400m^2/kg，烧失量不大于8%，需水量比不大于95%；为了提高抗弯拉强度，可选用磨细矿渣或粉煤灰掺和料的复合矿物掺和料。粉煤灰的质量等级宜达到Ⅰ级，比表面积不小于600m^2/kg，活性指数不小于90%。磨细矿渣比表面积不低于550m^2/kg，活性指数不小于105%。从改善早期强度及耐磨性角度出发，可选用硅灰，硅灰的比表面积不小于15 000m^2/kg，二氧化硅含量不小于85%，需水量比不大于125%，活性指数不小于100%。

石灰石粉由于活性不高，较少直接掺入混凝土中，但由于石灰石粉是生产机制砂的副产品，当除尘工艺未生效时会大量混杂入机制砂并掺入混凝土中，此时应控制混凝土中的石粉总含量不大于水泥矿物含量的10%，并将石粉计入非活性矿物掺和料中进行评价。其他石粉的最大允许含量应通过试验确定，也不得大于水泥矿物含量的10%。

6.3 混凝土组成设计的变异性控制

6.3.1 设计目标的变异性控制

1)施工性能

摊铺工艺对路面混凝土的施工性能设计提出了新的目标，特别是对于无侧模的滑模混凝土，需确保混凝土的施工黏聚性适宜，在振捣密实阶段黏性下降，利于振动密实，但在振捣完成后又恢复一定的黏性，不会塌边。此外，混凝土应利于表面振动提浆，保证表面砂浆的强度和硬度。

合理的施工性能设计可以确保路面混凝土的工作性适应摊铺机械与工艺的要求，降低混凝土的施工变异性。目前虽然已经出现了多种工作性测试仪器，但考虑到操作技能要求和设备成本，坍落度仍是最为常用和普及的施工性能测试指标，但是，坍落度未能有效地反映道路混凝土的可密实性和立模性能。施工黏度虽然是一个较好的评价指标，但至今仍未有较为简单可靠的测试方法和指标，如振动黏度系数等黏度指标在应用中仍存在一些问题。

对于如何控制滑模摊铺混凝土的施工性能，至今仍有一些争论，即使对于最简单的坍落度，不同厂商生产的滑模摊铺机的要求也不同。欧洲部分国家如德国制造的滑模机建议使用1cm以下的低坍落度甚至零坍落度混凝土，对使用干硬混凝土所带来的难以密实和提浆性不好的问题采用引气剂改善；美国制造的部分滑模机建议混凝土的坍落度为1~3cm，也采用引气剂防止塌边，在使用后置插入传力杆(DBI)工艺时，还采用辅助振动工艺液化传力杆附近的混凝土以降低插入阻力。国内在进口滑模机时，往往因为附属机具较贵而只购买主机，这也是滑模摊铺工艺在国内往往作用发挥不佳的重要原因。

本书编写组提出了一种低阻力混凝土技术，即使用拌和楼出料坍落度为50~70mm的低阻力混凝土，当采用大厚度全宽摊铺方式且使用后置法插入传力杆方式时，坍落度宜增至70~90mm。同时，采用适当的增加水泥用量和砂率、掺入引气剂等方法来防止低流动性混凝土出现塌边，该技术在岑罗路等项目中应用，路面平整度较以往有大幅度提高。

当采用三辊轴摊铺和排式振捣机辅助振捣时，不掺外加剂时的混凝土20℃·h

图6-3 滑模施工低阻力混凝土路面

的坍落度宜为30～50mm。还提出了三辊轴摊铺低阻力混凝土技术，应用该技术可不采用排式振捣机辅助振捣，从而显著降低混凝土的内分层趋势，此时混凝土20℃·h的坍落度宜为70～90mm，整平系数不宜大于1.10，表面砂浆稠度宜为20～60mm。滑模施工低阻力混凝土路面如图6-3所示。

2）抗弯拉强度和模量

根据文献[46]、文献[47]，道路混凝土的28d配制弯拉强度应符合式(6-2)：

$$f_r = \frac{f_{rd}}{1 - t_\alpha C_V} \tag{6-2}$$

式中：f_r——配制抗弯拉强度，MPa；

f_{rd}——设计抗弯拉强度，MPa，见表6-10；

C_V——考虑施工偏差与试验偏差的抗弯拉强度偏差系数，%，按表6-11确定；

t_α——基于双边t分布的强度保证率系数，按表6-12确定。

道路混凝土设计抗弯拉强度值 表6-10

交通荷载等级	极重	特重	重	中等	轻
强度指标f_{rd}(MPa)	5.5	5.0(5.5)	5.0	4.5	4.0

考虑施工偏差与试验偏差的抗弯拉强度偏差系数 表6-11

公路等级	高速公路	一级公路	二级公路	其他公路
C_V(%)	10.0	12.5	15.0	20.0

基于t分布的强度保证率系数 表6-12

公路等级	高速、一级公路	二级公路	其他公路
强度保证率(%)	90	85	80
强度保证率系数t_α	1.645	1.280	1.040

抗变形性能采用弹性模量表示，设计抗弯拉弹性模量建议值符合表6-13的要求，为控制疲劳应力大小，实测弯拉弹性模量不宜大于设计值的1.2倍。

道路混凝土设计弯拉弹性模量与实测弯拉弹性模量要求　　表 6-13

设计弯拉强度(MPa)	5.5	5.0	4.5	4.0
设计弯拉弹性模量(10^4 MPa)	33	31	29	27
实测弯拉弹性模量(10^4 MPa)	≤40	≤37	≤35	≤32

3)抗裂性

抗塑性开裂性能评价可采用平板约束试件试验,将抗裂性划分为五个等级,如表 6-14 所示,路面混凝土由于使用条件较恶劣,又属于薄壁大截面结构物,抗塑性开裂等级宜达到二级以上。为防止塑性开裂,建议掺外加剂或矿物掺和料的混凝土塑性黏度不大于普通混凝土的 1.2 倍。

混凝土早期抗裂性等级评定　　表 6-14

评定等级	一级	二级	三级	四级	五级
满足条件数	4	3	2	1	0

注:试件早期抗裂性评价准则为:仅有非常细的裂纹;平均开裂面积 $<10mm^2$。

为防止温度开裂,混凝土的水化热绝热温升不宜大于 40℃,为防止温度翘曲应力造成面板断裂,路面板切缝前的最大降温温差不大于 10℃。为降低面板的收缩应力和接缝位移量,混凝土的干缩率不宜大于表 6-15 的控制值。

干 缩 率 建 议 值　　表 6-15

交通等级	特重	重	中等、轻
28d 干缩率(10^{-6})	<250	<280	<310
极限干缩率(10^{-6})	<360	<400	<440

宜选用热变形系数小的集料,减少混凝土中水泥浆的体积含量和孔隙率,降低混凝土的吸水率,混凝土的热胀缩系数 α_c 宜小于 1.0×10^{-5}(1/℃)。

4)耐磨性

混凝土的耐磨性主要与其表面硬度有关,表面硬度可采用回弹值反映。当混凝土的施工性能适当及表面提浆工艺合理时,表面砂浆的强度与混凝土的抗压强度相关。因此,在室内设计时,耐磨性可通过耐磨性试验设计保证,但考虑到外分层现象,仍宜检测实体路面表面砂浆的回弹值,砂浆或混凝土耐磨性要求如表 6-16 所示。

5)抗滑性

水泥路面的无宏观纹理抗滑性能是由路表面砂浆的粗糙度提供,以表面摩擦系数表征,可采用平板试件和摆式摩擦系数测定仪测定。高速公路及一级公

路无宏观纹理构造时混凝土的表面摩擦系数不小于0.30，其他公路无宏观纹理构造时混凝土表面的摩擦系数不小于0.25；新建高速公路及一级公路有宏观纹理构造时混凝土表面的总摩擦系数不小于0.45，其他新建公路有宏观纹理构造时混凝土表面的总摩擦系数不小于0.40。

砂浆或混凝土耐磨性要求　　表6-16

混凝土设计抗弯拉强度(MPa)	5.5	5	4.5	4.0
混凝土抗压强度(MPa)	45	40	35	30
混凝土表面回弹值	≥43	≥40	≥37	≥35
混凝土磨耗率(kg/m^3)	≤3.0	≤3.5	≤4.0	≤4.5

6.3.2　设计过程的变异性控制

1)施工性能设计

良好的施工性能是达到均匀优质路面混凝土设计的前提，施工性能变异性设计的主要内容是根据相关设计目标，合理地控制混凝土的屈服剪应力和黏度，准确估算单位用水量，确保混凝土达到易密实、不塌边、易提浆的效果。

(1)单位用水量估算

根据需水性定则，按式(6-3)确定不掺外加剂混凝土单位用水量：

$$W_0 = \frac{1}{3}(S_L + K) \tag{6-3}$$

式中：W_0——集料饱和面干状态下混凝土的单位用水量，kg/m^3；

S_L——混凝土坍落度，mm；

K——与集料种类和吸水率有关的系数，按表6-17确定。

集料种类和粒径对单位用水量的影响值　　表6-17

公称最大粒径(mm)		9.5	16	19.0	26.5	31.5
K	碎石	559	518	515	491	480
	卵石	532	490	485	461	450

根据集料的含水率、吸水率和集料饱和面干状态下混凝土的单位用水量要求，计算集料干燥状态下的单位用水量W。

$$W = W_0 + Gw_G + Sw_S \tag{6-4}$$

式中：W——集料干燥状态混凝土单位用水量，kg/m^3；

w_G、w_S——粗、细集料的吸水率，%；

G、S——混凝土单位粗、细集料的用量。

(2)屈服剪应力

根据水泥的比表面积和水灰比计算的混凝土屈服剪应力如表6-18所示。

道路混凝土屈服剪应力计算结果(单位:Pa)　　表6-18

$S_{比}$(m²/kg) \ W_0/C	0.40	0.43	0.46	0.49	0.52
300	19 351	3 054	1 083	522	282
350	21 788	3 439	1 219	588	318
400	24 271	3 831	1 358	655	354
450	26 641	4 205	1 491	719	389
500	28 869	4 557	1 616	779	421

(3)黏度

路面混凝土的振动黏度可参照式(6-5)计算:

$$\eta_c = \eta_w V_{W0}^{-(aM+b)} \tag{6-5}$$

式中:η_c——混凝土的黏度,Pa·s;

η_w——水的黏度,$\eta_w = 1.338 \times 10^{-3}$Pa·s;

V_{W0}——集料饱和面干状态下混凝土的单位用水体积率,以小数表示。

M——细集料的细度模数;

a,b——经验常数,$a = -0.89$,$b = 9.31$。

(4)施工性能综合设计

流动性混凝土的初始坍落度为:

$$S_L = \frac{2}{g}\left[\frac{\tau_y W_0}{\rho\eta}(0.30 - 2z_0)\right]^2 \times 1\,000 \tag{6-6}$$

式中:S_L——坍落度,mm;

ρ——混凝土表观密度,kg/m³;

η——黏度,Pa·s;

W_0——集料饱和面干状态单位用水量,kg/m³;

τ_y——屈服剪应力,Pa。

不掺外加剂时,温度每增加5℃,碎石混凝土的坍落度降低约15mm,卵石混凝土坍落度降低约10mm。

与不掺减水剂混凝土相比,掺减水剂混凝土的黏度增加不宜超过20%,设计减水率以理论减水率的50%~75%为宜,减水剂的适宜掺量为饱和掺量的0.75倍左右。

(5)引气量计算

引气量宜为3.5%～4.5%，引气剂掺量可根据含气量要求及混凝土黏度要求综合确定，不得超过最大掺量，以防引入过多、过大的气泡。引气混凝土宜根据含气量和耐久性要求，适当减小集料的粒径，如表6-19所示。

不同集料最大粒径对混凝土最大含气量的影响　　表6-19

公称粒径(mm)	9.5	16	19	26.5	31.5
非引气混凝土含气量(%)	3.0	2.5	2.0	1.5	1.0
引气混凝土含气量(%)	7.0	6.5	6.0	5.5	5.0

引气剂与矿物掺和料共同使用时，宜通过试验确定引气剂的掺量，保证气泡含量和尺寸符合设计要求。

2)抗弯拉强度与模量设计

(1)抗弯拉强度

根据配制抗弯拉强度要求，按公式(6-1)或简化公式(6-7)计算水灰比：

$$(W/C)_{\mathrm{eff}} = 1.303 f_{\mathrm{r}}^{-0.652} \tag{6-7}$$

式中：$(W/C)_{\mathrm{eff}}$——水灰比，以小数表示；

f_{r}——配制抗弯拉强度，按式(6-2)计算，MPa。

根据集料公称粒径、水泥抗折强度和砂浆体积率，以计算水灰比为基准，水灰比增减0.01～0.03，计算混凝土的组成和检验抗弯拉强度。

(2)抗弯拉模量

根据抗弯拉弹性模量与抗弯拉强度的关系，按下式设计模量：

$$E_{\mathrm{r}} = A f_{\mathrm{r}}^{n} \times 10^{4} \tag{6-8}$$

式中：E_{r}——抗弯拉弹性模量，MPa；

f_{r}——抗弯拉强度，MPa；

A,n——回归系数，根据集料类型按表6-20取值。

回归系数 *A*,*n* 经验值　　表6-20

粗集料类型	石灰岩碎石	花岗岩碎石	碎砾石	设计规范取值
A	2.412	1.703	1.437	1.09
n	0.16	0.30	0.46	0.66

3)使用性能设计

(1)抗塑性开裂设计

减水剂的掺入会增大混凝土的黏性，导致混凝土的表面析水速率减慢，当析水率低于蒸发率时，混凝土表面易出现塑性开裂现象，因此，在满足有效水灰比控制要求的条件下，需优先采用不掺外加剂的混凝土组成设计方案。

当采用外加剂时，集料干燥状态下混凝土的水灰比不低于0.39，蒸发量为0.75kg/(m^2·h)时，混凝土初凝前不发生塑性收缩开裂，抗塑性收缩开裂等级达到2级以上。

(2)抗干缩开裂设计

可通过控制水泥比表面积、混凝土水灰比和水泥用量，进行干缩性能设计。

$$\varepsilon_{y,d}(28) = 226.7k_S k_{W/C} k_p \tag{6-9}$$

式中：$\varepsilon_{y,d}(28)$——混凝土龄期28d的设计干缩率$\mu\varepsilon$，按表6-15确定；

k_S——水泥比表面积系数，$k_s = 0.3739 + 0.00232s$；

$k_{W/C}$——水灰比系数，$k_{W/C} = 0.2554 + 1.9321W/C$；

k_p——水泥浆体积含量系数，$k_p = 0.6234 + 9.466V_p^2$；

s——水泥比表面积，m^2/kg；

W/C——混凝土水灰比；

V_p——水泥石体积含量，%。

(3)耐磨性设计

按式(6-10)检验混凝土的耐磨性是否符合设计要求时，宜通过室内耐磨性试验检验。

$$M_S = 19.744W/C - 6.035(n = 16, r = 0.9696) \tag{6-10}$$

式中：M_S——表面磨损量，kg/m^2；

W/C——混凝土耐久性有效水灰比(集料干燥状态)。

现场缺少耐磨性试验条件时，可根据表面回弹值评价耐磨性。

$$M_S = 20.24 - 0.4214H\ (n = 16, r = -0.9533) \tag{6-11}$$

式中：M_S——表面磨损量，kg/m^2；

H——表面回弹值，无量纲。

(4)抗滑性设计

抗滑性能可采用滑动摩擦系数表示，采用摆式仪检验。无纹理构造混凝土的表面黏着摩擦系数按表6-21取值，露石或旧路面的摩擦系数应符合表6-22的要求，有宏观纹理构造的混凝土表面构造摩擦系数按表6-23取值。

不同表面颗粒组成及污染类型的黏着摩擦系数分量μ_a 表6-21

颗粒类型	细砂	水泥粉	石灰石粉	黏土
黏着摩擦系数	0.29~0.33	0.25~0.29	0.14~0.22	0.07~0.14

不同尺寸颗粒嵌入变形摩擦系数分量 μ_{p1} 表6-22

颗粒类型	中碎石	细碎石	粗砂	中砂
细度模数	4.5~5.2	3.8~4.4	3.1~3.7	2.3~3.0
模数半径(mm)	1.19~1.93	0.73~1.11	0.45~0.68	0.26~0.42
变形摩擦系数	0.40~0.36	0.42~0.40	0.41~0.42	0.24~0.40

不同纹理净间距和构造深度的构造摩擦系数分量 μ_{p2} 表6-23

纹理净间距 d(mm) 构造深度 TD(mm)	9	12	15	18	21	24
0.6	0.27	0.23	0.20	0.18	0.17	0.16
0.8	0.31	0.27	0.24	0.22	0.20	0.18
1.0	0.35	0.30	0.27	0.24	0.22	0.21
1.2	0.39	0.33	0.29	0.27	0.25	0.23

混凝土表面的总摩擦系数由黏着摩擦系数(或颗粒嵌入变形摩擦系数)与构造摩擦系数组成,按式(6-12)计算:

$$\mu = \begin{cases} \mu_a + \mu_{p2} & \text{新建路面} \\ \mu_a + \mu_{p1} & \text{裸露集料路面} \\ \mu_{p1} + \mu_{p2} & \text{有宏观纹理路面} \end{cases} \tag{6-12}$$

(5)矿物掺和料掺量设计

粉煤灰宜与高效减水剂共同使用,在保持混凝土强度不变的条件下,宜采用粉煤灰超量取代水泥的方案,超量取代系数由实验确定。

6.4 拌和及运输过程中的变异性控制

6.4.1 拌和及运输过程中的变异性影响因素

1)搅拌和运输机械的影响

(1)搅拌机的种类

混凝土搅拌机主要分为自落式搅拌机和强制式搅拌机两大类。自落式搅拌机的搅拌运动不强烈,适用于坍落度大于4cm的流动性混合料;强制式搅拌机依靠搅拌叶片的剪切作用对物料施加剪切、挤压和翻转作用,搅拌效果强烈,更适合用于搅拌低流动性及干硬性混合料。强制式搅拌机又分为立轴式和卧轴式两类强制式搅拌机，卧轴式强制式搅拌机还可分为单卧轴式和双卧轴式强制式搅拌机，大型搅拌楼常用双卧轴式强制式搅拌机。

路面混凝土为低流动性或干硬的混合料，屈服剪应力及塑性黏度很高，宜选用强制式搅拌机搅拌。为了保持铺筑的连续性，要求混凝土的产量很高，且需要在较短时间内搅拌均匀，宜采用基于双卧轴式强制式搅拌机制造的大型拌和楼生产。

搅拌楼的生产能力宜根据摊铺要求确定，满足摊铺施工的连续性要求。搅拌机的出料容量不能超过搅拌机的额定数量，否则会影响搅拌质量，每盘料的混凝土方量不应超过搅拌机的容积系数。

(2)进料方法

①水泥

路面施工的水泥用量达100～180t/h，对原材料的计量精度和供应能力的要求均较高，因此需采用散装水泥、应变电子秤计量和电磁振动给料机给料。采用矿物掺和料时，应增加散装水泥仓和计量装置，与水泥一起或单独由给料机投入搅拌机中。

②集料

集料占混凝土原材料用量的70%以上，其中粗集料用量约占集料总用量的2/3，集料加入方式对进料和搅拌时间均有重要影响。粗集料一般采用2～3级集料配合，如果分别投入搅拌机中，不仅增加进料时间，还会影响搅拌均匀性。大型搅拌机宜采用分级计量和固定料斗投料的方式，分级计量保证每级集料计量准确；各级集料计量完成后同时加入固定料斗中，通过调整各类参数，利用集料的自重或其他方法可实现集料的预混合，约可缩短搅拌和进料总时间的1/3。

③水

不同加水方法对混凝土的搅拌均匀性和搅拌时间有重要影响，研究表明，集中一处加水会导致混凝土的强度变异系数增大，搅拌周期延长，而集中从搅拌筒边缘一处供水的强度变异系数又比集中向搅拌筒中心一处供水的强度变异系数大；从搅拌筒空间分散各处喷水，搅拌周期减短，混凝土强度变异系数降低。

集料预湿法是一种提高加水效率和效果的工艺，通过预先对粗、细集料进行焖料，将集料的含水量调整到饱和面干状态，可利用体积比率大的集料可吸收部分水分的特点，保证集料含水量稳定，提高集料和水的计量准确性，减少水的计量和加入时间，保证加水均匀分散，降低搅拌功率和电流峰值，缩短搅拌时间，提高搅拌均匀性。但如果集料的含水量大于饱和面干含水量,则集料空隙中的多余水会在计量和投料过程中析漏,造成用水量计量误差。

水泥裹浆法也是一种提高加水效率的办法。在搅拌机中先投入水泥,再按裹浆最佳水灰比(0.24~0.30)分散供水,搅拌水泥浆至均匀后,投入全部集料搅拌直到拌和均匀,这种方法能够提高水泥浆体的润滑作用,降低搅拌阻力,从而减少搅拌功率和电流峰值,缩短搅拌时间。水泥裹浆法可与集料预湿法相结合使用。

裹砂法工艺的效果也较明显。在搅拌机中加入水泥和砂并干拌5s,均匀分散加水并搅拌,以砂浆稠度达到50~70mm为宜,然后在砂浆湿拌10s后投入粗集料,这样砂浆可以均匀包裹粗集料形成混凝土。这种方法能够增加浆体的润滑性,缩短加水时间,降低搅拌功率和电流峰值,从而提高搅拌生产能力和混凝土均匀性。裹砂法也宜与集料预湿法相结合。

④减水剂

水溶液同掺法是减水剂在工程中最常用的掺入方法,将外加剂溶解在水中,制备一定浓度的外加剂溶液,计量后与水分别加入搅拌机中或与计量好的水混合后投入搅拌机中,第五代聚羧酸类减水剂尤其需要采用水溶液同掺法,可降低混凝土的黏度和屈服剪应力,降低搅拌过程中的电流峰值和搅拌功率。

同时掺入集料和干粉减水剂后,集料会吸收部分减水剂,减少水泥颗粒表面的外加剂吸附量,降低减水剂的作用效果,导致混凝土的屈服剪应力增大。

外加剂干粉滞水后掺法是在加入全部水后,向搅拌机中均匀加入干粉外加剂,这种掺法会增加搅拌功率,延长搅拌时间,但能减少集料和水泥颗粒对外加剂的吸附,提高干粉外加剂的效果。

外加剂分段掺加法是在搅拌和运输过程中,分阶段多次掺加外加剂,从而保持整个混凝土体系的工作性稳定,采用这种方法外加剂用量会增加,并增大搅拌次数和搅拌功率,特别是路面混凝土由于受运输设备的限制,运输过程中的搅拌能力不强,分多次掺外加剂难以达到搅拌效果。不过欧洲部分国家如德国常在混凝土运输至现场后,才在搅拌罐车内加入外加剂,并利用罐车的搅拌作用保证外加剂与混凝土搅拌均匀。

⑤缓凝剂

缓凝剂的掺量一般较低,为满足搅拌均匀性要求,通常需要制备成水溶液,与水一起投入搅拌机中。

⑥引气剂

引气剂由于掺量很少,且掺量对含气量的影响显著,对计量精度的要求高,因此引气剂常单独或与减水剂复合制备成水溶液,与水一起加入搅拌机中,同时应加入泡沫稳定剂和消泡剂配合,控制合理的气泡参数。

(3)搅拌时间

搅拌时间也是影响搅拌过程中混凝土变异性的主要因素之一,大型搅拌楼所用的卧轴强制式搅拌机的总搅拌时间(即搅拌周期)由进料时间和搅拌时间组成,是进料、搅拌和出料时间的总和,即:

$$T = t_1 + t_2 + t_3 \tag{6-13}$$

式中:T——搅拌周期,s;

t_1、t_2、t_3——进料、搅拌和出料时间,s。

原材料的投料方式影响进料时间,集料的颗粒直径影响从搅拌开始至搅拌均匀的搅拌时间,因此影响搅拌周期的主要因素有投料方式和颗粒直径两种。

进料时间占搅拌周期的1/3~1/2,中、小型搅拌机采用提升斗进料,进料时间为15~20s;大型双卧轴强制式搅拌机由于集料进料数量大,宜采用固定料斗进料方式,进料时间为10~15s。

水的加入时间和方式对搅拌周期有重要影响,从提高搅拌均匀性和搅拌功率考虑,水需要能够尽快均匀的分散,采用"焖料"法预湿集料,可以减少加水量,缩短加水时间和保证搅拌均匀性。

集料的颗粒直径对搅拌时间和功率均有重要影响,集料颗粒越小,搅拌均匀性越好,但搅拌均匀所需的搅拌时间也越长,同时由于混凝土的屈服剪应力增大,导致搅拌过程的阻力越大,所需搅拌功率提高。因此,当使用比表面积大的水泥、矿物掺和料和颗粒较小的粗集料时,应延长搅拌时间,使细小颗粒搅拌均匀。

(4)运输过程

路面混凝土多采用普通自卸汽车运输,运输中混凝土内部的粗、细集料及砂浆由于密度不同,会发生粗集料下沉和水泥浆上浮的现象,导致混凝土内部出现分层离析现象。采用混凝土搅拌车运输,可以降低混凝土的变异性,但同时会增大运输成本。采用侧向布料机的搅拌装置短时间拌和到现场的混凝土,可以显著降低运输变异性。

当运输车辆数量不足时,现场摊铺机会频繁停机等料,导致路面施工质量波动性大,特别是平整度显著下降,因此运输车辆和运输距离必须与混凝土的生产、路面的摊铺速率等相匹配。

2)原材料存放及使用过程中的质量变异

(1)细集料含水量波动的影响

我国目前水泥路面用河砂一般由社会砂场生产,采用自卸汽车运往拌和站,

导致其含水量波动很大，甚至无论搅拌站是采用体积收方或重量收方方法，供应商都会故意增大砂的含水量，达到重量和方量的最大化。不同时间进场的河砂的含水量波动可达5% ~10%，如图6-4所示。

图6-4 进场河砂的含水量变化情况

目前水泥路面施工过程中河砂大都露天储存，当有降雨和空气湿度较大时，不同部位堆放的砂的含水量变异性很大，这是由于砂的渗透性良好，水会从砂堆的顶部往底部流动，导致砂堆上部含水量降低而下部增大；而砂的毛细作用又较弱，砂堆的表面水分易蒸发而内部水分不易蒸发，造成砂堆内外的含水量波动也很大。路面施工时每天的用砂量很大，往往刚进场的河砂便很快使用，如果对河砂的含水量不加以控制，就会造成混凝土的用水量和用砂量波动甚至失控，如图6-5所示。

a)砂的含水量波动对路面表面性能的影响

b)砂的含水量波动对混合料流动性的影响

图6-5 砂的含水量波动对路面表面性能及混合料流动性的影响

由于无法掌控社会砂场，控制砂的进场含水量比较困难，对此收方单位可采取重量法收方，同时采用电阻法测定车厢内部不同部位的含水量，换算为干砂的重量，再根据砂的堆积密度换算为体积后进行收方。

对砂堆存放含水量的控制可采用搭棚堆放、料堆覆盖或及时调整当天使用砂的含水量进行控制，对当天使用的砂，宜采用装载机提前拌和后测定含水量后再使用，减少砂含水量的波动。

(2)集料含泥量的影响

集料含泥量的波动对混凝土的性能有重要影响，含泥量增大会导致混凝土的工作性、抗弯拉强度、耐磨性等重要性能均显著降低。

河砂中所含的泥土主要是采砂时冲洗不干净残留的黏土，在露天堆放储存与运输过程中也容易受粉尘污染的影响，造成含泥量的变化。

我国路面混凝土用的石料主要是通过破碎天然石灰岩得来的碎石，由于母岩山体外面会包裹着厚度变化的泥质山皮，其成分主要是石灰岩风化形成的高液限黏土，因此在不同山体部位开采生产的碎石中，容易混入不同比率数量的高液限黏土。碎石中所含的黏土有包裹型、团块型和分散型，包裹型和团块型黏土对混凝土性能的影响更加显著。河砂和碎石集料含泥量的波动如图6-6所示。

a)河砂集料　　b)碎石集料

图6-6　河砂和碎石集料含泥量的波动

(3)原材料温度的影响

混凝土温度过高会导致蒸发率过大和坍落度损失过快，由于现场常采用坍落度控制单位用水量，如施工温度变化时坍落度改变，会引起用水量乃至水灰比波动，最终影响混凝土的强度和耐久性。新拌混凝土温度与组成材料及材料温度的关系为：

$$t_m = \frac{0.92(t_a M_a + t_c M_c) + 4.18 t_w M_w + 4.18 t_{wa} M_{wa}}{0.92(M_a + M_c) + 4.18(M_w + M_{wa})} \tag{6-14}$$

式中：t_m——混合料温度，℃；

t——材料温度；

M——混凝土单位体积的材料用量，kg；

a，c，w，wa——分别表示集料、水泥、水和集料中水的用量。

水的比热较大，约为其他原材料平均比热的4.54倍，因此降低水温可显著地降低混凝土的温度，在路面混凝土生产中，掺入碎冰、干冰等方法降低拌和水温的效果最为明显。对于集料，搭棚等覆盖措施可防止日光直射，有效降低集料的温度。

(4)外加剂质量波动的影响

外加剂和水泥的相容性是影响外加剂作用效果的重要因素,一般当使用大厂散装水泥且未更换水泥时,水泥的质量较为稳定,而外加剂的质量波动往往在施工过程中较大,这一方面是一些外加剂生产厂家在施工中后期提供的大宗产品与样品质量不符,外加剂溶液的含固量及配方发生了变化;另一方面是在外加剂溶液的长期储存中,由于溶液内部各组分的密度差和阳光的照射,外加剂溶液出现了离析分层现象,导致混凝土的质量出现了波动,外加剂溶液储存罐底宜设搅拌泵,在施工前搅拌均匀。

6.4.2 搅拌设备及工艺的选择

1)搅拌设备和生产能力

路面混凝土宜选用以双卧轴强制式搅拌机为基础的大型全自动计量搅拌楼,并配备足够的集料仓和水泥筒仓,满足集料分级计量和掺矿物掺和料的要求,大型搅拌楼集料进料宜采用固定料斗进料。单车道摊铺时,混凝土的生产能力不宜小于 120m^3/h;双车道摊铺不宜小于 300m^3/h;三车道摊铺不宜小于 400m^3/h。搅拌楼选用的搅拌机型号和出料容量应统一,尽量减少搅拌楼的台数以降低搅拌工艺参数的差异。

2)搅拌工艺参数

(1)投料顺序

路面混凝土生产前,宜采用集料预湿法预先润湿各种集料,使其处于饱和面干状态,并保持含水量均匀稳定。投料顺序为:粗集料→细集料→水泥,掺和料可与水泥同时投入搅拌机中,搅拌 5s 后,边搅拌边均匀加水,在投料 15s 内加完全部水并搅拌至均匀。为了降低搅拌变异性,大型搅拌楼宜预先进行水泥与集料的配料,投入搅拌机后,尽快均匀分散加入全部水。

减水剂宜采用水溶液同掺法掺入混凝土中,不宜采用干粉同掺法,采用滞水后掺法时,需要延长搅拌时间。缓凝减水剂和引气剂应采用水溶液同掺法掺入混凝土中。

(2)搅拌时间

搅拌时间应根据搅拌叶片的行程和对流混合次数确定,全部材料加入搅拌机后的搅拌时间,一般不少于 35s。根据外加剂的类型适当延长搅拌时间。掺减水剂与缓凝减水剂的混凝土搅拌时间应较普通混凝土长约 20%,掺引气剂时需再延长约 10%;掺粉煤灰或磨细矿渣后搅拌时间宜较普通混凝土长 20% ~

50%,与外加剂双掺时,搅拌时间比单掺外加剂时延长约20%。

6.4.3 搅拌变异性指标评价参数

混凝土的搅拌均匀性可采用以下快速检测参数评价:

1)粗集料含量变异性评价参数

检查搅拌机出料、运输车卸料和摊铺完成后拌和物中的粗集料含量,粗集料含量变异性评价参数按式(6-15)确定:

$$V_{e,G}=\frac{G_{max}-G_{min}}{G_{max}+G_{min}}\times 100\% \tag{6-15}$$

式中:$V_{e,G}$——粗集料含量变异性评价参数,%;

G_{max}、G_{min}——粗集料含量测定值的最大值和最小值,kg/m^3。

粗集料的含量采用式(6-16)确定:

$$G=\frac{M_1}{M}\cdot\rho \tag{6-16}$$

式中:G——单位体积中粗集料含量,kg/m^3;

M——试样质量,kg;

M_1——试样中粗集料质量,kg;

ρ——试样的表观密度,kg/m^3。

宜在搅拌机出料的开始、中间过程和结束时取样,一般控制粗集料含量的变异性不大于5%;运输和卸料过程中,分别从料堆的顶部、中部和下部取样,控制粗集料含量变异性不大于8%;摊铺完成后,分别从路面板不同部位取样,粗集料含量变异性不大于5%。

2)砂浆表观密度变异性评价参数

检查搅拌机出料、运输车卸料和摊铺完成后由混凝土筛出的砂浆的表观密度,分析水灰比和砂率的稳定性,砂浆表观密度变异性指标为:

$$V_{e,\rho m}=\frac{\rho_{m,max}-\rho_{m,min}}{\rho_{m,max}+\rho_{m,min}}\times 100\% \tag{6-17}$$

式中:$V_{e,\rho m}$——砂浆表观密度变异性指标,%;

$\rho_{m,max}$、$\rho_{m,min}$——砂浆表观密度测定值的最大值、最小值,kg/m^3。

砂浆表观密度按式(6-18)计算:

$$\rho_m=\frac{\rho-G}{1-\dfrac{G}{\rho_G}} \tag{6-18}$$

式中：ρ_m——砂浆表观密度，kg/m^3；

ρ——混凝土表观密度，kg/m^3；

ρ_G——粗集料表观密度，kg/m^3；

G——单位体积混凝土中粗集料含量，kg/m^3。

搅拌机出料口的砂浆表观密度变异性不大于0.8%，摊铺现场砂浆表观密度变异性不大于1.0%。

3）坍落度变异性评价参数

搅拌机出料口坍落度两次测试差值不宜大于10mm，摊铺现场坍落度差值不宜大于20mm，摊铺现场坍落度不低于搅拌机出料口坍落度的1/2。

6.4.4　装卸料与运输控制

1）运输车辆技术要求

混凝土宜采用搅拌车运输，摊铺需求较大时可选用自卸汽车运输，运输车辆的车厢容积需为5～10m^3，能够装载3～5盘混合料，载重量为10～20t。当混凝土的坍落度大于90mm或运输距离较远时，宜选用搅拌车运输。运输车辆的数量应与机械摊铺能力相配套，按式（6-19）计算：

$$N_q = 2n\left(1 + \frac{\rho q s}{V_q m_q}\right) \tag{6-19}$$

式中：N_q——运输车辆的数量，辆；

n——相同产量的搅拌机台数，台；

ρ——混凝土表观密度，kg/m^3；

q——单台搅拌机的生产能力，m^3/h；

s——单程平均运输距离，km；

V_q——车辆平均运输速度，km/h；

m_q——车辆载重能力，t。

2）运输距离与时间限制

可根据现场实测的坍落度损失速度和摊铺要求的坍落度确定最大运输时间和相应的最长运输距离，一般滑模摊铺施工允许最大运输距离不宜超过20km，三辊轴机组施工则不超过15km。

3）装卸料和运输控制

装料前应清洁车厢或装料罐，洒水润湿并排干积水，自卸汽车车厢的温度不超过35℃,自卸车从搅拌楼卸料的高差不大于2m,装料时应挪动车位,防止装卸料时出现离析。

运输道路应平整,无明显障碍,不能有漏浆、漏料和污染路面现象,车辆起步和停车应平稳,减少颠簸振动,运输过程中不得受雨淋。

车辆倒车及卸料时应缓慢卸料到位,卸料完毕立即离开。车辆不得碰撞模板、基准线或现场仪器设备,碰撞模板或基准线后应立即通知现场施工技术人员重新测量并调整。

当车厢底部混凝土硬化结底不能顺利卸料时,应采用长铁杆或挖掘机等尽快将结底的混凝土凿除并废弃,使车厢保持清洁,并重新润湿车厢。

6.5 摊铺过程中的变异性控制

6.5.1 滑模摊铺施工控制

1)机械配套

(1)主机

滑模机属于自动化、机械化等现代化工艺在路面摊铺技术上的集大成者,主机的几大重要系统一般包括:螺旋布料器系统,为了提高布料速度,有时还辅助有刮板式布料机;振捣系统,一般采用内部振动式振捣机、捣实挤压板、振动梁等组合;成型系统,由虚方控制板、挤压成型模板、横向搓平梁、超级抹平器及尾板组成;调平系统,采用钢丝绳作为基准线,通过传感器自动传递信号,保证路面摊铺厚度、高程和横坡符合要求;行走系统,采用履带式,利用液压驱动和自动控制系统控制。

(2)配套机械

滑模机系统由主机和各类配套机械组成,主机完成基本的摊铺成型任务,配套机械辅助实现各类功能,主机和配套机械的有效组合是铺筑优质均匀水泥路面的保证。一般滑模机的配套机械是选配购买的,部分配套机械价格较贵,导致国内很多单位在购买进口滑模机时,往往因未购买部分重要配套机械,导致了滑模机的部分功能无法有效实现。滑模机的配套机械类别繁多,较为重要和常用的有以下几类:

①后置式传力杆插入成套设备。主要包括两种:一是传力杆插入器和传感器,如边缘横向传力杆插入器、中央横向传力杆插入器和纵向拉杆插入器;二是辅助振动设备,确保混凝土在振动液化状态下插入传力杆或拉杆。

②侧向布料机。摊铺钢筋混凝土路面、桥面铺装或采用前置法安装传力杆时，宜配备侧向上料和辅助布料装置，包括摊铺机自带的侧向供料机、专用侧向供料机、独立侧向布料机，布料机大都带有搅拌设备，可对运料车运来的混凝土做二次短时搅拌，因此混凝土的摊铺效果和均匀性较我国目前常用的长臂挖掘机或吊车加料斗的侧向布料方法要好得多。

③拉毛施工和养生设备。滑模摊铺施工配备拖毛麻布，必要时配备拉毛养生机，此外还需配备刻槽机，满足抗滑构造施工要求。

④切缝机。软切缝机的数量不少于切缝机总数量的1/4。厚度大于26mm时，宜配备足够的深层切缝机，切缝机锯片厚度宜采用1.5mm和5mm两种，薄锯片用于切缝，厚锯片用于施工密封槽，二者数量的比率大约为2:1。

⑤养生设备。配备压力式喷洒养生机、路面清洗设备和足够的洒水车，保证路面养生、清洗的用水量满足要求。

2)重要施工工艺参数设定

滑模摊铺作用过程如图6-7所示。

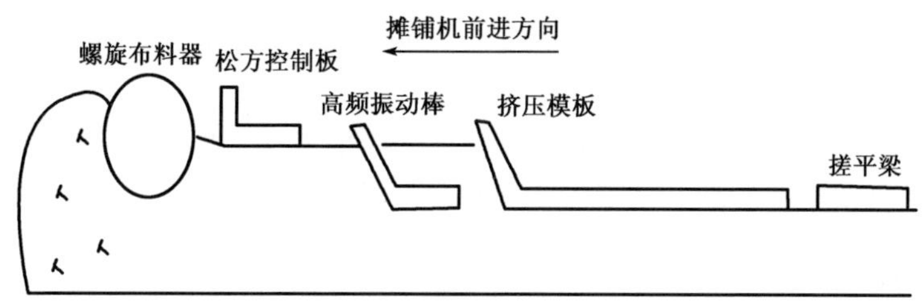

图6-7 滑模摊铺作用过程

(1)基准线设置

基准线应采用线桩安装固定，基准线用钢丝的质量、安装几何尺寸、安装高程需满足相关规定，在重力作用下产生的挠度、风振动和插入传荷装置时的振动幅度需满足平整度控制要求。

(2)振动棒布置

振动棒的间距应根据有效作用半径布置，有效振动作用范围重叠为振动棒有效作用半径的1/2，边缘振动棒离摊铺边缘的距离不大于振动棒有效作用半径的1/2。振动棒水平布置，工作段轴线埋入混凝土的深度不超过预计成型后的面板顶面高度，宜按挤压板最低点控制，如图6-8所示。

(3)挤压板与提浆夯板

前倾角是挤压板的重要参数，对于低塑性混合料宜为2°~3°，对于塑性混合料宜为1°~2°,对于流动性混合料宜为0°~1°。提浆夯板的振幅和频率应满足要求,能够预先将粗集料压入路面中,并对较粗颗粒进行振实,位置宜在挤压板前缘以下5~10mm之间。

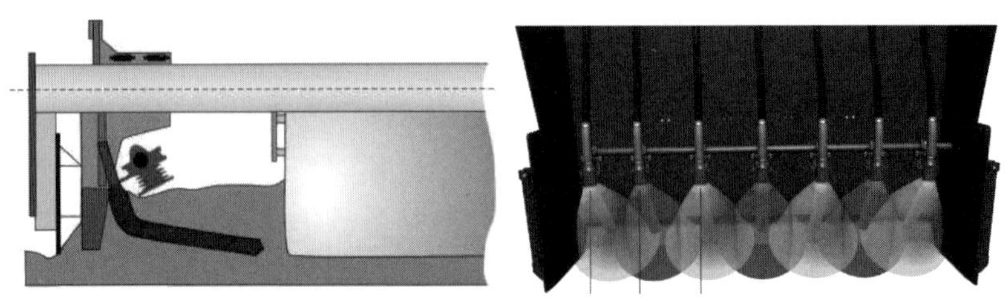

图6-8　振捣棒的布设位置和作用半径

(4)边缘超铺与搓平

边缘超铺高度可根据混凝土的坍落度和施工黏度确定,宜为3~8mm,坍落度越大,黏度越小,超铺高度应越大,并确保混凝土收缩后边缘与中间高度一致,保证路面的平整度。搓平梁前缘宜调整至与挤压板后缘高程相同,后缘比挤压板后缘低1~2mm,并与路面高程相同。

(5)施工参数校准

在直线段采用钢钉或基准线法校准滑模机挤压底板的角点高程、侧模前进方向,在4个角点传感器和两个方向传感器全部挂上基准线后,需检查传感器的灵敏度和反应方向。

开动滑模机进入设置好的桩位或线位,应使摊铺机底板恰好落在设置好的基准线控制高程上,同时调整好滑模摊铺机前后左右的水平度,滑模摊铺机自动行走再返回校核1~2遍,正确无误后方可开始摊铺施工。

(6)铺筑后的检查

滑模摊铺机起步调整至正常摊铺施工过程应在10m内完成,期间不得停机,并进行以下调整:

①路面高程和横坡的调整。通过反向旋转水平传感器,在滑模摊铺机行进过程中缓慢完成。

②路面宽度和平面位置的调整。采用钢尺测量边模板至基准线的距离,缓慢调整方向传感器的水平距离以消除可能出现的误差。

③横向施工缝的施工。将摊铺机退回到已完成工作缝的路面内,挤压板前缘对齐工作缝,调整摊铺机底板角点的高程设置,检查路面的几何尺寸和摊铺机参数满足要求后方可继续摊铺。

3)铺筑作业控制

(1)摊铺前准备

基层应清扫干净并洒水润湿,但不得有泥土、垃圾污染或积水,基层或封层受损部位应提前修复。履带行走的基面应密实、平整、无障碍,确保履带不下陷,可采用碎石硬化,宜将水泥稳定基层的边缘超铺至基面全宽。

分幅摊铺时,纵缝塌肩部位需切割顺直。纵缝拉杆应校正调直,缺少的拉杆应采用钻孔法补齐,钻孔灌水泥浆锚固,纵向施工缝上半缝壁满涂沥青。

(2)布料

滑模摊铺机前的料位高度应高于螺旋布料器轴线之上但低于叶片顶面,不得堆料和缺料,布料速度与摊铺速度相适应。采用刮板式布料机布料时,料位高度应保持在松方控制板控制高度以上,保证进入模板内的混凝土满足摊铺厚度和成型密实要求。松铺系数可参考表6-24确定。

混凝土工作性与摊铺系数的关系 表6-24

流动性	极低	低	中	较高
坍落度(mm)	5~10	10~30	30~70	70~120
密实数 D_S	0.78~0.80	0.80~0.85	0.85~0.90	0.90~0.95
摊铺系数 K_S	1.30~1.25	1.25~1.20	1.20~1.15	1.15~1.10

(3)摊铺

①随时检查松方控制板的进料位置,确保料位高度。进入振动仓的料位高度需保证能够将水平布置于路面高程以上的插入式振动棒全部埋入,但不得低于规定的松铺系数要求。

②摊铺作业应均衡连续进行,不得因追赶、等料或其他原因随意停机。根据不同施工性能的混凝土振动密实成型要求确定摊铺速度,如表6-25所示。

不同施工性能混合料的摊铺速度 表6-25

坍落度(mm)	10~30	30~50	50~70	70~90
振动时间(s)	45~30	30~20	20~15	15~10
摊铺速度(m/min)	0.60~1.0	1.0~1.5	1.5~2.0	2.0~3.0

③上坡施工时当纵坡大于3%时,挤压板的前倾角需调平以降低抹平板压力;下坡纵坡大于3%时,每增加1%,挤压板前倾角增大1°以适当增大抹平板的压力。

④当超高大于3%时,横坡高侧的布料系数应增大,横坡低侧的布料系数需

降低,坡度每增加1%,横坡高侧布料高度增加10mm,低侧布料高度降低10mm。

⑤根据铺筑情况配置拉杆插入装置,分幅摊铺宽度超过4.5m时,需配备拉杆垂直插入机和侧向插入机。

⑥传力杆施工宜采用支架前置法,支架安装牢固,保证传力杆位置偏差符合要求;采用后置法插入传力杆工艺时,可采用在混凝土中掺入引气剂和内养生剂、适度提高混凝土的坍落度、采用辅助振动设备等工艺降低插入阻力。

(4)路面修整

①采用摊铺机自带的搓平梁和抹平板对路面进行修整,修复表面局部麻面和缺陷,局部明显缺料或高出部位应在补料或铲平后由搓平梁搓平。

②搓平后的局部微小缺陷可人工辅助整平,但不得大范围加铺薄层砂浆修整。

③纵缝边缘塌边时需安装辅助侧模或上部安装方形铝型材,然后进行人工边缘修整,保证表面和侧面平整,纵缝顺适。

④摊铺机开始起步摊铺时施工缝采用水准仪抄平,并安装长度大于3m的靠尺或方形铝型材,然后再人工修整。

6.5.2 三辊轴机组摊铺施工控制

1)摊铺机械配套

(1)三辊轴摊铺整平机

根据摊铺路面的厚度选用机械型号,厚200mm以上的路面宜采用轴直径为168mm,桥面或厚度较小的路面可采用轴的直径为219mm。轴长宜比路面宽度大600~1 200mm。振动轴的转速不宜大于300r/min,振动功率宜大于7.5kW;驱动轴的最大行驶速度不大于13.5m/min,驱动功率不小于15kW。

(2)振捣机

当摊铺宽度小于4.5m时,可选用振动梁式振捣机,振动频率为50~100Hz,振动加速度为40~50m/s^2;当摊铺宽度大于4.5m,厚度大于250mm时,可选用排式振捣机组,振动频率为150~200Hz,振动棒的直径为50~70mm。振动棒的间距不大于其有效作用半径的1.5倍,且不宜大于500mm。

(3)配套设备及用具

①一次摊铺宽度大于4.5m时应配备拉杆插入机,拉杆插入机需设插入深度控制和拉杆间距调整装置,机械行驶速度应满足摊铺施工要求。

②一次铺筑宽度大于4.5m时应配备刻槽机,其功率和数量与施工进度相适应,并按比例配备普通切缝机和软切缝机。

③配备足够数量的饰面刮尺和刮板，可采用长3～5m的铝合金刮尺作密实饰面工具，适当宽度的轻质金属刮板作整平饰面工具，饰面工具的接头应采用铰接方式，可调节移动方向、角度及与路表面的接触宽度。

2）重要施工工艺参数设定

（1）模板安装与检查

模板应采用钢模板，质量和安装符合相关要求。模板应悬起安装，每块模板至少垫3～4块垫块，调整好模板的位置和高程后，采用干硬性水泥砂浆及时封模，垫块和封模砂浆不得侵入面板铺筑范围内，不得在基层上挖槽安装模板。模板安装后需拉线检查路面宽度、铺筑厚度，不得随意修整基层，局部基层修整后需及时处理封层或隔离层。

（2）混凝土施工性能要求

设计黏度与单位用水量要求可参见表6-26，坍落度如表6-27所示，密实数和摊铺系数如表6-28所示。

三辊轴摊铺施工的设计黏度与单位用水量 表6-26

公路等级	高速、一级公路	二级公路	二级以下公路
设计黏度（Pa·s）	40～50	30～40	20～30
不掺外加剂单位用水量（kg/m^3）	165～180	170～185	175～190
掺外加剂单位用水量（kg/m^3）	145～160	150～165	155～170

三辊轴摊铺施工的坍落度要求 表6-27

公路等级	高速、一级公路	二级公路	二级以下公路
不掺外加剂（mm）	30～50	50～70	70～90
掺外加剂（mm）	50～70	70～90	90～120

混凝土工作性与布料系数的关系 表6-28

流动性	极低	低	中	较高	高	极高
坍落度（mm）	5～10	10～30	30～70	70～120	120～160	160～200
密实数 D_S	0.78～0.80	0.80～0.85	0.85～0.90	0.90～0.95	0.95～0.98	0.98～1.0
摊铺系数 K_S	1.30～1.25	1.25～1.20	1.20～1.15	1.15～1.10	1.10～1.08	1.08～1.05

整平系数根据振动密实数确定：

$$K_p \geq \frac{1}{D_z} \tag{6-20}$$

式中：K_p——整平高度系数；

D_z——混凝土的振动密实数。

沉入值满足以下要求：

$$S_H \geqslant (K_p - 1)h \tag{6-21}$$

式中：S_H——沉入值，mm；

K_p——整平高度系数；

h——面板厚度，mm。

(3)铺筑工作单元长度

低塑性混凝土需采用插入式振捣机组与三辊轴摊铺整平机联合施工，铺筑工作单元长度宜为10～20m，布料够一个工作单元长度后才能使用排式振捣机组振捣，振捣后需紧跟三辊轴摊铺整平机整平。

塑性或流动性混凝土可不采用插入式振捣机，铺筑工作单元长度宜为20～40m，布料长度达到10m后即可开始三辊轴摊铺整平作业，并在允许工序时间内完成工作单元内的各项密实和成型工作。

(4)工序时间控制

混凝土的运输时间应符合现场摊铺要求，摊铺前混凝土的最小坍落度不宜低于30mm。布料速度不宜低于3m/min，从卸料至完成精确布料的时间不宜超过15min，不满足要求时应采用各类辅助布料工艺，尽快按松铺系数要求布料。

三辊轴整平机应紧跟振捣机整平作业，工序时间相差不宜大于5min，最长不超过10min。整平施工后应在砂浆稠度降至20mm前，及时采用长刮尺或刮板进行表面修整，将稠度超过要求的表面砂浆或水泥浆刮除，在混凝土表面泌水基本完成后，应及时采用刮板最终修整。

3)铺筑作业控制

(1)布料

宜用装载机或挖掘机布料和送料，布料时间与摊铺速度相适应。松铺系数应根据混凝土的坍落度和路面横坡大小确定，坍落度高时取低值，坍落度低时取高值，超高路段横坡高侧取高值，横坡低侧取低值。人工布料时操作工人不得随意踩入作业面内，如内部有配筋时需先安装钢筋。

(2)振捣密实和拉杆安装

布料连续长度大于10m后需进行振动密实作业。排式振捣机间歇式振捣每次移动距离不宜超过振动棒有效作用半径的1.5倍，并不得大于600mm，振动时间为15～30s；铺筑厚度较薄时可采用梁式振捣机或平板振动器振捣，每一位置的振捣持续时间以拌和物停止下沉、不再冒出气泡并出浆为准，不宜少于15s，也不宜过振。

振动后的拌和物表面应高出模板顶面 5 ~ 20mm，表面大致平整，没有人为踩踏和混凝土的分层离析现象，过高时应予以铲除，过低时应采用混凝土及时补平，不得用纯水泥砂浆找平。

振动后应立即安装拉杆，确保拉杆插入机的限位开关调整至合适位置，使拉杆安装在路面板的中间，拉杆插入机每次移动的距离与拉杆间距相同。

(3)整平施工

振动后必须及时按作业单元进行整平施工，采用前进振动、后退静滚的逐遍交叉作业方式，分别为 2 ~ 3 遍。混凝土表面过高时辅以人工铲除，轴下有间隙时应采用同一作业单元内的混凝土找补，振动轴提起的砂浆稠度大于 90mm 时应人工刮除。

4)表面修整

(1)刮尺饰面

整平施工宜在混凝土初凝时间的 1/3 以前完成，并立即开始第一遍刮尺饰面，刮平过程中应调整好刮尺底面与路面的接触角度，刮尺底面前缘离开路面；根据施工温度情况，间隔适当时间后进行第二次刮尺饰面，第二遍应在混凝土初凝时间的 1/2 以前完成。

(2)收浆饰面

当泌水蒸发消失后，在混凝土初凝时间的 2/3 前采用刮板饰面，将集料进一步压紧，确保表面砂浆进一步密实均匀；最后的饰面操作可采用镘刀进行，耐磨性要求较高时应进行抹光处理。

6.5.3　接缝、抗滑构造的制作和路面养生

1)接缝

(1)软切缝

混凝土终凝后可只对横向缩缝进行软切缝作业，用于防止早期断板，采用跳仓切的方法，每隔 2 ~ 3 条横缝切一条，软切缝的深度应大于板厚的 1/5。

(2)硬切缝

当混凝土抗压强度达到 8 ~ 12MPa 时需及时进行硬切缝，否则易导致接缝附近的混凝土开裂，如图 6-9 所示。常温下切缝时间不迟于 12h，低温时也不宜迟于 20h。切缝深度不浅于路面板厚的 1/4，切缝产生的废浆应及时清理。

(3)施工缝

当施工结束或中断的时间超过混凝土初凝时间的 1/2 时应设施工缝，横向

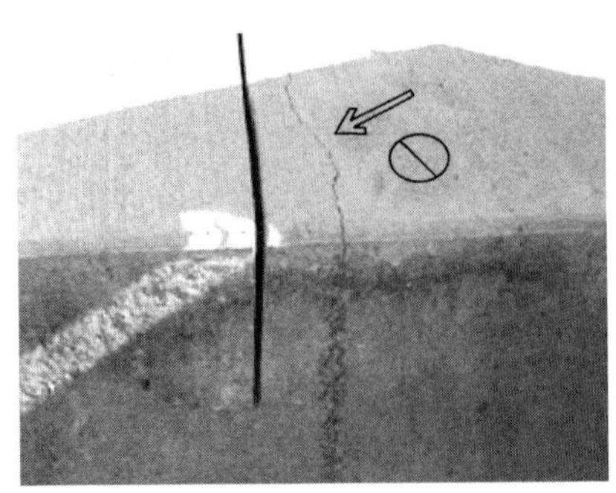
图6-9 切缝时机较晚会导致接缝附近混凝土开裂

施工缝按设计要求设传力杆，纵向施工缝设拉杆。横向施工缝先施工端混凝土的强度达到拆模要求后才能继续另一端施工；分幅施工的路面混凝土达到设计强度50%以上后，方可进行另一幅路面施工，并宜在先施工幅的路面上垫一条橡胶防止纵向施工缝崩边。

(4)胀缝

根据设计和施工温度条件预先确定胀缝位置，胀缝和其两侧的各连续3条缩缝应加设传力杆。胀缝与施工缝重合时，混凝土的浇筑要求与施工缝相同。

(5)封缝

胀缝接缝板可采用杉木板、泡沫树脂板、泡沫橡胶板、沥青纤维板等，胀缝板的质量应符合相关技术要求；衬垫材料可采用闭孔塑料泡沫条、海绵状棒形橡胶条、氯丁橡胶弹性软管等，应耐永久变形，吸水率低，温度变化时不隆起，在高低温下有良好的弹性恢复；衬垫材料与密封材料有良好的相容性，可采用常温施工型、加热施工型或预制型弹性材料。

密封槽应采用切缝机加工成规定的尺寸，清缝后先用压力水冲洗再用热空气吹干，用工具将衬垫材料嵌入到规定的深度。嵌入密封条的顶面应比路面凹下3～5mm，黏结剂固化后方可开放交通。

加热施工型密封材料的加热温度应符合规定，采用专用灌缝机灌缝，密封材料的性能达到要求后开放交通；单组(份)或双组(份)常温施工型密封材料应采用专用灌缝工具施工，密封材料的顶面应加工成凹面，深度为3～5mm，完全固化后开放交通。

2)抗滑构造

(1)拉毛

滑模摊铺机一般自带麻袋拉毛设备，三辊轴摊铺混凝土需要表面收浆后人工拉毛，耐磨性要求较高时需先抹光处理。麻袋拉毛设备、人工拉毛设备及拉毛效果如图6-10所示。

(2)压槽

中等以下交通量路面可采用压槽方式制作抗滑构造，压槽施工需在混凝土初凝时间的2/3时刻进行，压槽作业应连续、用力均匀，保证构造深度达到要求。

a)麻袋拉毛设备

b)人工拉毛设备

c)拉毛效果

图6-10　麻袋拉毛设备、人工拉毛设备及拉毛效果

(3)刻槽

水泥路面优先采用硬刻槽工艺,此时混凝土的抗压强度需达到设计值的50%以上,过早槽壁易破损拉裂,过迟则刻槽难度加大。刻槽机应匀速行走,不得中途抬起或改变方向,路面板边缘应设有托架,保证刻槽到达板边,保证整体纹理构造连通。刻槽后需及时将槽内的浆体、粉末等冲洗干净并恢复养生。

3)养生

(1)初期养生

混凝土初凝后应立即进行初期养生,宜采用喷洒养生剂和覆盖保湿结合的方法。养生剂应有足够的保水率,喷洒后易于辨别,对混凝土的强度和耐磨性无不良影响,喷洒养生剂后覆盖薄膜。

(2)长期养生

宜采用覆盖保湿养生方法,如薄膜覆盖或麻袋、草垫等覆盖加洒水的养生方式。只有当抗压和抗弯拉强度达到设计的80%后方可停止养生,养生期一般不少于7d,掺矿物掺和料时需延长养生时间。

(3)交通管制

养生期间和密封接缝以前严禁车辆通行,混凝土强度达到设计强度的40%以上后可允许行人通行。

6.5.4 掺矿物掺和料混凝土摊铺

掺粉煤灰混凝土宜采用表面振动密实成型方法,不宜采用内部振动器或三辊轴离心式振动方法。

掺磨细矿渣混凝土宜采用表面振动密实成型方式,采用内部振动式振动器振动时,应提高振动频率,减小振动棒的间距,防止形成内分层;采用三辊轴振动整平机离心式振动时,应严格控制振动遍数,防止形成外分层。

掺粉煤灰和掺磨细矿渣的混凝土在温度低于10℃时不宜施工,常温施工需加强早期养生,延长拆模、切缝、纹理制作和养生时间。

掺硅灰混凝土的搅拌时间宜比普通混凝土延长50%~100%,采用高频振动棒与表面振动密实成型的工艺,不宜采用三辊轴整平机离心振动,并提早整平和饰面时机,提前切缝,制作纹理,加强养生以防止早期开裂。

6.6 “湿接湿”双层摊铺技术

普通滑模摊铺机的有效振捣和铺筑厚度一般不超过28cm,当超出该厚度后特别是摊铺厚度超过30cm以上时,摊铺难度显著加大,面板易出现塌边、摊铺均匀性差、振捣深度不足、底部或边部密实度不够、平整度下降等问题,这对施工材料、人员、设备、技术等准备和控制均提出了较高的要求,但我国当前的施工实际难以达到。

仅就机械设备来说,如对滑模摊铺机而言,2005年起高速公路水泥路面施工大都采用全幅一次性摊铺方式,而国内无法自行生产全幅摊铺机,2000年后全国也只进口了一台全幅摊铺机,2000年前进口的摊铺机大多设备老旧,大部分设备特别是整平设备磨损变形严重,无法有效地保证全幅大厚度路面的摊铺质量。在未能进口新型滑模摊铺机和现场人员、设备、材料的质量波动性无法有效控制时,可借鉴欧洲国家采用的“湿接湿”双层路面施工技术。

欧美国家普遍重视环保,对旧路面材料的再生和山体矿体开采等在法律法规中严格限定,广泛使用旧路面回收材料或本地材料铺筑路面,由于这些材料配制的混凝土往往不能满足顶层抗磨耗要求,因此常采用双层式路面,即使用回收材料或本地一般材料铺筑下面层,上面层则使用外运的高质量集料铺筑。当路

面板设计厚度较厚时，也会采用双层式摊铺技术、

部分项目会采用专用的双层式摊铺机一次性摊铺两层混凝土，但大部分项目限于条件，仍采用两台摊铺机一前一后摊铺两层路面，一般在下层路面未初凝前摊铺上层混凝土，确保层间结合紧密，即所谓的“湿接湿”摊铺技术。如德国新慕尼黑二号机场路面采用36cm厚的双层式路面结构，14cm厚的上面层混凝土使用外运的花岗岩配制，22cm厚的下层混凝土采用当地圆砾石生产，传力杆和拉杆置于两层之间。该项目采用了一前一后两个摊铺机进行“湿接湿”施工，如图6-11所示。

图6-11　“湿接湿”双层摊铺技术

采用“湿接湿”摊铺技术后，原来一层厚面板由两层薄面板代替，薄面板对供料和运输能力的要求降低，施工均匀性差和平整度难以控制等问题也大大减轻，传力杆和拉杆在第一个摊铺机后由DBI设备插入下层面板顶端，插入深度不大，插入阻力较小，路面摊铺均匀性的波动降低，平整度更是不受影响，因此，“湿接湿”摊铺技术可能是未来大厚度全幅混凝土路面施工的方向之一。

第7章　加强排水——路面排水技术

路面排水不畅问题历来是导致水泥路面早期破坏的重大隐患之一,而公路特别是高等级公路设置了土路肩和填土绿化的中央分隔带,易被雨水渗入并在其中积水,加剧了水破坏的速度和强度。在2000年前,我国普遍不太重视路面排水系统,但随着水损害问题的逐步显露,近年来路面排水技术得到了更多的重视。

水泥路面的排水设施不是一个独立的部分,宜与路基和桥涵排水系统结合,形成一个排水系统。仅就路面排水系统而言,其包括表面排水、路面内部排水及中央分隔带排水三大系统,相关的排水流量等计算可按《公路排水设计规范》(JTG/T D33—2012)等规定进行。

7.1　表面排水

表面排水可分为漫流排水和集中排水两种。

7.1.1　漫流排水

当公路因路线纵坡平缓汇水量不大,路基填高不大且路基填料为不易被冲刷的黏性土,或虽填土较高但设置了护面墙或有截、排水功能的各类骨架时,可采用路面横向漫流排水方式排除路表水。

分散排水会对土路肩造成冲刷影响,而在以往常被建设者所忽视的是,当土路肩的绿化培草长高时,会对路面分散排水造成阻水效果,因此有部分管养部门建议土路肩顶面的设计高度应从目前普遍的较路面顶设计高度低于5cm改为低于10cm。实际上,对于多雨的湿热地区,考虑到边坡坡面植物会很快形成绿化效果,可考虑将土路肩硬化,减少雨水从土路肩中渗入导致的路面结构水破坏,以及土路肩阻水导致的行车安全隐患。

7.1.2　集中式排水

当路基填土较高,路基采用易被冲刷的砂性土等填料填筑,边坡坡面未做防

护或虽有防护措施但仍可能受到冲刷的路段，宜采用路面集中排水系统排除路表水。对于路线纵坡较大特别是长大纵坡段、超高段、凹形竖曲线底部、桥隧涵结构物与路基相接处等部位，优先采用集中式排水系统。

集中排水系统可根据汇水量的大小采用不同形式、不同材料的拦水带，如图7-1所示，拦水带泄水口的间距可按照《公路排水设计规范》（JTG/T D33—2012）计算确定，泄水口应与路基急流槽相接。

图7-1　采用沥青砂制作的拦水带

7.2　路面内部排水

湿热地区由于多雨季节长且集中降雨量较大，宜设置路面内部排水系统，由路面边缘排水系统、排水基层或排水垫层单独或组合构成。

7.2.1　路面边缘排水系统

路面边缘排水系统沿路面结构外侧边缘设置，由透水性填料集水沟、纵向排水管、横向出水管和过滤织物等组成，《高等级公路水泥混凝土路面设计规范（征求意见稿）》推荐的两种边部排水形式如图7-2所示。

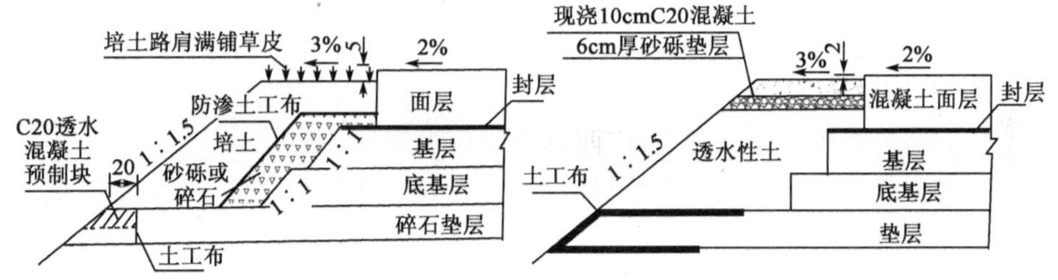

图7-2　两种典型的路面边缘排水系统（尺寸单位：cm）

对于易产生路面结构层间积水的挖方边沟内侧和桥面、挡墙边部段落，特别是当桥面、路面上需再铺筑沥青罩面时，可在路面边缘设置碎石或无砂大孔混凝土渗沟，排除路面结构内部的多余水分，设于路床的渗沟外侧可铺反滤织物，渗沟内可用级配碎石等透水性填料满填并夯实，其上可再铺筑薄层混凝土，设于桥面和挡墙边缘的碎石渗沟如图7-3所示。

图 7-3　桥面边缘排水碎石渗沟

7.2.2　排水基层、垫层

1)排水基层

作为典型的湿热地区,广西曾在柳南路宾阳至南宁段铺筑了贫混凝土排水基层试验路,使用 15cm 厚、28d 抗压强度不超过 15MPa 的排水贫混凝土基层,该路段 2000 年通车,交通量繁重,但在 2009 年调查时仅发现有个别板块开裂,总体使用效果良好,可惜此后并未大面积推广应用,仅广西交通科学研究院在百色市水利枢纽专用公路铺筑了 20km 试验路段,其他也有个别项目在一些隧道路面及服务区广场道面修建了一些试验段,使用状况均良好。

排水贫混凝土基层的 7d 实测抗压强度不宜小于 5.0MPa,28d 强度不宜小于 7.0MPa,设计空隙率不宜低于 18%,28d 空隙率不宜低于 20%,宜采用间断级配粗集料配制无砂大孔混凝土或少砂多孔混凝土。

广西于 2000 年前后也在部分项目中铺筑了一些排水性的水泥稳定或沥青稳定类基层试验段,但未得到大规模推广应用。

对于非排水类基层顶面宜设置不透水层阻截自由水下渗,可采用各类不透水土工布、膜或各类沥青稳定封层、功能层等。

2)排水垫层

在典型的湿热地区省份中,广西具有使用级配碎石垫层的传统,广东、海南等省近年来也较普遍使用各类粒料层,粒料层本身就具有透水、排水效果,铺筑时宜横跨路基全断面,边部需反包满足反滤要求的土工布或设置透水性材料制备的预制块。

7.2.3　排水路肩

为解决不透水性土路肩挡水导致的路面结构内部排水不畅的问题,广西近年来在部分公路特别是地方公路的养护中对路肩进行硬化处理,并尝试设置边缘排水系统和排水盲沟,排除路面结构内部积水。

无砂混凝土边缘排水盲沟具有良好的排水能力和侧向约束能力,在南宁至北海高速公路的养护中得到了广泛应用。广西还开发了无砂混凝土透水路肩，设计厚度与垫层及基层相同，其上铺设土工布后回填土，回填土厚度与混凝土面板厚度相同，可达到辅助排水和路肩绿化的双重作用。透水混凝土路肩试验图如图7-4所示。

图7-4 透水混凝土路肩试验图

7.3 中央分隔带排水

中央分隔带内部填土，易积水和侧向渗水，当水渗透到路面结构层间及路床顶时，会导致各类水损坏的发生，如2000年前广西为了降低造价与减少征地，中央分隔带普遍宽度较窄且全封闭硬化，水损害现象较少，但此后随着加宽中央分隔带并在其中采取填土绿化措施后，该类病害问题逐渐增多。

中央分隔带排水系统的主要作用是排除中央分隔带下渗水，一般路段应设置纵向管式渗沟和横向排水管，横向排水管与排水系统衔接。超高路段还应设置纵向集水沟、集水井及相应的横向排水管，填方路段需设置边坡急流槽，将超高侧流向中央分隔带的路表汇水通过横向排水管、急流槽排入排水沟中。

详细的中央分隔带排水设计可参考《高等级公路水泥混凝土路面设计规范(征求意见稿)》。

第8章　实践与体会——实体工程的铺筑

本书编写组的部分成员在总结与提炼已参加过的多个科技项目成果和国内外相关工程应用经验教训的基础上，编写了《耐久性水泥混凝土路面设计与施工技术指南》，用于指导湿热地区公路水泥路面的设计与施工，并在广西多个公路项目中铺筑了实体工程，检验了本书所提出的部分实用技术的应用效果。

8.1　筋竹至岑溪高速公路实体工程

筋竹至岑溪高速公路（以下简称“岑罗路”）主线长38.589km，双向四车道，是广西高速公路网规划中岑溪至百色高速公路的重要组成部分，建成于2010年4月，两端分别相接广东云浮至罗定高速公路和广西岑溪至兴业高速公路，是广西东西向重要公路通道之一，也是大西南途经广西通向珠三角的主要走廊，在2013年12月云浮至罗定高速公路通车后，岑罗路的交通量明显上升。

岑罗路原设计路面结构为：20cm级配碎石垫层+20cm水泥稳定碎石底基层+20cm水泥稳定碎石基层+30cm普通混凝土路面板，路面混凝土设计强度为5.0MPa。实体工程主要验证以下技术：

（1）路基稳定性技术。

（2）“哑铃式”大厚度路面结构设置技术。

（3）低阻力路面混凝土施工技术。

8.1.1　实体工程验证技术

岑罗路沿线高填深挖路段众多，广泛分布各类黏性土乃至高液限土路基，以致较多高填方路段、填挖交界和结构物台背存在显著的差异沉降，对水泥路面结构的稳定性和使用功能存在较大的威胁。为了经济高效地提高路面的使用寿命和功能，基于本书前面所述的相关处理技术，采用以下思路：

（1）对缺少合格填料而不得不采用高液限土填筑路基的部分段落，指导部

分施工单位使用了“包芯法”、铺设土工格栅等多类缓解路基差异沉降的措施。

(2)根据路基填高的不同,采用不同厚度的粒料或无黏性土换填上路床至全路床深度,同时使用较厚的粒料垫层,利用无黏性土和粒料的触变性协调高液限黏土路基的差异沉降变形。

(3)采用单层贫混凝土基层替代双层水稳基层,在设计中建议限制贫混凝土基层的强度和厚度,降低基层刚度,从而在保持贫混凝土基层抗冲刷能力强的优势下,提高基层与面层的变形协调性,减少基层与面板之间的温度翘曲变形脱空,降低路面板所受的温度应力。

(4)在设计中建议采用较厚的面板,充分抵御重载、超载车辆的荷载作用,同时厚面板也可承载一部分面板和基层层间脱空导致的附加应力作用。

(5)对路面混凝土的组成设计和施工工艺进行优化,建议采用低阻力路面混凝土技术,提高路面的施工质量。

上述第一项措施作为技术建议已在岑罗路沿线普遍应用,相关具体措施与技术效果已在本书第4章中叙述。而为了验证后四项措施,本书编写组的部分成员于2009年在岑罗路K1+855~K4+336.98段铺筑了实体工程。

8.1.2　“哑铃式”路面结构的验证

1)路面结构设置

按照本书第5章的路面结构设置理念,在实体工程设置“哑铃式”大厚度水泥路面结构如表8-1所示。

“哑铃式”水泥混凝土路面各结构层厚度　　表8-1

结构层材料类型	结构层厚度(cm)	
普通水泥混凝土面层	30	路面结构总厚度90cm
养生塑料薄膜隔离层	不计厚度	
贫混凝土基层(7d设计抗压强度7.5MPa)	15	
级配碎石垫层	25	
级配碎石或未分档碎石粒料变形协调层	20或更厚	
无黏性土或粒料处理路床	按照路基填高处理路床厚度80~150cm不等	

2)粒料层的设计与施工

粒料变形协调层和级配碎石垫层压实度不小于97%,级配碎石的质量和级配基本按《公路路面基层施工技术细则》(JTG/T F20—2015)的要求控制。

粒料层施工时应注重控制最大粒径防止离析,同时严格控制0.075mm以下细料的用量，确保粒料层形成密实骨架结构，施工时采用400g/m^2 的非织造土工布包边以防止粒料层松散和路床中细粒土进入，底面包边长度不少于1.5m，顶面包边长度不少于0.5m。

粒料层摊铺因条件限制，采用平地机施工，设专人及时消除粗细集料离析现象，采用振动压路机和轮胎压路机组合碾压振实的方式，级配碎石垫层和变形协调层分两层碾压，采用承载板试验检验回弹模量。

3）贫混凝土基层的设计与施工

施工中注重控制贫混凝土基层的强度和厚度，贫混凝土的坍落度控制为10～30mm，单位水泥用量控制在125～150kg/m^3，7d设计抗压强度为7.5MPa，实际钻芯芯样的抗压强度为5.0～10.0MPa，其他原材料技术指标应符合相关规范要求。

贫混凝土基层采用滑模摊铺机铺筑，参照路面混凝土铺筑的相关规定执行，并在对应于路面板切缝的位置对基层切缝，切缝时机根据强度发展情况进行，切缝深度不宜小于板厚的1/4且不小于40mm，切缝后尽快采用热沥青灌缝。基层成型后覆盖薄膜养生，养生时间不少于14d，养生期间除洒水车外封闭交通，养生结束后紧跟铺筑混凝土面层。

8.1.3 低阻力路面混凝土施工技术验证

1）实体工程的目的

如何提高全幅大厚度面层混凝土的施工均匀性，确保混凝土在内部振捣时易密实、表面提浆时易起浆、摊铺完成后不塌边，解决滑模摊铺时混凝土不塌边和易密实两个看起来矛盾的流变性问题，是长期困扰国内工程技术界的一大难题，也是影响近年来滑模摊铺施工质量的制约性因素。国内一些单位曾针对此进行过持续性研究，提出了很多创新性成果，技术主旨主要是改善混凝土的施工性能，代表性的如交通运输部公路科学研究院田波等参考国外施工理念提出的零坍落度引气混凝土技术，部分单位提出的高掺量粉煤灰混凝土技术及聚合物混凝土等。此外，很多专家学者呼吁引进国外常用的双层混凝土摊铺技术，降低大厚度路面摊铺的技术难度。

本书编写组部分成员在梁军林的带领下，在对路面混凝土变异性的研究过程中，采用了不同于以往路面混凝土设计追求干硬和高强度的观念，以配制低阻力合理强度的混凝土、降低混凝土的施工变异性、提高路面的铺筑质量为目标，围绕着低阻力道路混凝土设计理念，革新了设计、拌和、摊铺等一系列工序，相关技术包括低阻力混凝土搅拌工艺、大厚度路面滑模摊铺技术、大厚度路面三辊轴摊铺技术、传荷装置施工方法和养生工艺等成套技术。

2）混凝土组成设计

（1）滑模摊铺混凝土

为了实现路面铺筑时的易密实、防塌边和易起浆等效果，提高到场路面混凝土的坍落度至 50 ~ 70mm，并适当提高水泥用量以提高混凝土的屈服剪应力，调整外加剂用量以调整混凝土的黏度系数，降低施工阻力。实际施工中，发现混凝土的坍落度不宜大于 60mm，控制在（50 ± 5）mm 较好，否则易出现塌边现象，需临时辅助立木模。

水泥采用北流海螺 PO. 42.5 水泥，细集料采用岑溪本地南渡产河砂，粗集料采用 4.75 ~ 26.5mm 的合成级配碎石，外加剂采用 CNF-3 型引气缓凝减水剂，水采用河水。

混凝土的配合比设计及试验结果如表 8-2 所示，现场配合比的调整采用保证到场坍落度和水灰比不变，调节单位水泥用量、单位用水量、外加剂掺量的方法。混凝土的计算屈服剪应力为 τ_y = 2 157Pa，η = 26.21Pa · s，出料的计算坍落度和实测坍落度均为 50mm 左右。

滑模施工低阻力混凝土配合比及试验结果　　表 8-2

用水量（kg/m^3）	砂率（%）	水泥用量（kg/m^3）	配合比（重量比）	坍落度（mm）	容重（kg/m^3）	实测弯拉强度（MPa）	
			水泥:砂:碎石:水:外加剂			7d	28d
140	35	360	1:1.85:3.44:0.49:0.012	50	2 388	5.49	6.69

（2）三辊轴摊铺混凝土

调整混凝土的配合比为水泥 : 砂 : 碎石 = 1 : 2.14 : 3.45，单位水泥用量为 340kg/m^3，单位用水量为 153kg/m^3，外加剂掺量为 1.2%。混凝土的计算屈服剪应力为 τ_y = 245Pa，黏度系数为 η = 6.5Pa · s，实测坍落度为 80mm。

3）施工控制关键技术

低阻力混凝土的相关技术理念除实体工程外，还不同程度的应用于整条岑罗路，主要包括低阻力混凝土搅拌工艺、低阻力混凝土滑模摊铺技术、低阻力混凝土三辊轴摊铺技术三大内容。

（1）低阻力混凝土的搅拌工艺

岑罗路路面施工分 A、B 两个合同段，A 合同段搅拌站配备 L150 型搅拌机 3 台，B 合同段配备 ORU160 型搅拌机 1 台，L120 型搅拌机 3 台。由于搅拌机产量不高且数量较多，影响和制约了混凝土搅拌质量的稳定性。由于低阻力路面混凝土的振动密实时间缩短为15~30s，摊铺速度提高至0.8~1.6m/min，因此要求搅拌楼的混凝土生产能力达到300m³/h以上，而由于搅拌楼的生产能力不高，为了降低施工变异性，只能在投料时间、投料方式和搅拌时间上加以改进，以最大限度地发挥搅拌机的生产能力。

①集料预湿工艺

鉴于细集料的含水量变异性较大，为保证在拌和水可均匀分散的同时缩短加水时间，采用了细集料焖料预湿法。在施工前将细集料的含水量调整至饱和面干状态，这是因为集料过湿时水分易渗出，影响用水量控制的准确性，过干则含水量波动大，并增加搅拌机的加水量和加水时间。实践证明，细集料预湿法能够有效地控制水灰比的波动，提高搅拌均匀性，如图8-1所示。

a)

b)

图8-1 河砂二次转运、焖料的效果

②集料预混合和固定料斗投料法

集料预混合和固定料斗投料法是通过皮带输送机分别计量，同时上料，各种集料在固定料斗中预混合后再投入搅拌机中，如图8-2所示。

a)粗细集料通过皮带输送机上料

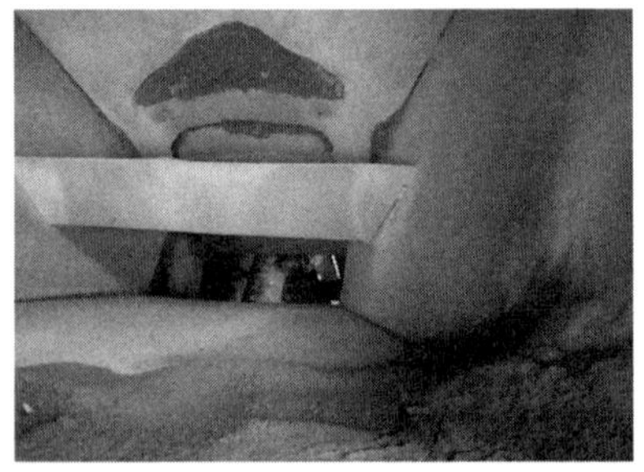

b)集料在固定料斗中预混合后通过固定料斗上料

图8-2 集料预混合和固定料斗投料法

③控制集料料源

采用同一料源的河砂和碎石，减少了因材料吸水率及含泥量的波动对混凝土施工性能的影响，显著提高了材料组成的均匀性。

实践证明，采用低阻力混凝土搅拌技术可在保证同等搅拌均匀性条件下，缩短混凝土的搅拌周期10～20s，提高生产效率20%～30%，搅拌楼的实际生产能力接近额定生产能力，两个合同段的实际混凝土产量可达350m^3/h以上，保证了滑模摊铺的连续性摊铺要求。

(2)低阻力混凝土滑模摊铺工艺

低阻力混凝土的坍落度控制在50mm左右，属于低流动性塑性混凝土，易密实提浆，且具有一定的自流平性能，布料系数低，布料速度提高。混凝土卸料容易，卸料后料堆高度也降低较快，使用挖掘机辅助布料便可实现布料高度控制，保证螺旋布料器前方的料位高度，如图8-3所示。

低阻力混凝土虽然坍落度较大，但屈服剪应力仍高于正常的低塑性混凝土，因而不易产生塌边和麻面，如图8-4所示。低阻力混凝土的黏度系数较低，施工阻力小，摊铺速度快，表面修整容易，成型效果良好，如图8-5所示。实践证明，采用低阻力混凝土技术大大改善了混凝土的施工性能，基本协调了滑模施工时混凝土易密实和不塌边两个较为矛盾的难题。

图8-3　低阻力混凝土易布料和提浆

图8-4　使用低阻力混凝土可有效控制塌边和麻面

低阻力混凝土由于黏度系数小，DBI插入传力杆时受到的施工阻力显著降低，因此可在无辅助振动设备的条件下采用DBI工艺，加上实际施工时加强了对滑模机行进轨道的中央分隔带和土路肩的整平和压实，未发现以往出现的摊铺机履带陷入土基或机架被抬起的现象，如图8-6所示。

(3)低阻力路面混凝土三辊轴施工

宽幅大厚度路面摊铺需采用重型三轴机，此时因辊轴直径较大，而振动轴的有效密实深度有限,需要依靠内部振动式振捣机预先振动密实液化混凝土,同时降低混凝土的表面高度,才能实现摊铺和整平施工,这对摊铺速度和均匀性都是考验。采用低阻力路面混凝土可确保摊铺速度,减少停机,满足摊铺均匀性,如图8-7所示。

图8-5　低阻力混凝土易施工成型

图8-6　低阻力混凝土可采用后置式插入传力杆法

图8-7　三辊轴机组(有排式振捣棒)施工低阻力混凝土

三辊轴摊铺的路面易出现外分层病害,三辊轴机依靠振动轴转动产生的离心力提浆,易造成路表面砂浆离析,需检测表面砂浆稠度,将稠度大于90mm的砂浆刮除。一般振动遍数越多,表面离析越严重,现场试验表明,施工坍落度为20mm的混凝土,需振动3~5遍才能达到成型要求,此时表面砂浆稠度会由20mm增加到140mm以上;施工坍落度为90mm的混凝土振动两遍即可达到成型要求,表面砂浆的稠度变化不大,一般为70~90mm。因此,从减少表面砂浆离析的角度出发,采用流动性更好的低阻力混凝土施工比较合理。

低塑性道路混凝土屈服剪应力高，施工阻力大，当需摊铺大厚度面层时，由于三辊轴整平机的施工能力有限，需要排式振捣机辅助内部振动，当振动棒插入混凝土内部连续移动时，容易形成以振动棒为中心的内分层，增加路面的施工变异性。低阻力混凝土的屈服剪应力 $\tau_y \leqslant 500\text{Pa}$，黏度系数 $\eta \leqslant 6.0\text{Pa} \cdot \text{s}$，分别仅为普通混凝土的1/2 和1/5 左右，施工阻力因此可减少50%，此时可取消排式振捣棒，从而根除了导致质量波动的一大施工因素，大大减少了混凝土在偏心振动轴离心密实成型过程中产生的内分层和外分层现象。

无排振三辊轴施工混凝土的水泥用量宜较低阻力混凝土提高5% ~10%，根据水泥用量的不同，砂率可提高至35% ~40%，如表8-3 所示。由于摊铺速度快，振动遍数少，铺筑作业单元长度可延长至20 ~40m，布料长度达到10m 后便可开始三辊轴摊铺整平作业，并在允许工序时间内完成作业单元内的各项密实和成型工作，防止长距离赶浆。

低阻力混凝土的水灰比及最小水泥用量要求 表8-3

W/C	0.43	0.45	0.47	0.49	0.51
C 不低于(kg/m^3)	380	370	360	350	340
τ_y(Pa)	300 ~500	220 ~300	160 ~220	120 ~160	90 ~120
η 不大于(Pa·s)	6.0	5.0	4.5	4.0	3.5
S_L(mm)	130 ~180	90 ~130	60 ~90	40 ~60	30 ~50

8.1.4 实体工程的检测与评价

1) 交工时评价

岑罗路于2010 年4 月通车，前期交通量不大，2013 年12 月在所接广东云浮至罗定高速公路通车后，交通量增长迅速。2010 年4 月交工时的面层厚度及混凝土强度评定结果如表8-4 和表8-5 所示。从中可见，低阻力混凝土路面更为均匀优质，面层厚度和强度的合格率较高，施工偏差较低。岑罗路路面施工外观如图8-8 所示。

岑罗路路面厚度评定 表8-4

合同段	施工桩号	路线长度(km)	检测点数 n	设计值(mm)	平均值(mm)	标准差 σ	代表值(mm)	合格点数 n	合格率(%)
A	K1 +570 ~K9 +860	8.29	78	300	302	11.06	300	78	100
	K9 +860 ~K20 +850	10.99	98	300	303	9.26	301	98	100
B	K20 +850 ~K40 +089	19.239	226	300	305	10.56	304	223	98.7

岑罗路路面混凝土强度评定 表 8-5

标段	施工桩号	路线长（km）	检测点数 n	设计强度（MPa）	平均强度（MPa）	标准差 σ	合格点数 n	合格率（%）
A	K1 +570 ~ K9 +860	8.29	79	5.0	5.72	0.41	79	100
	K9 +860 ~ K20 +850	10.99	104	5.0	5.34	0.35	104	100
B	K20 +850 ~ K40 +089	19.23	236	5.0	5.69	0.80	230	97.5

图 8-8 岑罗路路面施工外观

路面抗滑构造深度检测结果见表 8-6，平整度检测结果见表 8-7，从中可见，采用低阻力混凝土后，路面的表面功能较 2005 ~ 2008 年修筑的几条高速公路水泥路面有明显提升，特别是平整度合格率有显著提高，如图 8-9 所示。

岑罗路抗滑构造深度评定 表 8-6

合同段	检测路段	检测点数	平均值 TD（mm）	标准差	变异系数（%）	设计值（mm）	合格点数	合格率（%）
A	K1 +570 ~ K9 +860	84	0.79	0.06	8	0.7 ~ 1.1	82	97.6
	K9 +860 ~ K20 +850	109	0.81	0.04	5	0.7 ~ 1.1	109	100
B	K20 +850 ~ K40 +089	197	0.81	0.07	8	0.7 ~ 1.1	192	97.5

岑罗路平整度检测评定 表 8-7

合同段	检测路段	检测结果（标准差 σ）mm				实测段数	合格段数	合格率（%）
		最大值	最小值	平均值	规定值			
A	K1 +570 ~ K9 +860	1.98	0.69	1.04	1.2	302	271	90.1
	K9 +860 ~ K20 +850	2.76	0.88	1.15		400	335	83.8
B	K20 +850 ~ K40 +089	3.36	0.73	1.16		810	707	87.3

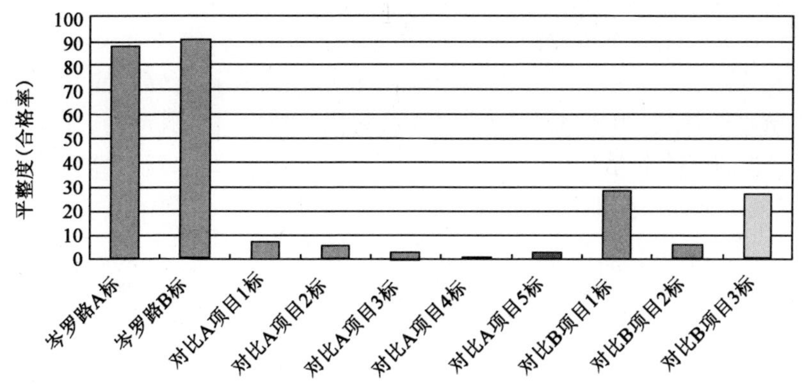

图 8-9 岑罗路与部分高速公路的路面平整度对比

2)使用期间评价

2013 年即项目通车 3 年后,管养单位委托广西金盟工程有限公司对岑罗路开展了路况检测和技术状况评定工作,相关结果如下:

(1)路面使用性能指数 PQI 平均值为 92.5,处于优等水平,其优良路率为 100%,无次差路。

(2)实体工程所在的路段路面损坏状况指数 PCI 平均值为 94.5,处于优等水平。

(3)路面行驶质量指数 RQI 平均值为 88.0,处于良等水平,优良路率为 98.33%,次率为 1.67%。

(4)实体工程所在段落的路面抗滑性能指数 SRI 平均值为 99.8,处于优等水平,其优良路率为 100%。

上述结果说明实体工程在通车 3 年后,路面的各项路用性能均下降不大,相关结果优于过去数年国内通车的几条高速公路水泥路面,这虽然与该项目在通车两年内交通量不大有关,但也说明了哑铃式路面结构实体工程经受了时间的考验,使用性能与寿命与其他成本更高的大厚度基层水泥路面相当。当然,长期使用效果仍待验证。

8.2 隆林至百色高速公路实体工程

8.2.1 铺筑目的和项目简介

隆林至百色高速公路(以下简称"隆百路")实体工程主要验证低阻力机制砂混凝土铺筑工艺,相关技术是在岑罗路低阻力河砂混凝土施工的基础上,考虑机制砂的特殊材质而对混凝土配合比改进而得来。

隆百路起于黔桂交界处隆林平班，止于百色市四塘，主线全长177.849km，采用复合式路面结构：20cm级配碎石垫层+20cm水泥稳定碎石底基层+20cm水泥稳定碎石基层+0.6cm乳化沥青稀浆封层+28cm机制砂混凝土下面层+1cm橡胶沥青应力扩散层+4cm橡胶改性沥青混凝土罩面，隆百路因沿线缺少河砂，混凝土下面层全部采用石灰岩质机制砂配制。

为了增加机制砂混凝土下面层和薄层橡胶沥青混凝土罩面的黏结力，在机制砂混凝土路面表面采用了拉毛刻槽工艺，《薄层橡胶沥青在北部湾水泥路面中的应用技术研究》的研究成果证实，保证刻槽的质量对保持橡胶沥青罩面和机制砂混凝土下面层的黏结力乃至复合式路面的整体寿命是至关重要的，因此机制砂混凝土下面层虽然不直接经受车轮磨耗作用，但对其耐磨性的要求与施工性能、强度等性能均同等重要，而机制砂中由于石粉含量大且密度较轻，振捣时易上浮，易导致路表砂浆的强度和耐磨性较河砂混凝土显著降低，因此需着重防止外分层现象的出现。

8.2.2 低阻力机制砂混凝土的组成设计

机制砂的石粉含量较高，配制的混凝土屈服剪应力和黏度较高，如采用低塑性混凝土，坍落度损失较快，施工阻力增长较快，施工难度显著加大，对此采用了低阻力混凝土技术。

控制滑模摊铺机制砂混凝土的现场坍落度不低于70mm，三辊轴摊铺机制砂混凝土的现场坍落度不低于90mm。水泥采用广凌PO.42.5水泥，机制砂采用石灰岩质机制砂，碎石采用4.75～26.5mm连续级配碎石。低阻力机制砂混凝土配合比如表8-8所示，施工性能和强度试验结果如表8-9所示。

低阻力机制砂混凝土配合比 表8-8

序号	用水量（kg/m^3）	水泥用量（kg/m^3）	粉煤灰（%）	外加剂（%）	砂率（%）	设计配合比 水泥:砂:石:水
1	146	356	0	1.4	38	1:2.025:3.306:0.41
2	154	375	0	1.4	45	1:2.245:2.744:0.41
3	146	306	21.2	1.4	36	1:2.108:3.970:0.39

8.2.3 机制砂路面混凝土施工控制要点

1）滑模摊铺施工

控制现场摊铺坍落度为50～70mm，振动棒的振动频率调整为9 000～

12 000r/min，摊铺速度为1.0～1.5m/min。由于机制砂含有较多的石粉，振动提浆易造成机制砂上浮，降低路面砂浆的耐磨性，因此摊铺速度应与振动频率相匹配，着重控制提浆厚度及表面砂浆质量。

低阻力机制砂混凝土性能现场测试结果　　表8-9

序号	振动黏度系数(Pa·s)	含气量(%)	坍落度(mm)		28d抗压强度(MPa)	弯拉强度(MPa)	
			初始	损失后		7d	28d
1	133	3.2	110	75(50min)	34.2	4.99	6.23
2	167	3.5	85	55(40min)	35.9	5.50	7.36
3	142	3.0	95	65(30min)	35.1	5.51	6.45

机制砂中由于含有大量石粉，混凝土屈服剪应力较大，因此即使采用较大的坍落度路面也很少有塌边现象，但石粉含量过大对混凝土的抗塑性开裂能力有极不利影响，因此宜尽量将振动棒提离混凝土表面，保证混凝土在液化箱中振动，减少内分层和石粉上浮至路表的现象。机制砂混凝土易发生塑形开裂现象，施工时需要加强养生，在大风天气宜在表面喷雾以增加空气湿度，降低混凝土表面的蒸发率。

2）三辊轴摊铺施工

施工期间因工期较紧和交叉施工段落较多等原因，路面摊铺段落凌乱且短小，相当部分段落的路面无法连续施工，不适合滑模摊铺作业要求，导致现场大规模采用了三辊轴摊铺施工方式。考虑到三辊轴的表面振动提浆作用会导致显著的外分层现象，因此技术关键是通过降低施工阻力，尽量减少机制砂中的石粉上浮至路面表层的比率，从而提高混凝土表面砂浆的性能，增强沥青罩面和混凝土下面层表面的黏结能力。

混凝土大都采用表8-10中的2号配合比，三辊轴摊铺条件下的机制砂混凝土不宜掺粉煤灰，避免石粉和粉煤灰同时上浮，降低路面耐磨性，同时适当增加单位水泥用量，保证刮除表面稀浆后路表砂浆中剩余的水泥用量仍足够。

8.2.4　施工效果评价

路面结构层厚度及混凝土强度评定结果如表8-10和表8-11所示。

隆百路机制砂路面摊铺混合采用了多种摊铺机械，但由于现场管理资料记录不太严谨，无法区分滑模机和三辊轴机摊铺路面的具体桩号，但总体上看采用低阻力混凝土施工，有利于路面厚度控制和强度控制的均匀性。

隆林至百色高速公路路面结构层厚度检测评定汇总表 表 8-10

合同段	起讫桩号	检测数量（点）	平均值（mm）	标准差	代表值（mm）	设计值（mm）	合格率（%）
A-1	K0 +350 ~ K21 +000	104	287	11.647	285	280	99.0
A-2	K21 +000 ~ K48 +000	257	289	14.103	287	280	98.8
B	K48 +000 ~ K68 +650	176	288	14.117	286	280	94.3
C	K68 +650 ~ K104 +800	268	292	20.660	333	280	97.0
D	K104 +800 ~ K133 +000	189	291	12.080	316	280	99.5
E	K133 +000 ~ K154 +700	168	284	11.930	308	280	97.6
F	K154 +700 ~ K177 +900	177	287	14.050	315	280	97.2

隆林至百色高速公路水泥混凝土面层强度评定(设计值 5.0MPa) 表 8-11

合同段	起讫桩号	检测数量（点）	平均强度 f_{cs}（MPa）	强度标准差 σ（MPa）	判断值 $f_r + k\sigma$（MPa）	$\geqslant 0.80 f_r$ 点数量（点）	合格率（%）
A-1	K0 +350 ~ K21 +000	120	5.48	0.525	5.34	120	100
A-2	K21 +000 ~ K48 +000	268	5.38	0.517	5.34	268	100
B	K48 +000 ~ K68 +650	179	5.40	0.583	5.38	179	100
C	K68 +650 ~ K104 +800	260	6.11	0.31	5.20	260	100
D	K104 +800 ~ K133 +000	189	6.33	0.77	5.50	189	100
E	K133 +000 ~ K154 +700	172	6.29	0.69	5.48	172	100
F	K154 +700 ~ K177 +900	177	6.92	0.53	5.34	177	100

采用拉毛或压槽制作的机制砂混凝土路面的抗滑构造深度能够达到 0.8 ~ 1.2mm，但施工中若稍有疏忽，路面构造深度便会波动较大。加铺橡胶沥青罩面前，检测了混凝土下面层表面的摩擦系数达 0.40 ~ 0.55，对此又采用抛丸处理增加表面细构造后，摩擦系数可提高到 0.60 以上，但以往常用的增加普通水泥路面表面抗滑系数的酸洗法不适用于机制砂混凝土路面，这是因为酸会与机制砂混凝土表面的石粉持续反应，导致混凝土表面发生明显的剥蚀现象。

8.3 低塑性混凝土的施工实践

本书编写组部分成员在 2008 年参与了广西某两条高速公路水泥路面的铺筑工作，并采用本书所述的部分变异性施工控制技术为部分段落路面施工提出了咨询意见。两个项目的路面结构设置特点是采用了较厚的水泥稳定碎石和贫混凝土(或水泥稳定碎石)的组合基层,施工特点是使用低塑性混凝土和 DBI 后置式插入传力杆工艺,本章总结了一些相关施工经验及教训。

8.3.1 工程概况

两条高速公路均为双向四车道高速公路,二者为同一业主公司承建,主线分别长 61.432km 和 125.1km,路面结构如表 8-12 所示。

路 面 结 构 表 8-12

结构层名称	结构层厚度(cm)	
	项目 1	项目 2
水泥混凝土面层	32	32
乳化沥青稀浆封层	1	1
贫混凝土(部分段落为水泥稳定碎石)上基层	18	20
水泥稳定碎石底基层	18	22
级配碎石垫层	20	18
路面结构总厚度	89	93

两个项目的水泥路面主要在夏季和秋季施工,采用全幅大厚度滑模摊铺工艺,为防止夏季高温和秋季干燥气候条件的影响,加强了对养生工艺的控制。

8.3.2 材料组成设计

两个项目为同一业主承建,采用的材料设计、施工工艺、施工季节都大致相同,下面主要以项目 1 的施工实践为例说明,混凝土配合比设计以集料饱和面干状态为基准,如表 8-13 所示。

混凝土试验配合比及试验结果 表 8-13

单位水泥用量(kg/m^3)	配合比(质量比)	坍落度(mm)	混凝土密度(kg/m^3)	弯拉强度(MPa)	
	水泥:砂:碎石:水:外加剂			7d	28d
340	1:1.91:3.89:0.41:0.014	40	2 452	5.26	6.52

混凝土计算屈服剪应力 $\tau_{0y}=0.0019\times0.403^{-13.589}=439\text{Pa}$,屈服剪应力 $\tau_y=1.492\times438=655\text{Pa}$。修正的黏度系数 $\eta=19.21\text{Pa}\cdot\text{s}$,振动黏度系数 $\eta=1.338\times10^{-3}\times0.8056\times0.139^{-(-0.89\times3.45+9.31)}=239\text{Pa}\cdot\text{s}$,基本符合滑模摊铺施工对振

动黏度系数的要求。根据坍落度计算及测定结果,混凝土的摊铺系数为1.15~1.20,松铺高度达到380mm。

8.3.3 低塑性混凝土的生产

1)搅拌与运输

项目1共有路面混凝土拌和楼7台,其中HZS180型1台、JS3000型1台、YHZS150型6台,材料露天堆放,搅拌机为双卧轴强制式搅拌楼,采用自卸汽车运输,运输能力基本满足施工要求。

搅拌楼的电子秤经标定并满足精度要求后开始生产混凝土,JS3000型搅拌机搅拌时间为48s,纯搅拌时间为35s;HZS180型搅拌机搅拌时间为60s,纯搅拌时间为45s;YHZS150型搅拌机搅拌时间为60s,纯搅拌时间为45s。材料投料顺序为:粗集料→细集料→水泥→水→外加剂,集料投入搅拌机的同时投入水泥进行干拌,大约5s后均匀加水,加水时间约为10s,总投料时间约为15s。外加剂预先溶解为水溶液,然后与水一起加入搅拌机。

2)混凝土质量分析与控制

混凝土坍落度检测分别在搅拌楼出料口和现场进行,出料口的坍落度为40~60mm,偏差控制在(50±10)mm范围内。现场坍落度与运输距离有关,由于施工温度一般会超过30℃,因此当运输时间在30min以外时,现场坍落度波动为10~60mm,变异性较大。

现场实测了各种材料的温度和混凝土的温度,水对混凝土温度的影响最大,特别是秋季施工由于水温较低,导致混凝土的温度明显降低。水泥温度对混凝土温度也有一定影响,但不太明显。

施工中采用本书第6章所提及的混凝土变异性评价参数,对混凝土的质量波动性进行了监测。现场测得砂浆表观密度变异系数为0.79%,粗集料含量变异系数为5.9%,水泥浆含量变异系数为6.64%,总体反映混凝土的搅拌均匀性一般,即虽然砂浆分布总体较均匀,但粗集料和水泥浆分布均有一定离析,其原因与搅拌楼常根据到场混凝土坍落度的波动随时调整用水量有关。

8.3.4 滑模摊铺施工

1)机械选型与配套

当摊铺宽度为12m时,配备德国WirtgenSP-1600型1台,美国CMI SF-6004 3台;铺筑宽度为8.5m时,配备德国WirtgenSP-1500型1台。

2）滑模摊铺施工

采用自卸汽车运输混凝土到达摊铺现场后，全幅摊铺时在基层上卸料成平行两堆，采用挖掘机辅助布料。全兴路采用固定拌和楼出料混凝土坍落度的方法控制水灰比，出料口混凝土的坍落度要求控制在30～50mm范围内，但由于混凝土黏性较大，坍落度损失较明显，卸料困难的现象时有发生。图8-10反映出拌和楼出料混凝土的流动性虽然较好，但到摊铺现场后卸料困难，不得不采用挖掘机辅助将车厢中的混凝土挖出。

a)拌和楼出料

b)现场倒料

图8-10　混凝土的坍落度损失较明显

现场混凝土由于坍落度损失后振动提浆较为困难，导致路面表面出现麻面现象，为此不论是白天高温施工抑或夜晚施工，现场都会存在人工补水的不当操作现象，如图8-11所示。

a)白天

b)夜晚

图8-11　坍落度损失后现场人工洒水

低塑性混凝土的松铺系数较大，控制难度较大，按经验的正常布料高度施工时，坍落度损失后容易造成布料高度不足，导致成型后面板厚度有负偏差，且表面提浆厚度不均匀，如图8-12所示。

低塑性混凝土由于局部易干硬，振动液化困难，人工辅助处理又会降低施工连续性，通过提高振动频率和延长振动时间至40s左右，才能保证混凝土液化，因此当满足振动时间要求时，摊铺速度为每分钟0.6m，加上处理车厢黏结料、人工辅助洒水及人工补料需要一定时间，导致布料速度降低，甚至每处理一个10～20m的工作单元就要停机等待，施工连续性不足。

采用DBI法也影响到路面的表面质量，导致路表面的槽孔及麻面现象较为普遍，如图8-13所示，其原因为低塑性混凝土的黏度系数随时间急剧增大，DBI法每隔0.8m打入一根粗38mm的传力杆，由于传力杆较粗，施工阻力较大，又没有辅助振动设备，因此插入过程中摊铺机振动较大。加上路肩和中分带部分未做硬化处理，插入过程中摊铺机的前履带经常陷入路肩或中央分隔带中，机架后部被抬起。

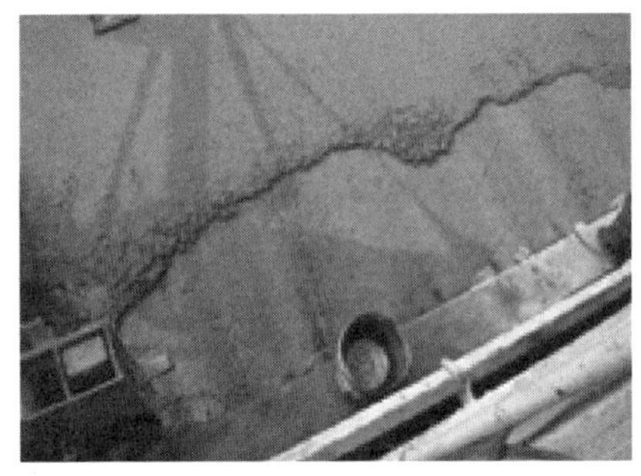

图8-12　低塑性混凝土布料高度不足而导致表面缺浆

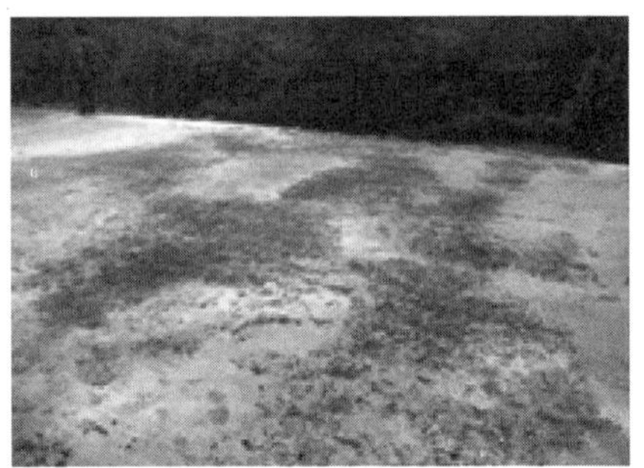

图8-13　路表面麻面和槽孔现象较普遍

低塑性混凝土表面提浆困难，反复提浆后路表砂浆的稠度很低，因此路表面的修整和抗滑构造制作困难，甚至会存在麻面露骨现象（图8-14），此时不得不采用人工在搓平梁上洒水的方法。

3）早期塑性开裂防治措施

混凝土表面的蒸发率主要与气温、风速及相对湿度有关，当气温较高和相对湿度较低，特别是风速较大时，混凝土表面的蒸发率会大于泌水率，在振动密实成型后，混凝土可能会出现塑形裂缝，如图8-15所示。

出现塑性开裂的原因除了环境气候因素外，低塑性混凝土由于黏性较大，流动性小，泌水速率和开裂临界蒸发率均较低，因此在同等环境条件下，低塑性混凝土更易开裂。

此外，原材料来源不同，特别是不同品种水泥的混用，以及混用不同拌和楼生产的混凝土，都会导致不同部位混凝土的早期塑性收缩率差异较大，塑性开裂趋势增大。如项目 1 某段路面由三个拌和楼供料，混用兴安海螺牌水泥和柳州鱼峰牌水泥，两种水泥品质经检验均合格，施工时间为早晨八点半，当时风速 3～4 级，湿度为 70%，混凝土实测温度为 23℃，混凝土计算蒸发率仅为 0.387kg/(m^2·h)，略低于混凝土泌水率计算值，考虑到一般泌水率计算值较保守，按理说该环境下路面不易产生塑性开裂现象，但由于拌和楼和水泥品种不同，局部路表面颜色发黄乃至偏黑，当天下午五点左右就发现了早期塑性收缩裂缝，如图 8-16 所示。

图 8-14　提浆后路表面会出现麻面露骨现象

图 8-15　混凝土表面的塑性收缩开裂

a)

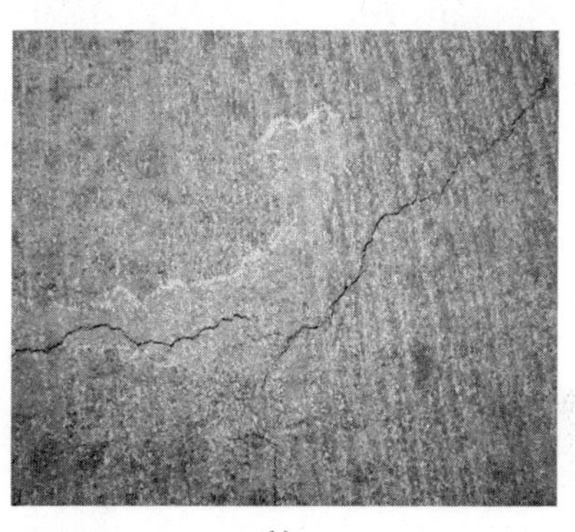

b)

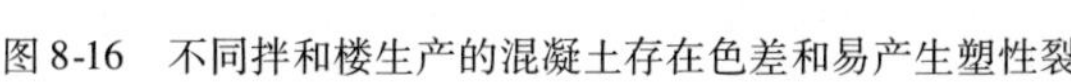

图 8-16　不同拌和楼生产的混凝土存在色差和易产生塑性裂缝

为防止塑性收缩裂缝，咨询小组曾建议施工单位采取了以下措施：采用地下水为拌和水以降低混凝土的温度，减少表面水分蒸发率；尽量采用同一品牌的水泥生产混凝土，并减少搅拌机的台数；现场随时检测气温、混凝土温度和空气相对湿度，计算混凝土的表面水分蒸发率，当表面水分计算蒸发率大于计算泌水率时，可喷雾增加空气湿度，降低表面水分蒸发率。采取上述措施后，塑性收缩开裂得到了一定程度的控制。

8.3.5 施工效果评价

1)厚度与强度均匀性

低塑性混凝土坍落度损失较快,摊铺系数波动较大,会造成路面厚度控制难度提高,钻芯芯样厚度评定结果如表8-14所示,总体反映为路面厚度偏差率较大,甚至影响到了合格率。贫混凝土基层则由于采用碾压成型方式,强度变异性更大。低塑性混凝土密实成型困难,振动时间延长,导致强度的变异系数也较高。贫混凝土基层的抗压强度和路面混凝土的抗弯拉强度检测评定结果如表8-15和表8-16所示。

路面厚度评定　　表8-14

合同段	施工桩号	路线长度(km)	检测部位	检测点数 n	设计值(mm)	平均值(mm)	标准差 σ	合格率(%)
LM-1	K0+467.762～K20+000	21.707	贫混凝土基层	159	200	209.9	26.124	88.1
			面层	193	320	318.8	19.906	73.1
LM-2	K20+000～K41+000	23.491	贫混凝土基层	268	200	200.3	15.437	83.2
			面层	217	320	329.0	16.303	89.4
LM-3	K41+000～K61+000	25.677	贫混凝土基层	193	200	206.7	23.998	81.9
			面层	206	320	327.8	22.967	85.9

贫混凝土基层强度评定　　表8-15

合同段	检测部位	检测点数	设计强度 R(MPa)	强度平均值 R_n(MPa)	强度标准差 S_n(MPa)	合格率(%)
LM-1	贫混凝土基层	155	10	17.7	2.569	100
LM-2	贫混凝土基层	264	10	15.7	1.468	100
LM-3	贫混凝土基层	186	10	16.5	3.038	100

混凝土面层强度评定　　表8-16

合同段	施工桩号	路线长(km)	检测点数 n	设计强度(MPa)	平均强度(MPa)	标准差 σ	合格率%
LM-1	K0+467.7～K20+000	19.5	193	5.0	5.48	0.724	100
LM-2	K20+000～K41+000	21.0	213	5.0	5.39	0.494	100
LM-3	K41+000～K61+900	20.9	162	5.0	5.62	0.654	100

2)抗滑性能与平整度

水泥路面的平整度评定结果如表8-17所示。由于前述原因,低塑性混凝土

铺筑的路面平整度合格率不高，施工后检测路面平整度标准差达到1.6～2.4mm，各标段满足1.2mm的合格率不足30%。

抗滑构造深度检测评定　　表8-17

合同段	检测部位	检测点数	平均值 TD (mm)	标准差	变异系数 (%)	合格率 (%)
LM-1	路面	78	0.94	0.159	16.9	83.3
LM-2	路面	44	0.70	0.148	21.1	59.1
LM-3	路面	34	0.76	0.070	9.3	82.4
*LM*4	某高架桥	6	0.54	0.102	19.1	0

路面抗滑构造评定结果如表8-18所示，抗滑构造深度的变异性也较大，这与路面平整度不佳密切有关，因为在不平整的路面上使用刚性刻槽工艺得到的构造深度变异性较大。桥面铺装厚度由于薄度较薄，混凝土坍落度损失更快，加上有钢筋的影响，平整度比路面更差，刻槽深度变异性也更大。

平整度检测评定　　表8-18

合同段	起讫桩号	长度 (km)	检测部位	检测结果（标准差 σ）(mm)			实测段数	合格率 (%)
				最大值	最小值	平均值		
LM-1	K0+467～K20+000	19.5	全幅	4.7	0.6	1.8	744	27.6
LM-2	K20+000～K41+000	21.0	全幅	5.1	0.8	2.1	798	5.3
LM-3	K41+000～K61+900	20.9	全幅	4.1	0.8	1.7	648	25.6

8.3.6　施工实践经验教训分析

滑模摊铺施工技术已较成熟，早在20世纪90年代便在国内大面积成功推广应用，而2008年施工的两个项目的材料设计、机械配备及施工工艺虽然均能满足《公路水泥混凝土路面施工技术规范》(JTG/T F30—2014)的相关要求，但施工效果不太理想，究其根源，传统的滑模摊铺施工工艺未能适应一次性摊铺厚度和宽度要求的提高可能是主要原因之一。

传统的滑模摊铺工艺采用低塑性混凝土的目的是防止塌边，但路面摊铺是否塌边主要取决于混凝土的屈服剪应力，屈服剪应力越大，越不易塌边。低塑性混凝土的屈服剪应力较高，坍落度较低，不易塌边，轻微塌边时可辅助采用边缘超铺一定高度和铝合金靠尺支撑。为了检测低塑性混凝土是否能够有效密实，可采用振动黏度系数检测，一般振动黏度系数过大时，混凝土密实成型较为困难,过小则易塌边,但振动黏度系数不是材料参数,随时间变化很大,与坍落度之间没有对应关系,对施工的指导意义仍有存疑。

当面层的铺筑厚度从240mm增至320mm,宽度从单幅的8.5m增大到全幅的12m时,混凝土的摊铺需求量增加了88%。项目1路面搅拌站的搅拌生产能力为300m^3/h,由于低塑性混凝土较为黏稠,搅拌时间需适当延长,因此实际生产能力降低至约240m^3/h,勉强维持摊铺需要,但富余能力不足,当拌和楼出现机械故障时,就出现供料跟不上摊铺速度的现象,导致停机现象时有发生。

坍落度为10~20mm的低塑性混凝土坍落度损失较快,因此需要提高振动频率,延长振动时间至40~60s,此时摊铺速度仅为0.4~0.6m/min,有时为处理混凝土黏车厢等问题,还需要额外增加施工时间,破坏了施工连续性,也会造成摊铺机频繁停机。

当面层厚度增大后,传力杆设计尺寸由30mm增大至38mm,长度由400mm增加到500mm,当传力杆间距不变时,相当于增加了30%的传力杆数量。传力杆插入混凝土受到的施工阻力与传力杆的直径及长度、混凝土的黏度系数及传力杆插入速率均成正比,采用DBI工艺时,施工阻力约增加2.5倍,加上混凝土的黏度系数增加较快,作业难度加大,由于缺少辅助振动设备,只能通过降低插入速度保证安装到位,但较高的施工阻力仍导致摊铺机行走不平稳,有时会被迫减缓摊铺速度,导致混凝土的黏度系数增长更快,施工更加困难,严重影响到路面的施工平整度。

大厚度面层的施工松铺系数较难确定,这是因为大厚度路面摊铺速度慢,混凝土的坍落度损失速度快,导致松铺系数增大且变异性大,在项目施工中增大松铺系数到1.20,仍较难满足厚度精度控制要求,离散性大。

大厚度路面施工采用低塑性混凝土时,需要延长振动时间,否则易造成混凝土强度的波动性增大,施工中为保证振动时间牺牲了摊铺速度,虽然保证了混凝土强度合格率,但路面平整度不佳,麻面现象时有发生,塑性收缩开裂控制困难,并导致构造深度精度不高,从平整度与构造深度的对应检测结果来看,这种影响十分显著。

此外,延长了振动时间,虽然混凝土的强度得到了保证,但滑模摊铺本来不常出现的内分层现象趋于显著,振捣棒行走轨迹周围的混凝土易开裂。

综上所述,低塑性混凝土滑模摊铺施工需注意以下事项:限制摊铺宽度和厚度,适当增大松铺系数,当厚度超过28cm时不宜采用全幅摊铺方式;适当增大振动频率,缩短振动时间,保证施工连续性;传力杆安装不宜采用DBI后置法插入传力杆工艺,宜采用前置支架法,若采用DBI工艺应使用重型大功率摊铺机、大功率的传力杆插入装置与传力杆插入辅助振动设备;为避免塑性收缩开裂,需采取适当的防塑性开裂措施。

8.4　实体工程所用技术的效益分析

实体工程所用的主要技术包括:路床稳定性处理技术、粒料层技术、基层和功能层组合设置技术、大厚度路面结构设置与施工变异性控制技术。这些技术具有显著的经济社会效益,现简单分析如下。

8.4.1　经济效益

1)降低路面造价与施工能耗带来的经济效益

通过优化路面结构,改善施工工艺,降低了路面造价和施工能耗,带来了直接的经济效益。

(1)通过优化路面结构,虽然增加了20~30cm的粒料层(23元/m^2),但减少了约20cm的水泥稳定或贫混凝土基层(45元/m^2),综合降低了路面建设成本约22元/m^2。

(2)通过改进混凝土搅拌工艺,包括采用固定料斗投料、集料预湿法等工艺,混凝土生产能力可提高约20%,节约搅拌成本约3元/m^3。

(3)通过改进三辊轴施工工艺,采用低阻力混凝土技术,降低布料系数,避免使用内部振动式振捣机等,综合可节约机械和人工费4.74元/m^2。

(4)改进滑模摊铺工艺,提高挖掘机辅助布料效率和螺旋布料器布料效率50%以上,提高摊铺速度近50%,降低后置法插入传力杆的施工阻力,综合可节约机械台班使用费约50%,折合机械使用费0.75元/m^2。

总体上,对于30cm厚、15m宽的全幅摊铺路面,可降低结构和铺筑成本28.39元/m^2,相当于42.59万元/km。

2)改善路面使用寿命和功能带来的经济效益

(1)提高路基的稳定性,增设粒料层,可降低路基的差异沉降,协调路基与路面之间的差异变形,防止因失去路基均匀支承作用而导致的路面结构层破坏现象的发生。相关技术在广西等多个湿热地区应用多年,实践证明可大大延长路面的使用寿命。

(2)限制基层的强度与厚度,协调基层与面层的刚度,既节约了材料用量,又降低了层间温度翘曲脱空变形量;在基层与面层之间设功能层可防止基层顶面冲刷,调节基层刚度,为面板提供均匀连续的支承,降低温度应力和荷载应力,延长路面使用寿命,对几个路段的 FWD 实测结果证明了这一点。

(3)增大路面板的厚度,合理的设置横缝传荷装置,可以在较高性价比前提下显著增大路面的承载力,提高路面的表面功能水平,延长路面的使用和服务寿命。

(4)降低混凝土的施工变异性,可提高路面的平整度和抗滑性能,降低混凝土抗弯拉强度的变异性,使路面的使用寿命显著提高,养护和维修费用有效降低。

8.4.2 应用推广效益

延长水泥路面的使用寿命,改善路面的使用性能和耐久性,将逐步恢复投资方和建设者对水泥路面的信心,提高水泥路面在铺装公路特别是高等级公路中的比率,在各等级公路中铺筑水泥路面和沥青路面的铺筑成本如表 8-19 所示。

水泥路面和沥青路面的铺筑成本对比　　表 8-19

对比项目	路面结构	公路等级		
		农村公路	二、三级公路	一级、高速公路
垫层类型	沥青路面	20cm 粒料	15 ~ 20cm 粒料	15 ~ 20cm 粒料垫层
	水泥路面	—	15 ~ 40cm 粒料	15 ~ 40cm 粒料垫层
垫层成本	沥青路面	1.0 ~ 1.2	1.0 ~ 1.2	1.0 ~ 1.2
	水泥路面	—	1.0 ~ 1.2	1.0 ~ 1.2
基层类型	沥青路面	20cm 级配粒料	40cm 水泥稳定基层	60cm 水泥稳定基层
	水泥路面	15cm 级配粒料	20cm 水泥稳定基层	20cm 水泥稳定基层 15cm 贫混凝土基层
基层成本	沥青路面	1.2 ~ 1.3	1.3 ~ 1.5	1.3 ~ 1.5
	水泥路面	1.0 ~ 1.2	1.3 ~ 1.5	1.3 ~ 1.5/1.5 ~ 2.0
面层类型	沥青路面	4cm 沥青碎石	7 ~ 9cm 沥青碎石	15 ~ 21cm 沥青混凝土
	水泥路面	20cm 混凝土面板	24 ~ 26cm 混凝土面板	26 ~ 32cm 混凝土面板
面层成本	沥青路面	6.0 ~ 8.0	8.0 ~ 10.0	15 ~ 22
	水泥路面	2.8 ~ 3.0	3.0 ~ 3.2	3.2 ~ 3.5
其他成本	沥青路面	4.8 ~ 6.4	26.8 ~ 38.4	23.4 ~ 35.8
	水泥路面	4.4 ~ 4.9	16.3 ~ 22.6	20.5 ~ 31.3
总成本（元/m^2）	沥青路面	73 ~ 88	134.2 ~ 192	233.8 ~ 358.2
	水泥路面	74 ~ 82	129 ~ 183	144.5 ~ 233.2

注:文中单位除总成本采用元/m^2 外,其他单位均为元/厚度(cm)/面积(m^2)。

1）农村公路

铺筑水泥路面的单价与沥青路面相当，但考虑到农村公路摊铺技术设备力量薄弱，而三辊轴机组施工由于不需要大型摊铺设备和加热装置，施工速度快，对技术和管理力量要求不高，水泥路面使用寿命长，农村公路对路面使用性能要求也不高，因此水泥路面目前在农村公路中占有绝对优势。

2）地方公路

对于路面宽度为7～9m的地方二、三级公路，水泥路面的单位造价比沥青路面低7元/m^2，折合6.3万元/km，具有一定的经济优势，加上地方公路由于管理技术力量不强和成本限制等原因，沥青路面的修筑质量普遍不高，使用寿命较水泥路面要短得多，因此我国目前地方公路大部分使用水泥路面结构。

本书编写组部分成员曾成立水泥路面咨询小组，举办了多个水泥路面技术讲座和宣贯活动，指导了多个地方公路项目的设计与施工，如广西兰海高速公路星岛湖互通连接线旧路面大修工程便是一个典型的地方公路例子，该项目位于兰海高速公路星岛湖互通收费站外，连接通达合浦县城的国道G325线，路线总长32.36km，路基宽度为12m。咨询小组在考虑到当地经济技术实际的情况下，对其提出了如下相关技术建议：

(1)采用级配碎石垫层

广西地方公路工程的以往经验是直接在旧路面上铺筑基层和面层，基于旧路面虽然已较稳定，但旧路面板的破碎仍会导致加铺路面板底产生沉降脱空，对此建议采用级配碎石垫层，利用粒料的触变性减少新旧路面板之间的脱空。

(2)使用两布一膜防水功能层

在加铺后的路面板及水泥稳定基层之间设置浸渍热沥青的两布一膜防水功能层，将路面板同基层隔离开，既释放了混凝土面板收缩产生的约束力，又有效避免了面层接缝下渗水对基层顶的冲刷，并协助排除层间水。

(3)路面内部排水措施的应用

建议对路面全幅范围(包括土路肩)内硬化以避免土路肩下渗水进入路面结构内部，同时要求将级配碎石垫层端部采用无纺土工布包裹，并通过护肩矮墙设置的泄水孔将路面结构的内部滞留水排出。

(4)充分利用原旧路面

合理利用旧路面作为新路路床使用，减少路面结构层的总体厚度，有利于降低成本。

改良后的路面结构为:旧路面+级配碎石垫层(15cm)+水泥稳定碎石基层(18cm)+(热沥青+两布一膜功能层)+普通混凝土路面板(28cm)。

此外,咨询小组对水泥路面施工还建议了一些施工变异性控制措施。

该项目在2013年8月开始施工,2014年1月15日建成,目前使用状况良好,特别是平整度和外观质量较好,如图8-17所示。

图8-17 兰海高速公路星岛湖互通连接线

3)高等级公路

对于高速公路和一级公路,即使采用了4cm的沥青混凝土功能层,水泥路面的成本比沥青路面仍低107元/m^2,折算为193万元/km,成本优势显著。目前高等级公路普遍使用沥青路面,主要是因为水泥路面行车舒适性差,养护维修困难,如能有效利用本书所述各类技术,提升水泥路面的耐久性,延长路面的使用寿命,减少养护维修费用,对推广水泥路面在高等级公路的应用具有显著效果。

8.4.3 社会效益与环保效益

水泥是高耗能高污染产业,每生产1t水泥的CO_2排放量约为0.5t,消耗电能约100kW·h。应用本书所述技术成果,可以改善水泥路面的耐久性,延长路面的使用寿命,从而节省重复建设所需的水泥用量。

应用本书所述技术成果,可以提高生产率,降低路面混凝土的搅拌和摊铺耗能,相同条件下可节约电耗10%~15%,具有良好的环保效益和环境效益。

水泥是广西建材工业的最主要产品,水泥产业是广西重要的财税收入和解

决就业的来源，水泥产业销售收入约占整个建材工业销售收入的70%，但由于近几年市场紧缩而缺乏资金输入，整个产业的更新换代步伐放慢。水泥路面是水泥产业的使用大户，推广应用水泥路面可以拓宽水泥市场，振兴和促进水泥产业的更新换代，从而降低环境污染，提高财政收入，解决就业，因此具有显著的社会效益。

第9章　改良与提升——水泥路面养护和性能提升技术的发展与应用

普通水泥混凝土路面由于材料特性的限制，即使是经过材料设计和结构设置的优化，使用寿命虽然能够得到延长，但早期病害仍然难以根治，在表面功能方面的改善空间也不大，平整度不佳和噪声过大等问题采用常规手段更难以解决，这些已阻碍了水泥路面的持续健康发展，对此以广西为代表的多个典型湿热地区公路工程界在过去十余年中开展了大量研究，对水泥路面的养护与性能提升技术进行了大量的研究，取得了诸多卓有成效。

9.1　水泥路面病害防治与养护技术的发展

美国国家高速公路和交通运输协会(AASHTO)将路面养护(preservation)定义为为确保和提高路面使用性能，将费用效益合理化的一系列技术措施有机结合的积极、主动、长期和系统的策略，其目的是保护路面资产不至于过快贬值，提高行车安全和路面使用性能，延长路面使用寿命和减少用户费用。预防性养护(preventative maintenance)则被定义为对路面及有关设施采取的有计划的、费用效果合理的养护措施，旨在减缓路面恶化速度、维护和改善路面功能。水泥路面具备刚性路面特性，使用寿命虽较沥青路面要长，前期养护成本要低得多，但如果不注重早期预防性养护，放任各类早期轻微病害发展，当路面出现大面积的板底脱空、接缝损坏、连续断板破坏以及表面平整度显著降低和抗滑构造明显损失等现象后，会对路面的使用功能和寿命造成严重影响，导致路面使用中后期的养护成本大幅提高。20世纪90年代后，水泥路面的养护技术特别是预防性养护技术在我国得到了迅速的发展，典型的例子如广西早在“九五”期间便开始了水泥路面的预防性养护技术研究，开发了绑带法裂缝修复技术和快硬早强修补材料，“十五”期间研发了灌浆稳板、接缝传荷性能恢复、路面错台薄层修补和快速换板修复等技术，“十一五”和“十二五”期间推广了快速换板修复技术和各类灌

浆稳板技术,2015 年交通运输部专项设立了以广西交通科学研究院为平台的高等级公路水泥混凝土路面建设与养护技术交通行业研发中心,成为全国水泥路面养护技术的重点研发基地。

9.1.1　湿热地区高速公路水泥路面典型病害发展速率调研

1)裂缝类

开裂是高速公路水泥路面最为典型的病害形式,通过向运营部门调研得到的柳南路典型段落及宜柳路的路面开裂发展率如图 9-1 ~ 图 9-6 所示。

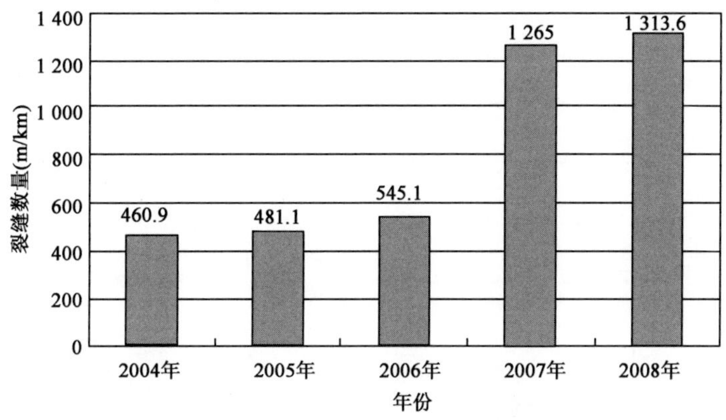

图 9-1　柳南路柳州至凤凰段开裂发展状况

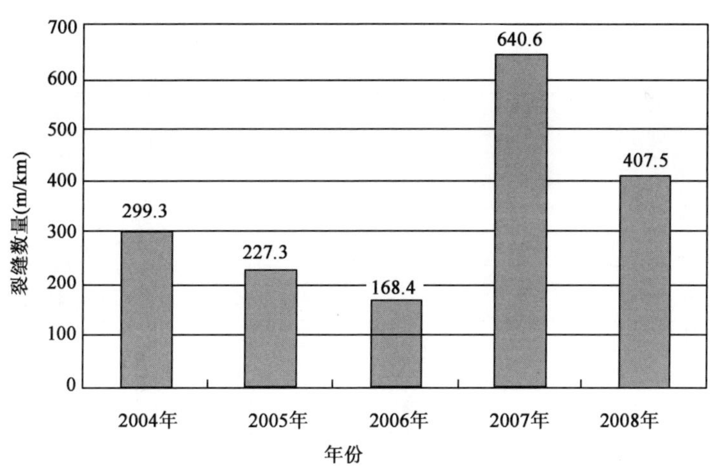

图 9-2　柳南路凤凰至小平阳段开裂发展状况

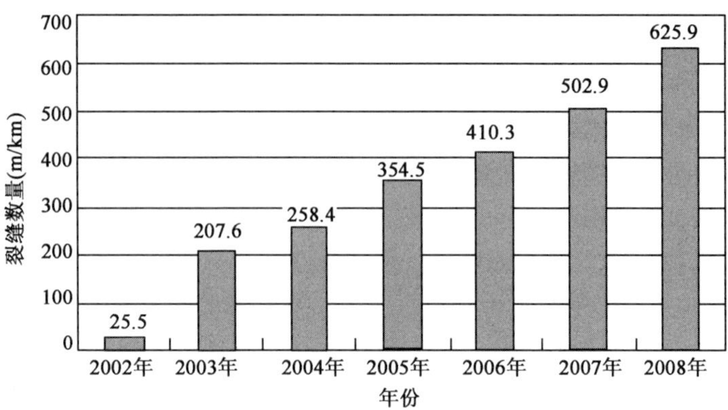

图 9-3 柳南路小平阳至宾阳段开裂发展状况

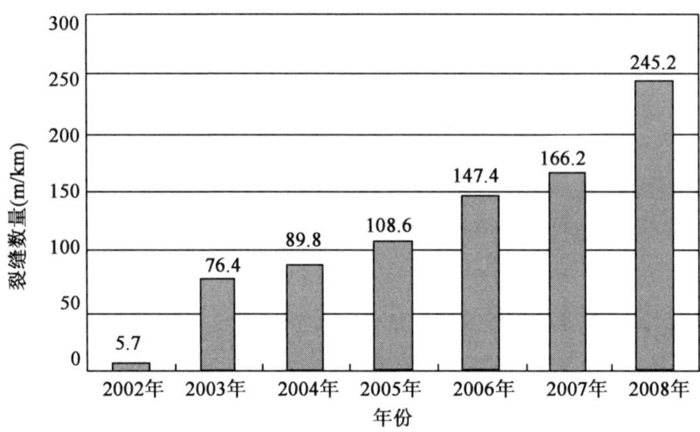

图 9-4 柳南路宾阳至六景段开裂发展状况

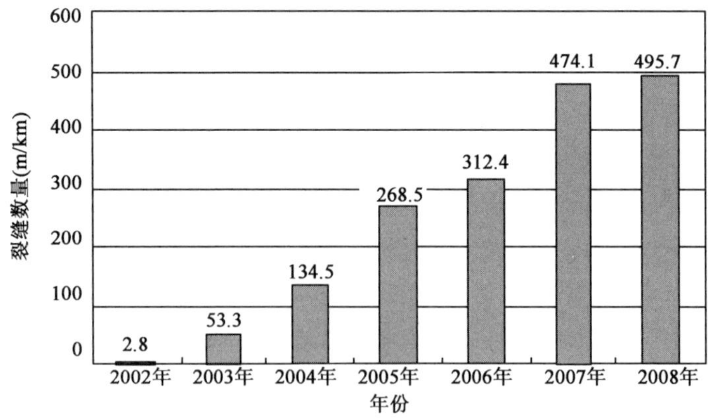

图 9-5 柳南路六景至南宁段开裂发展状况

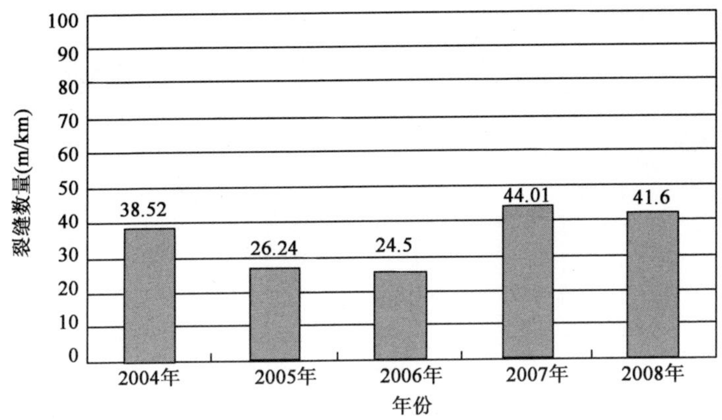

图 9-6 宜柳路(2002 年通车)开裂发展状况

一般随着使用年限的延长,路面每年新增开裂率不断增长,一般早期(3 年内)较低,此后随年份的延长稳步提高,在路面使用第 4 ~8 年(临界点)时,有一个增速突然增长的阶段,此后增速又开始降低,并趋于稳定增长,该临界点的具体年份与交通量增长速率、路面结构设置及施工质量有关。宜柳路虽然较柳南路交通量要小得多,但基本趋势大致相同。

2)破碎断板类

如果在裂缝形成早期时未能对其进行有效处治,随着时间的推移,微细裂缝会逐步加宽扩展,最终发展成为贯穿路面板的贯通性裂缝,形成断板破碎类病害,向运营部门调研得到的柳南路典型段落及宜柳路的破碎断板类病害发展速率如图 9-7 ~图 9-12 所示。

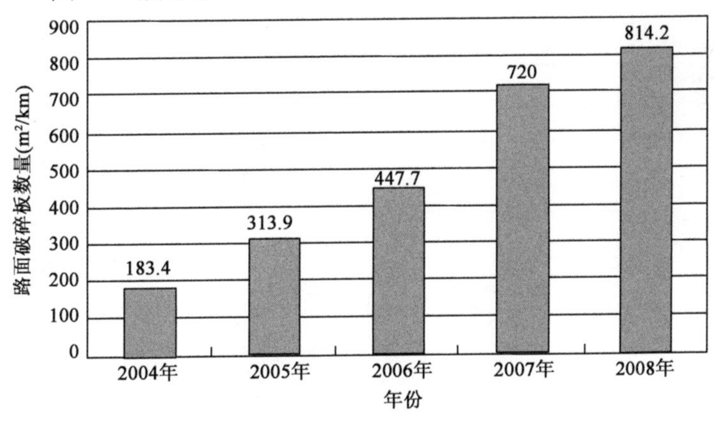

图 9-7 柳南路路柳州至凤凰段路面破碎板发展状况

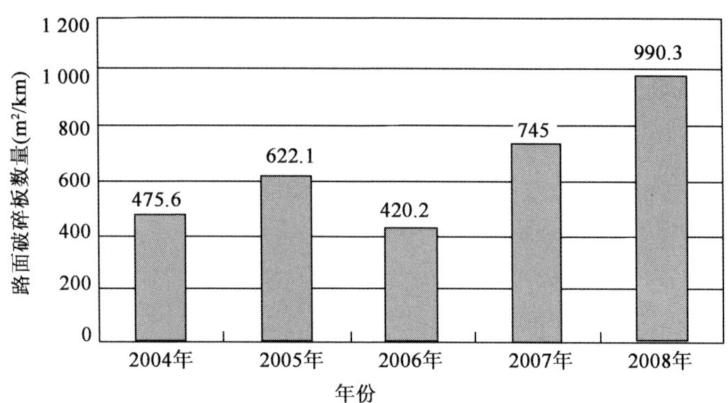

图 9-8　柳南路凤凰至小平阳段路面破碎板率发展状况

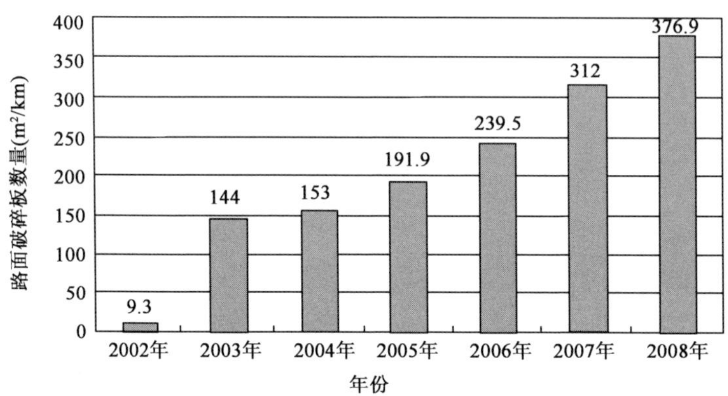

图 9-9　柳南路小平阳至宾阳段路面破碎板率发展状况

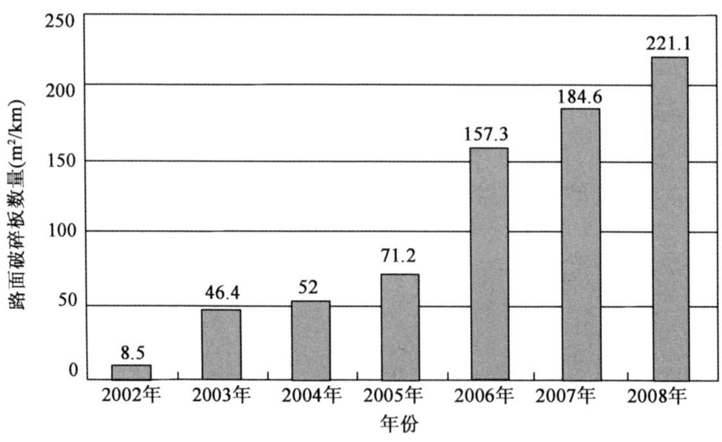

图 9-10　柳南路宾阳至六景段路面破碎板率发展状况

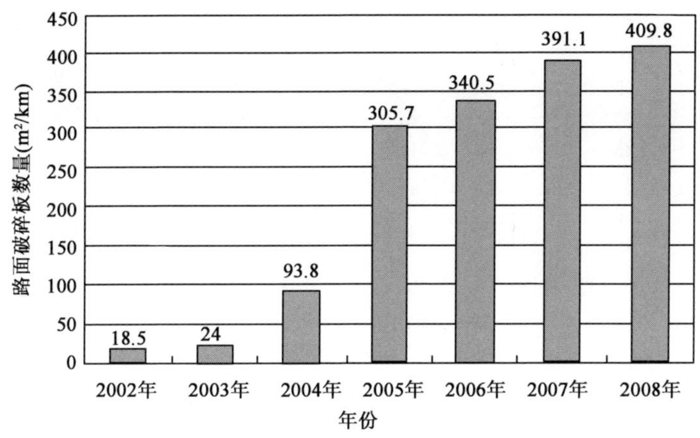

图 9-11 柳南路六景至南宁段路面破碎板率发展状况

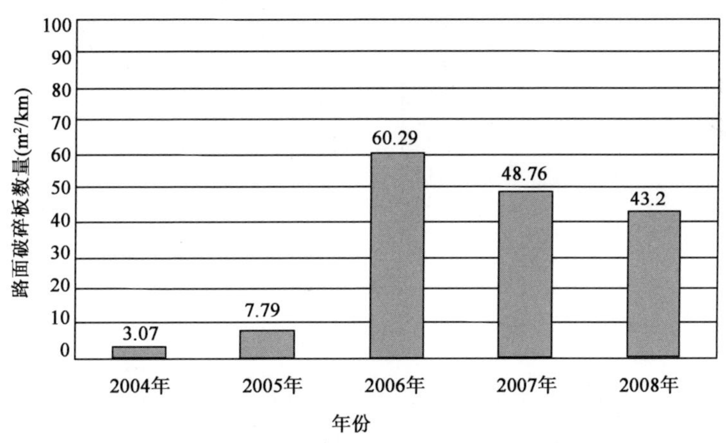

图 9-12 宜柳路路面破碎板率发展状况

随着使用年限的延长,路面每年新增的破碎断板率同样不断增长,且与开裂趋势发展相仿,破碎开裂率的发展同样存在临界年份,不过这个临界年份要晚于开裂临界年份,大概为第 6 ~ 8 年。宜柳路由于交通量较小,在调查年份(2009年)破碎断板率不太多,基本趋势不太明确。

3)错台、唧泥类

错台、唧泥也是水泥路面的典型病害之一,严重影响到路面的行车舒适性,并促进了其他病害的发展,通过向运营部门调研得到的柳南路典型段落及宜柳路的错台、唧泥类病害发展率如图 9-13 ~ 图 9-18 所示。

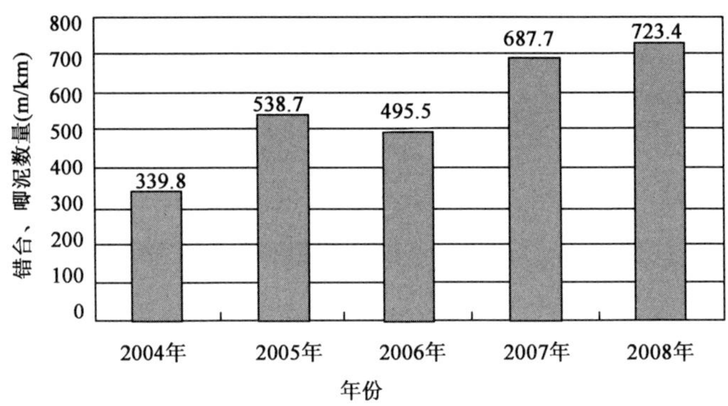

图 9-13　柳南路柳州至凤凰段路面错台唧泥发展状况

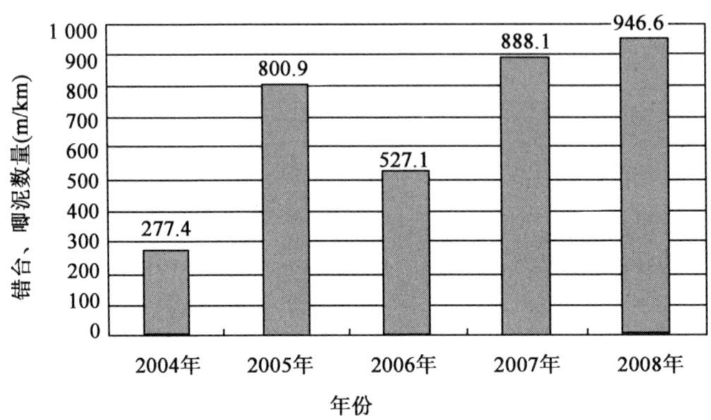

图 9-14　柳南路凤凰至小平阳段错台唧泥发展状况

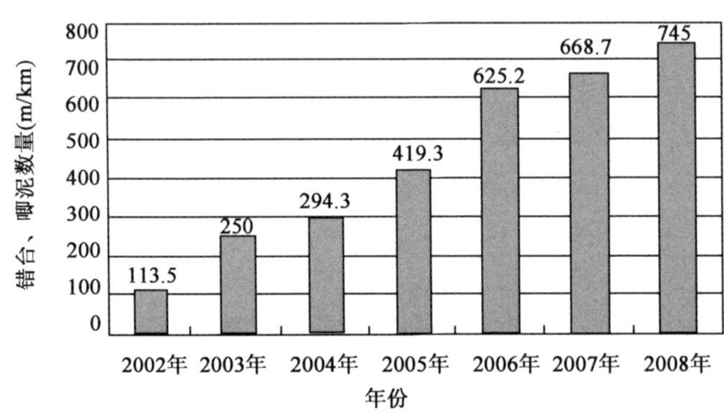

图 9-15　柳南路小平阳至宾阳段错台唧泥发展状况

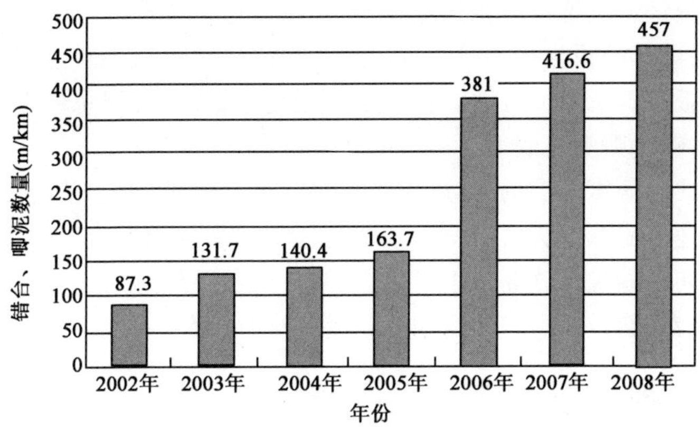

图 9-16 柳南路宾阳至六景段错台唧泥发展状况

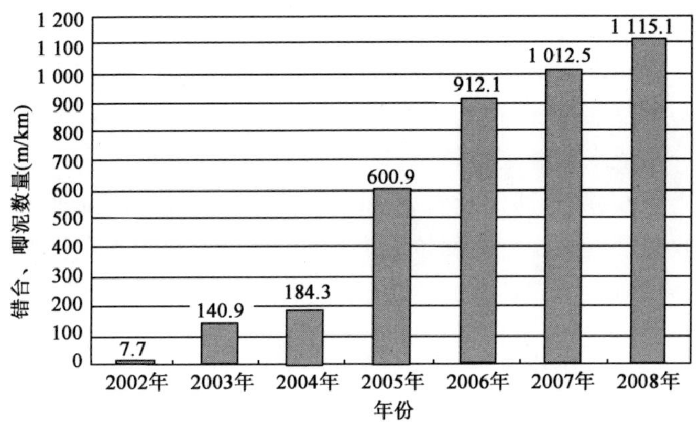

图 9-17 柳南路六景至南宁段错台唧泥发展状况

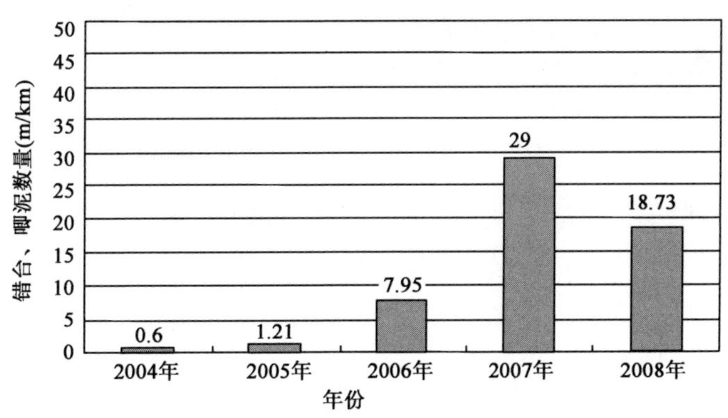

图 9-18 宜柳路错台唧泥发展状况

与前两类病害发展趋势相仿，柳南路各路段错台唧泥病害的发展同样存在临界年份，与破碎断板临界年份大致相同，为第6~8年，这可能与错台部分是由于路面板断板破碎所形成有关。宜柳路虽然交通量较小，但总体上仍呈随使用年限的延长，错台唧泥率的发展不断提高的趋势。

从几类典型病害发展的趋势可见，水泥路面的病害一般会在通车后4~8年内出现并迅速扩展，因此，根据病害出现的机理和形成原因，在病害出现早期采取必要的预防性养护措施非常重要，以下将介绍在湿热地区各省份（自治区）特别是广西曾应用有效的一些典型病害防治和养护技术。

9.1.2 裂缝类病害防治与养护技术

1）非结构性破坏裂缝

（1）塑性收缩裂缝

水泥路面的塑性收缩裂缝类型主要有两类，相关成因和预防措施如下：

①板底塑形收缩裂缝

大部分沥青或水泥稳定类基层、封层及隔离层的表面均呈多孔隙状态，当浇筑路面混凝土时，会吸收路面板底部混凝土的水分，导致面板底面产生塑性收缩裂缝。板底收缩裂缝由于产生部位原因可防不可治，在铺筑路面混凝土之前有效润湿基层，设不透水防水膜的各类隔离措施，可以控制基层表面吸水，降低板底的毛细孔应力，控制板底裂缝扩展，保证混凝土强度均匀稳定。

②板顶塑形收缩裂缝

当外界风速、温度达到一定条件时，板顶混凝土中的水分会加速蒸发散失，当蒸发率超过混凝土内部的泌水率时，面板顶面会出现塑性收缩裂缝，该蒸发率被称为临界蒸发率。不同类型混凝土的泌水率不同，产生塑性收缩开裂的临界蒸发率也就不同，如水灰比较大的混凝土由于表面析水率较大，塑性收缩开裂的临界蒸发率也较大，约为1kg/(m^2·h)；水灰比较低的混凝土由于表面析水率较低，临界蒸发率也较低，当蒸发率超过0.5kg/(m^2·h)时就需要采取防护措施。

板顶塑性收缩开裂的趋势可采用平板约束试件试验来评价，作为选用原材料和配合比设计的依据，试件早期抗裂性评价准则为：仅有非常细的裂纹；平均开裂面积 $<10mm^2$；单位面积裂缝数目 <10 根/m^2；单位面积上的总开裂面积 $<100mm^2/m^2$。根据上述四个标准，将抗裂性划分为五个等级，如表9-1所示。根据暴露等级、开裂对结构的损伤程度和使用经验等综合考虑，路面混凝土的抗裂性等级应达到二级以上。

混凝土早期抗裂性等级评定　　表 9-1

评定等级	一级	二级	三级	四级	五级
满足条件数	4	3	2	1	0

塑形收缩开裂的详细原理和危害性可参考相关文献，相关防治方法包括混凝土组成设计措施和环境措施，分别控制混凝土的表面泌水率和表面蒸发率。

a. 表面泌水率是混凝土的特性之一，主要通过原材料选择和配合比优化设计措施控制。如：水泥过细会增大毛细孔的塑性收缩应力，水灰比过低会显著增大水泥浆的黏度系数，降低泌水率；含泥量和石粉含量会增大混凝土的黏度系数，降低泌水率，增大塑性收缩应力；适当降低水泥的凝结硬化和混凝土强度发展速率，延长混凝土的凝结时间，也可控制塑性收缩应力的形成。

b. 控制表面蒸发率主要是采取施工风速、湿度和温度控制措施，由于路面一般为露天施工，环境风速、湿度和温度较难控制，除了建议在高温大风天气不要施工之外，主要通过控制原材料的温度来降低混凝土的温度。降低集料温度或水温都是有效手段，水和集料的温度每降低 10℃，混凝土料温分别可降低 3℃和 7℃，因此夏季在搅拌水中掺入碎冰，对集料遮盖等措施，都能够有效降低混凝土的料温，减小路表蒸发率（图 9-19）。相比之下，水泥温度每降低 10℃，混凝土料温仅降低约 1.5℃。此外，路面浇筑后立即采用良好的养护措施也可以降低表面蒸发率。

a)遮盖路面

b)遮盖集料

图 9-19　降低混凝土表面蒸发率的有效措施

当环境相对湿度低于 50% 时，可采取喷雾或其他保湿措施保证路面的施工湿度，确保普通混凝土路面的表面水分蒸发率不大于 0.75 ~ 1.0kg/(m^2 · h)，考虑到掺外加剂混凝土的内部泌水率更低，有外加剂或掺和料时表面水分蒸发率不宜大于 0.5 ~ 0.75kg/(m^2 · h)，有超细粉如硅粉时不大于 0.25kg/(m^2 · h)。

(2)温度收缩裂缝

路面混凝土在硬化过程中,如果切缝不及时,当混凝土的降温温差达到8~12℃,形成的温度应力很容易超过混凝土的极限弯拉强度,导致面板内部产生温度裂缝,控制温度裂缝的主要措施是及时切缝,并保证切缝深度。

切缝时机可根据混凝土施工环境温度及温度变化特点确定,当混凝土开始硬化后即可采用软切缝跳仓切缝,当混凝土强度达到设计强度的40%以前完成全面切缝,并加深软切缝。切缝深度应达到面板厚度的1/4~1/3,当面板厚度超过28cm后应深层切缝以保证切缝深度符合要求。

(3)干燥收缩裂缝

干缩是混凝土的固有特性之一,混凝土路面成型后21~60d内,如果混凝土干缩受到基层约束,当形成的干缩应力大于混凝土的抗拉强度时,面板就会产生横向开裂。干缩裂缝的数量与基层约束条件有关,可通过控制横向缩缝间距减少干缩开裂,一般设柔性基层的路面板板长不宜大于6m,半刚性基层不大于4.5m,贫混凝土基层为3.5~4.5m,铺筑混凝土前对基层润湿或设置各类不透水薄膜等滑动隔离措施也能够有效防止干缩裂缝。

(4)温度翘曲脱空裂缝

温度翘曲裂缝是由路面板与基层之间存在温度翘曲脱空引起的,如第4章所述。预防这类裂缝的主要措施除了控制基层厚度与强度外,对于高强基层路面,可减小面板板长度为3.5~4.5m,如在南宁环城高速公路曾将原4.5m×5m的板块分为2块,板边或板角翘曲脱空造成的附加弯沉减小一半以上,可有效控制不规则裂缝扩展。此外,设置3~6cm的沥青混凝土夹层措施也可以非常有效地防治温度翘曲裂缝的产生。

(5)非结构性脱空裂缝处治技术

如果没有路基沉降或基层冲刷脱空,由上述各类荷载应力与温度应力综合作用产生的裂缝主要有板角裂缝、板边裂缝和“之”字形裂缝,其中以板角裂缝最为常见,主要出现在柔性基层或贫混凝土基层水泥路面的板角,前者主要因为柔性基层承载力不足,路面板边角处弯沉较大而出现的荷载应力裂缝。后者则是产生温度翘曲脱空后出现的荷载应力裂缝;板边裂缝主要受荷载应力及温度应力控制;“之”字形裂缝主要与贫混凝土基层上水泥路面采用较大的板长有关。非结构性裂缝处理技术可有以下三种:

①姑息处治法

当裂缝被判断为塑性开裂,对面板的疲劳寿命影响不大,一般可不作处理,但宜采用各类灌浆材料对裂缝作密封处理。

②压力注浆修补法

采用聚合物水泥浆材料、聚合物材料或地聚合物材料进行压力注浆修补，不主张扩缝灌浆，以免增加裂缝崩边危险。

③绑带修补法

采用粗螺纹钢筋作为拉力传力杆装置，采用双掺纤维和聚合物的改性混凝土作为绑带修补材料，这种方法在广西已使用15年，长期使用效果良好。

2）结构性破坏裂缝防治技术

（1）路基沉降脱空产生的裂缝

对已出现该类开裂的路面主要是采取填充注浆工艺，对路床进行灌浆处理，灌浆深度为路床以下0.8～2.0m，并将混凝土路面板抬平。灌浆压力控制不超过3MPa，粉性土路床一般采取填充灌浆，固结粉性土并提高路床强度和抗液化能力；黏性土路床一般采取劈裂灌浆，首先采取化学灌浆工艺控制灌浆范围，然后采用劈裂灌浆工艺提高黏性土路床强度，防止软化。路基灌浆技术如图9-20所示。

（2）基层冲刷溶蚀脱空产生的裂缝

基层冲刷溶蚀脱空裂缝主要发生在板角或板边，处理基层冲刷脱空主要使用可灌性好、收缩性小的浆材，对板底脱空部位灌浆，灌浆压力一般为0.3～0.5MPa，最大不超过1.0MPa，必要时采取二次灌浆工艺，浆体硬化后测定接缝边缘弯沉值不大于14(0.01mm)，弯沉差不大于6(0.01mm)。灌浆材料以往多使用各类改性水泥基材料，但近年来地聚合物材料由于环保、成本低、性能好的优点，逐步发展为主要的灌浆材料之一。基层灌浆技术如图9-21所示。

图9-20　路基灌浆技术

图9-21　基层灌浆技术

当由于基层冲刷溶蚀脱空造成不规则断板时，必须采取全深度补块处理。即采取快硬早强混凝土或预制拼装技术施工，如图9-22所示。

a)早强混凝土

b)预制拼装技术

图 9-22　早强混凝土及预制拼装技术

9.1.3　错台处治技术

1)灌浆抬板及稳板技术

当路面板错台量较大,需要抬起路面板提高路面行驶质量时,可采用灌浆技术,通过一定的压力将路面板抬起,减少或消除错台,抬板类灌浆工艺通常需要灌浆压力达 1.0MPa 以上,为防止面板受到压力劈裂破坏,灌浆深度应达到路床以下 0.8m 左右。

当检测弯沉量较大但路面板错台量不大时,可采用填充灌浆技术稳板,灌浆范围仅限于板底,灌浆压力为 0.3 ~0.5MPa,通常采用补偿收缩灌浆材料或二次灌浆工艺,保证完全填充板底空隙。灌浆稳板的验收标准为板边弯沉值不大于 14(0.01mm),接缝弯沉差不大于 6(0.01mm)。

稳板灌浆工艺很难保证板底完全充满浆液和长期稳定,一般两年左右弯沉检测指标就会有显著增大,因此作为预防性养护措施,定期灌浆很有必要。

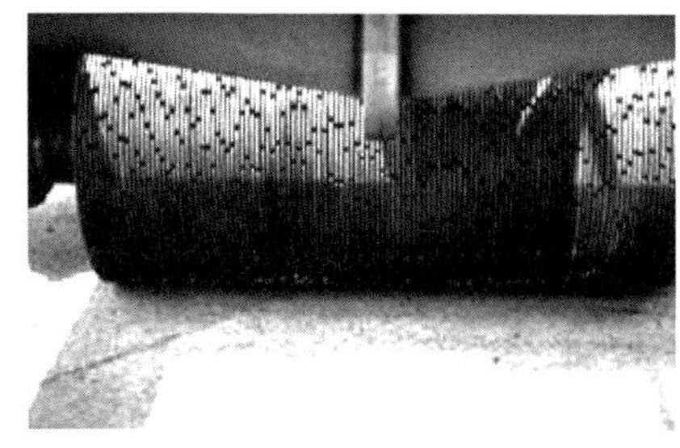
图 9-23　错台磨平技术

2)错台磨平技术

当错台量在 10mm 以内时,也可通过磨平处理工艺减少路面错台,其在国内多个高速公路项目中得到了广泛的应用,在降低路面错台,提高行驶舒适感方面取得了显著的效果。错台磨平技术如图 9-23 所示。

9.1.4　水泥路面表面功能修复技术

1)平整度恢复技术

水泥路面的平整度一旦劣化后,恢复难度较大。2008 年广西曾研制了水泥路面磨平机,采用 300 张锯片组成刚性刻槽磨平系统和激光定位自动找平系统,设备功率达 250kW,重量达 60t,可显著改善水泥路面平整度,磨平面采用纵向密刻槽技术,提高水泥路面平整度,一次纵向刻槽宽度为 2m,施工过程中可不中断交通。由于刻槽后砂浆和骨料裸露,路面抗滑主要受纹理间距控制,施工控制的关键是既要保证有足够密的纹理间距,又要防止纹理过密黏连在一起降低抗滑安全性。

2)抗滑性能恢复技术

水泥路面的抗滑构造可分为细观构造和宏观构造,其中细观构造提供的摩擦系数可达 0.3 左右,宏观构造提供的摩擦系数一般为 0.2 ~0.4,介于二者之间的表面构造的摩擦系数可达 0.3 ~0.5,恢复路面的抗滑构造是提高路面抗滑性能的关键。

(1)刻槽恢复技术

刻槽恢复技术主要应用于恢复宏观构造,旧水泥路面抗滑构造磨损后,可通过补刻槽技术处理恢复抗滑性能,目前刚性刻槽技术已向大型机械化的纵向刻槽兼磨平综合技术发展,如水泥路面磨平机(图 9-24)。

a)远景

b)近景

图 9-24　重型水泥路面磨平机技术

(2)化学处理技术

由于路面在使用过程中受颗粒吸附、黏土和油污染、轮胎磨损等作用,路表面孔隙逐步封闭,细观构造提供的基本抗滑性能损失很快,采用化学处理工艺可

图 9-25 盐酸处理后路面细观抗滑构造有明显恢复

以有效地恢复细观构造。考虑到水泥混凝土为碱性物质,采用弱酸腐蚀混凝土表面,可清除表面污染和吸附物,溶蚀表面空隙中水泥水化生成的氢氧化钙,增加表面细观构造,从而显著提高路面的基本抗滑性能(图 9-25),该技术在广西一些收费广场、隧道、长大下坡等特殊路段以及复合式路面的混凝土下面层表面处理中得到广泛应用。

石灰岩机制砂为碱性集料,与盐酸等酸类溶液会发生持续的中和反应,因此石灰岩机制砂混凝土路面采用盐酸处理效果较差,该技术经广西隆百路验证效果不佳。

(3)机械恢复技术

水泥路面抗滑性能还可采用铣刨、抛丸、喷砂等机械化施工工艺进行处理。传统的铣刨工艺获得的构造深度过大,会导致路面平整度和行车舒适性受到一定的影响,虽然近年来出现的精铣刨工艺逐步克服了上述缺点,但操作中仍需注意控制相关机械参数。

抛丸工艺可形成均匀的细观构造,有效恢复路面的基本抗滑性能,操作时应控制好钢丸的颗粒直径与级配、冲击角度和速度,保证构造深度符合要求。喷砂工艺采用高压射流掺砂,冲击混凝土表面形成均匀良好的宏细观构造,但施工污染较大,主要用于水泥路面加铺时旧路面的表面处理。

3)薄层水泥混凝土修补技术

国内在多年的实践中,开发了薄层水泥混凝土修补技术甚至超薄水泥混凝土罩面技术,可综合处理路面的错台和恢复平整度及抗滑性能。

薄层修补的厚度范围为 10 ~ 80mm,考虑到受薄层效应影响,修补层易剥落,因此需仔细处理旧路面与罩面的界面,对此可采用喷砂或抛丸处理工艺(图 9-26),先在旧路面顶部形成构造深度为 0.8 ~ 1.0mm 的均匀结合面,然后采用盐蚀处理,进一步清洁表面并形成细构造,使结合面的摩擦系数达到 0.8 以上,并采用聚合物改性水泥浆或其他黏结材料作为界面黏结剂进行涂刷。

薄层修补材料采用聚合物改性水泥砂浆或混凝土,宜采用纤维增强,当罩面厚度为 10 ~ 20mm 时采用聚合物改性砂浆,厚度为 20mm 以上时采用聚合物改性混凝土。聚合物砂浆的 28d 强度不低于 50MPa,聚合物混凝土 28d 抗压强度不低于 50MPa,弯拉强度不低于 6.0MPa,并均宜采用膨胀剂进行补偿收缩和采用纤维复合增强和增韧。

薄层修补施工必须加强养生。即使聚合物砂浆或修补混凝土的强度已达到开放交通要求，也不能停止保湿养生，养生期宜达到14d以上。

图9-26 界面处理(抛丸和涂抹黏结剂)

4)超薄沥青磨耗层技术

当旧水泥路面出现平整度和抗滑性能下降等病害时，为确保行车安全和舒适性，可采用加铺超薄沥青磨耗层养护方式(图9-27)，处理后旧路面的平整度和抗滑性能均有显著改善。相关工序包括：填补整平，在路面加铺超薄磨耗层前对旧路面病害处治，并进行整平处理；喷洒黏层油，清理干净旧路面表面后喷洒黏层油，黏层油宜为改性沥青；加铺超薄磨耗层，超薄磨耗层厚度多在1cm以下，采用改性沥青SMA型沥青混合料或专用的超薄磨耗层沥青混合料。

由于隧道水泥路面施工质量普遍难以控制，加上洞内路面易湿滑，运营期间平整度和抗滑能力衰减较快，广西、广东等省(自治区)在近年中已逐步在隧道水泥路面养护中推广应用该技术，如广西已处治了河池至都安高速公路等项目的多个隧道水泥路面，并拟用其处理隆百路隧道水泥路面。

图9-27 超薄沥青磨耗层

9.1.5 接缝裂缝病害处治技术

1)填缝

填缝需在适当的时候，用适当的填缝料填封失效的接缝或裂缝，以防水侵入和杂物落入。接缝填缝料更换的工序为:首先清洁槽内的灰尘、石屑、杂物等,烘干开槽,并采用喷砂方法去除残余物,浇填缝料之前1h采用压力空气清理开槽,并使用吸尘器清理槽内和接缝周围路面,最后用压力装置挤入填缝材料,确保一定的养护时间。

填缝料应能承受不同温度下的水平拉压和竖向剪切作用,一般热浇填缝料的服务寿命为3~5年,硅酮填缝料为8年,预制的氯丁橡胶混合物等挤压式填缝料为15年左右。

2)接缝传荷性能恢复技术

水泥路面接缝传荷能力恢复可采用绑带法技术和斜插传力杆技术。绑带法技术是在绑带法裂缝修补技术的基础上发展起来的,从板角开始20cm处,横跨横向接缝,间隔30cm连续设置3道绑带,绑带槽宽100mm,深为板厚的1/2+30mm,采用直径为28mm或32mm的螺纹钢筋,采用膨胀螺钉并将螺纹钢筋焊接在膨胀螺钉上,然后采用快硬早强纤维增强补偿收缩混凝土修复形成绑带。采用绑带法处理的接缝和裂缝在广西的实体工程最长使用时间已达14年,效果良好。

斜插传力杆技术2003年以后在国内获得了应用。传力杆的直径与设计规范要求的直径相同,传力杆水平投影长度不小于设计传力杆长度要求,由接缝边缘的驶离端向驶入端斜向插入传力杆,斜向传力杆在接缝部位处于板中,插入驶入端板块底部,将驶入端下沉的板块抬起。适当增加驶入端的插入深度,安装传力杆后对钻孔进行灌浆,并在驶入端的板边缘垂直钻孔,进行抬板灌浆,可修复错台并获得可靠的传荷能力。

9.2 新旧水泥路面加铺沥青罩面技术的发展

9.2.1 应用的背景和现状

水泥路面在我国高速公路的发展主要集中于20世纪90年代中期至21世纪初,如典型的湿热地区广西便在此期间集中修建了近1 500km的水泥路面高速公路,基本为普通水泥混凝土路面,这些水泥路面大部分在2005年前修筑,结构设计承载能力偏弱,在踏入21世纪后,由于经济的迅速发展交通量猛增,导致部分路面破坏速率较快,维修频繁,无法满足高速优质的通行功能。为此,从2010年后,建养部门先后大规模的对其中的部分重点项目如南宁至柳州、南宁至北海、南宁吴圩机场高速等高速公路旧水泥路面加铺了各类形式的沥青混凝土罩面(简称沥青罩面),总里程约为540km,并拟在2016年在桂林至柳州、南宁至坛洛等高速公路中再加铺100km左右。此外,部分地方公路对很多破损严重的旧水泥路面加铺了沥青罩面,部分重点城市如广西南宁市还对大部分城市主干道的水泥路面加铺了沥青罩面。目前,旧水泥路面加铺沥青罩面的复合式路面结构(简称旧路白加黑式路面)的相关技术已逐步成熟,已完成的工程大都通行状况良好,达到了经济有效地提高旧水泥路面通行功能的目的。

除了提高旧水泥路面的通行功能之外,在新建路面中,考虑到我国的地方资源优势和地理气候条件,以及综合利用水泥路面承载力强和沥青路面表面功能好的优势,国内部分高速公路和路网干线公路项目在新建路面中使用了水泥混凝土路面加铺沥青罩面的复合式路面结构(简称新建白加黑式路面),如湖南在2000年后铺筑了多条连续配筋混凝土加铺沥青罩面的新建白加黑式路面,广西在2007年通车的坛百路修筑了约12km的新建白加黑式路面试验路后,2011年通车的隆百路在全线177km中使用了机制砂混凝土路面加铺橡胶沥青罩面的经济型新建白加黑式路面,成本造价远低于国内其他省份的类似路面。

通过多年的研究与应用,特别是在"耐久性路面技术"、"薄层橡胶沥青在北部湾水泥路面中的应用技术研究"等多个省部级课题的支撑下,白加黑式路面技术在广西已逐步成熟,在结构组合设置、层间结合、罩面材料组成设计等方面上已趋于系统科学,但相关技术体系也存在一些争议,特别是对新建白加黑式路面,工程界仍在设置沥青罩面的作用是以功能性为主抑或结构功能作用兼备、罩面厚度最薄能至几厘米、层间结合的形式和材料等基本问题上有着较多分歧。

9.2.2 旧路白加黑式路面技术的应用工程实例

广西于2004~2005年首先在南柳路的来宾和凤凰附近铺筑了两段旧路白加黑式路面的试验段,并根据相关经验,于2007~2008年对桂柳路旧水泥路面加铺了约40km的沥青罩面。2011~2012年开始大规模的在柳南路全段205km,2014~2015年在南北路全段近170km的旧水泥路面上加铺罩沥青罩面,并拟在2015~2016年对南坛路部分旧水泥路面段落(约18km)、桂柳路剩余未加铺旧水泥路面段落(近90km)加铺沥青罩面。

1)试验段尝试

(1)凤凰试验段

2004年11月至2005年4月,养护部门在南柳路凤凰段旧水泥路面上全幅加铺了5km沥青罩面,具体结构如表9-2所示。

凤凰试验段路面结构 表 9-2

序号	名称桩号	面层结构		总厚度(cm)
1	K553 ~ K554 +500 右幅	表面层	3cm SBS 改性沥青 SMA-13	10.7
		中面层	6.2cm SBS 改性沥青 KH-25	
		层间处理	单面烧毛土工布 + 喷洒 1.2 ~ 1.4kg/m² AH-70 号沥青黏层	
		下面层	1.5cm 砂粒式沥青混合料调平层	
		处治后的旧水泥路面板(以后均同)		28
2	K554 +500 ~ K556 右幅	表面层	4cm SBS 改性沥青 SMA-13	11.2
		中面层	5.7cm SBS 改性沥青 KH-25	
		层间处理	单面烧毛土工布 + 喷洒 1.2 ~ 1.4kg/m² AH-70 号沥青黏层	
		下面层	1.5cm 砂粒式沥青混合料调平层	
3	K556 ~ K558 右幅	表面层	4cm SBS 改性沥青 SMA-13	11.6
		中面层	5.5cm SBS 改性沥青 KH-25	
		下面层	2.1cm 细粒式沥青混合料防裂层	
4	K553 ~ K555 左幅	表面层	4cm SBS 改性沥青 KH-13	12
		中面层	6cm AH-70 重交沥青 KH-25	
		下面层	2cm 细粒式沥青混合料防裂层	
5	K555 ~ K557 左幅	表面层	4cm SBS 改性沥青 KH-13	12
		中面层	5.5cm SBS 改性沥青 KH-25	
		下面层	2.5cm 科氏应力吸收层	
6	K557 ~ K558 左幅	表面层	4cm SBS 改性沥青 KH-13	11.5
		中面层	6cm SBS 改性沥青 KH-25	
		层间处理	单面烧毛土工布 + 喷洒 1.2 ~ 1.4kg/m² AH-70 号沥青黏层	
		下面层	1.5cm 砂粒式沥青混合料调平层	

注:SMA 为沥青玛蹄脂结构混合料;KH 为广州大学命名的一种骨架密实型级配沥青混凝土;AC 为密实型沥青混合料。

试验段要求对实测弯沉值大于 40 的旧混凝土路面板进行更换或灌浆处置，弯沉复测值需小于 12。试验段验证了 6 种结构，其中沥青加铺层厚度变化不大，在 10.7 ~ 12cm 之间;表面层分别采用了 SBS 改性沥青 SMA-13、SBS 改性沥青 KH-13 两种混合料;中面层采用了 SBS 改性沥青 KH-25 和 AH-70 重交沥青 KH-25 两类;下面层分别采用了砂粒式调平层和科氏应力吸收层。

设置热沥青浸渍单面烧毛土工布的目的是增强防反射裂缝作用,其设置在应力吸收层上而非旧路面板上的原因是因为施工中发现土工布难以完全粘贴在旧路面板的表面,且在刻槽位置由于土工布易在槽内弯折并吸水积水,影响到沥青路面的质量,因此改为在中面层与调平层之间铺设,后期钻芯取样证明该方式的实际应用效果较好。

(2)来宾试验段

养护部门在吸取凤凰试验路铺筑的经验和教训后,于 2005 年底至 2006 年 11 月分别在柳南路靠来宾市附近的 K596 ~ K606 左幅、K592 + 600 ~ K608 右幅、K606 ~ K608 左幅路段的旧路面上加铺沥青罩面,路面结构和凤凰试验段基本相同,只是为了检验沥青罩面的抗车辙性能,在部分段落增加了特立尼达湖改性沥青(TLD)试验段和 AC-25 型 SBS 改性沥青中面层对比段。

(3)试验段使用性能评价

2009 年 1 ~3 月养护部门组织对两个试验段进行了路面病害调查和观测,相关结论如下:

①凤凰段

表面层采用 SBS 改性沥青 SMA-13 类混合料时的使用性能明显优于 SBS 改性沥青 KH-13,特别是在遭遇 2008 年 1 月份百年不遇的雪(冻)灾后,SMA-13 类表面层几乎没有受损,仅有个别坑洞和反射裂缝,而同桩号路段左幅加铺的 KH-13 类表面层出现了较多的网裂、龟裂和坑洞,由于 SMA-13 类表面层在抗车辙、抗反射裂缝、抗冻及抗水损等方面的优势,此后广西沥青罩面表面层普遍采用了这种结构。

中面层基本采用了 SBS 改性沥青 KH-25 类混合料,调查时发现路面车辙深度基本上在中轻度车辙范围内,较此后 2008 年桂柳路大修工程采用的 AC-25 类混合料抗车辙能力更高。

部分段落使用了单面烧毛土工布防反射裂缝措施,反射裂缝率较未加铺段降低了近 7 倍,证明了单面烧毛土工布在防反射裂缝上发挥了作用。

下面层分三种结构:1.5cm 砂粒式沥青混合料调平层、2cm 细粒式沥青混合料防裂层、2.5cm 科氏应力吸收层,前两种沥青混合料基本属于同一结构类型(AC-10),基本达到了调平防水作用的目的。科氏应力吸收层虽然在防反射裂缝和封水方面有优势,但成本太高,且发现反射裂缝较多,虽然这可能与该路段路基不稳定有关,但由于此原因此后很少再使用该类材料。

②来宾段

来宾段的观测结论基本与凤凰段相近，使用了特立尼达湖改性沥青（TLD）的路段和SBS改性沥青相比差异不大，只是车辙深度稍大一点，这可能与其软化点较低有关。

2）桂柳路大修工程

（1）路面结构设计

2007年10月至2008年5月养护部门分别在桂柳路K394+260~393+821.5、K491~K511+318两段共约40km的旧水泥路面上加铺沥青罩面，路面结构基本参考凤凰段和来宾段，但做了以下尝试：中面层改用AH-70号基质沥青配制的AC-25类沥青混合料；在K374+260~K383段中面层沥青混合料中掺抗车辙剂；在K379~K383段将单面烧毛土工布改为聚酯玻纤防裂布；在K509+101~K511+318.339段将下面层改为沥青碎石类混合料。

虽然设计要求中面层AC-25类混合料用沥青为AH-70号基质沥青，但吸取了国内其他项目的经验教训后，在施工中后期将AH-70号沥青改为SBS改性沥青，此后果然发现前期使用AH-70号沥青的中面层路段局部在通车第二年便出现了大于10mm的车辙类病害。

（2）使用性能评价

与凤凰段、来宾段相比，桂柳路沥青罩面出现的主要病害是早期车辙，这与部分中面层采用非改性的AH-70号沥青有很大关联。

3）南柳路加铺改造工程

（1）路面结构设计

南柳路是广西最早修筑完成的几条高速公路之一，全长224.310km，于1999年10月全线建成通车，采用薄板类水泥路面结构，即：24cm厚、设计抗弯拉强度为4.5MPa的普通水泥混凝土路面板+20cm二灰稳定碎石基层+20cm级配碎石垫层。该路面从2003年后逐渐出现了裂缝、破碎板、坑洞、错台等病害，2006年后路面病害迅速发展，行驶质量逐年下降，主要病害包括破碎板、横纵向裂缝、板角断裂、错台、沉陷、修补损坏、板底脱空、传荷能力差等诸类水泥路面的典型病害。柳州至南宁高速公路2009年PQI状况如图9-28所示。

在借鉴国内外经验，特别是通过总结凤凰试验段、来宾试验段、桂柳路大修工程的经验教训，并考虑南柳路所经地区的湿热气候后，以及部分段落路面长期使用后路面横缝缝宽已达8~12mm，防反射裂缝问题凸显，因此更为注重对旧路面的合理处治以及罩面混合料的防反射裂缝和抗车辙设计。

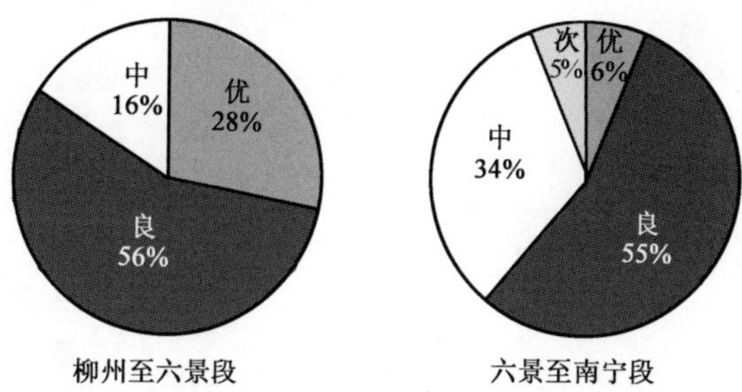

图9-28　柳州至南宁高速公路2009年PQI状况(摘自养护部门数据)

旧路面的处治原则为充分利用旧路面板的承载力,并保证旧路面板的稳定性,处理时不限于路面,对路基沉陷严重的路段采用路基深层灌浆等稳固工艺。对旧路面主要是更换破碎板及板底、板边实测弯沉值大于40(0.01mm)的板,采用改性沥青修补中等以下裂缝,对板底与板边实测弯沉值超过14(0.01mm)但未破坏的旧路面板采用板底灌浆工艺稳固,对接缝两侧板弯沉差超过8(0.01mm)且传荷能力不良的旧路面板采用板底灌浆工艺。在验收时,对处治后的旧路面板逐板检测,控制接缝传荷系数大于80%,弯沉差小于8(0.01mm)。此外,虽然旧路面均未设置传力杆,但新浇筑路面均采用前置支架法设置了30mm的传力杆。

加铺改造工程的路面结构如表9-3所示。

柳南路加铺改造工程路面结构　　表9-3

名称桩号	面层结构		厚度(cm)
主线	表面层	4cm SBS改性沥青SMA-13	12~14
	中面层	6~8cm SBS改性沥青AC-20/25	
	下面层	2cmAC-10类沥青混合料应力吸收层	
	处治后的旧水泥路面板		24

(2)使用性能评价

加铺改造工程于2010年5月开工,2012年6月全面结束,其中宾阳至南宁段在2011年6月完成。加铺沥青罩面后路面的使用质量得到了很大提升,如交通量最为繁忙的宾阳至南宁段于2011年6月完成施工后,至2015年初观测时已通车运营3年半,是广西交通投资集团所管养的数千公里高速公路中交通量最重但路况MQI指标较好的路段之一,如图9-29所示。项目的管养费用也大大降低,除部分长大上坡路段、加减速车道、连接未加铺沥青罩面的特大桥的过渡段等路段外,其他路段在观测时仅存在轻微车辙,水损害及裂缝等病害较少发生。管养公司测得通车后3年内的各类质量状况系数如图9-30所示,从中可见,除了已成为当前沥青路面质量通病的抗滑性能指数衰减较快问题外,其他指标均保持稳定。

a)通车前

b)通车后

图9-29　通车前、后的柳南路同一路段

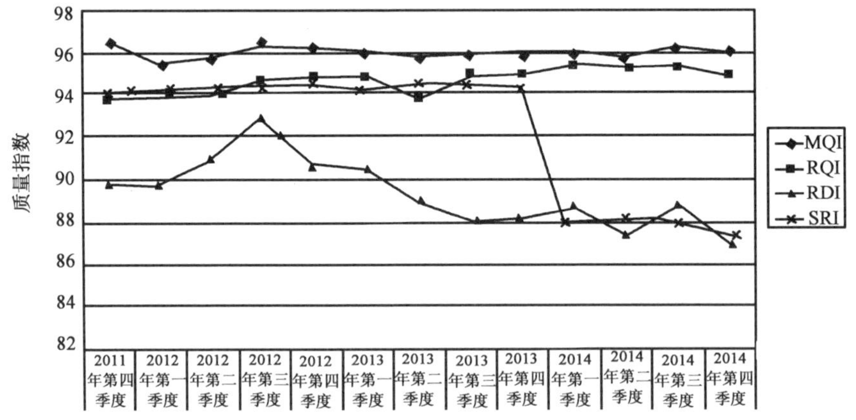

图9-30　柳南路通车后质量指数对比

注:MQI-公路技术状况指数;RQI-路面行驶质量指数;RDI-路面车辙深度指数;SRI-路面抗滑性能指数。

4)其他已建或拟建旧水泥路面加铺罩面工程

(1)南宁至北海高速公路

2012年12月至2015年8月,养护部门在1998年通车的南宁至北海高速公路先后实施了改扩建试验段工程和南间至北海段路面改建工程。其中改扩建试验段工程45.324km是将原来的六车道扩建为八车道,将原来的水泥路面板破碎后,重新铺筑沥青路面结构;南间至北海路面改建工程总里程约123km,采用在旧水泥路面上加铺沥青罩面的方法，路面结构如表 9-4 所示。

南北路改建工程沥青路面结构　　表 9-4

<table>
<tr><th>名称桩号</th><th colspan="2">面层结构</th><th>厚度(cm)</th></tr>
<tr><td rowspan="4">主线</td><td>表面层</td><td>4cm SBS 改性沥青 SMA-13</td><td rowspan="3">13</td></tr>
<tr><td>中面层</td><td>6cm SBS 改性沥青 AC-25</td></tr>
<tr><td>下面层</td><td>3cm 改性沥青 SMA-10</td></tr>
<tr><td colspan="2">处治后的旧水泥路面板</td><td>24</td></tr>
</table>

(2)南宁至坛洛高速工程石埠北至坛洛段

南坛高速公路石埠北至坛洛段路面改造工程全长 19.009km，原水泥路面于 2003 年底通车，计划于 2015 年 10 月起处治旧水泥路面并加铺沥青罩面，拟用路面结构如表 9-5 所示。

南坛路改建工程路面结构　　表 9-5

<table>
<tr><th>名称桩号</th><th colspan="2">面层结构</th><th>厚度(cm)</th></tr>
<tr><td rowspan="4">主线</td><td>表面层</td><td>5cm SBS 改性沥青 SMA-13</td><td rowspan="3">16</td></tr>
<tr><td>中面层</td><td>9cm SBS 改性沥青 AC-25</td></tr>
<tr><td>下面层</td><td>2cm 改性沥青 AC-10 应力吸收层</td></tr>
<tr><td colspan="2">处治后的旧水泥路面板</td><td>26</td></tr>
</table>

(3)桂林至柳州高速公路

1997 年通车的桂柳路是广西第一条高速公路，全段 138km 均为水泥路面，其中靠近桂林段约 40km 的旧路面如前述已于 2007 ~ 2008 年加铺沥青罩面，其余 90km 即僚田至鹿寨北互通段将于 2015 年 10 月开始加铺沥青罩面，路面结构如表 9-6 所示。

桂柳路改建工程路面结构　　表 9-6

<table>
<tr><th>名称桩号</th><th colspan="3">面层结构</th></tr>
<tr><td rowspan="7">主线</td><td rowspan="2">表面层</td><td>普通路段</td><td>4cm SBS 改性沥青 SMA-13</td></tr>
<tr><td>长大纵坡路段</td><td>5cm SBS 改性沥青 SMA-13</td></tr>
<tr><td rowspan="4">中面层</td><td>路况良好路段</td><td>9cm SBS 改性沥青 AC-25</td></tr>
<tr><td>路况一般路段</td><td>10cm SBS 改性沥青 AC-25</td></tr>
<tr><td>错台量大路段</td><td>5cm 改性沥青 AC-20C</td></tr>
<tr><td>长大纵坡路段</td><td>8cm 改性沥青 SMA-20</td></tr>
<tr><td>下面层</td><td>路况良好路段</td><td>2cm 改性沥青 AC-10 应力吸收层</td></tr>
</table>

续上表

名称桩号	面层结构		
主线	下面层	路况一般路段	2cm 改性沥青 AC-10 应力吸收层
		错台量大路段	9cm 改性沥青 ATB-30 下面层
		长大纵坡路段	2.5cm 改性沥青 AC-10
	处治后的旧水泥路面板		

(4)云南曲胜高速公路路面养护处治工程

云南省曲靖至胜境关高速公路是《国家高速公路网规划》中上海—昆明高速公路(G60)云南境内的起始段,路线全长 76.824km,旧路面于 2000 年 1 月 8 日开工,2002 年 10 月 18 日通车,其中 K15 +600 ~ K48 +000 段的原路面结构如表 9-7 所示。

云南省曲胜高速公路旧路路面结构 表 9-7

结构层次	路面结构层	结构层次	路面结构层
垫层	15cm 级配碎石	面层	26cm 普通水泥混凝土
基层	20cm 水泥稳定级配碎石		

该项目随着时间的推移,路面病害逐年增多,养护部门因此于 2014 年 8 月决定对该段落旧水泥路面加铺沥青罩面,提高路面使用性能和行车舒适性,总体路面设计方案如表 9-8 所示。

云南省曲胜高速公路 K1 +000 ~ K15 +600 段旧路路面结构 表 9-8

结构层次	路面结构层
垫层	15cm 级配碎石
基层	20cm 水泥稳定碎石
下面层	26cm 普通水泥混凝土(处治后)
防裂黏结层	1cm 橡胶沥青应力吸收层
中面层	6cm 掺抗车辙剂的 AC-20C 沥青混凝土
表面层	4cm 改性 AC-13C 沥青混凝土

从目前国内不同省份的应用经验来看,高速公路旧水泥路面加铺沥青罩面技术已基本成型,与 21 世纪初很多省份采用的将旧水泥路面破碎回收作为垫层或基层材料不同,当前的加铺改造工程更为注重对旧水泥路面的综合集约利用和尽量减少对现行交通的干扰,除了部分连续破坏很严重的旧路面段落外,对大

部分仍具有承载力的旧路面段落都会大致采用“处治后的旧水泥路面 +1 ~3cm 的应力吸收层(防裂层、防水黏结层) +6 ~10cm 的各类改性(未改性)沥青混合料中面层 +4 ~8cm 的各类改性沥青混合料表面层”的结构,各结构层材料则视不同地区的应用习惯和财力等有所变化。

9.2.3 新建白加黑式路面技术的应用工程实例

在新建水泥路面上加铺沥青罩面,既利用了水泥路面承载力强、便于就地取材、成本较低的优点,又充分发挥了沥青路面行车舒适性好、噪声小的优势。复合式路面属于刚中有柔的路面结构,以刚为主,上下层路面在结构受力和功能上相辅相成,其中水泥混凝土下面层承担了大部分的承载力,沥青罩面仅作为功能层或结构辅助功能层使用,因此厚度可以大大减薄,目前最薄可做到 4cm 甚至更低。

沥青罩面主要起功能改善效果,但也可缓解行车对路面板的冲击作用,因而在设计上可使混凝土下面层厚度减薄,只要处理好接缝问题,能够减少以往水泥路面板接缝处的冲蚀、唧泥、断板、错台等病害。白加黑式路面相较普通水泥路面,在平稳降噪、行车舒适性等方面有了很大提高,相较沥青路面又在初期投资和养护成本上有明显降低,也因此成为我国湿热地区当前首选的新型路面结构之一。

国内的新建白加黑式路面由于各地成本造价差异较大和其他原因,不同的省份有其自身的特点,如与湖南省多在连续配筋混凝土路面上加铺沥青罩面不同,广西多采用普通混凝土甚至机制砂混凝土下面层,沥青罩面的厚度也远低于湖南、河南、重庆、广东等地区,这些地区沥青罩面的厚度多在 8 ~12cm 之间,广西则薄至 4 ~6cm,因此可称为薄层罩面复合式路面,为此,广西交通科学研究院还在 2012 ~2015 年完成了国家西部交通科技项目“薄层橡胶沥青在北部湾水泥路面中的应用技术研究”。

1)坛洛至百色高速公路试验段

(1)路面结构设置

坛百路是广西高速公路网中规划的以南宁为中心的七条辐射干线之一,主线全长 187.67km,路面结构为沥青路面,在 K0 +000 ~K12 +730 路段左幅设置了新建白加黑式路面试验段。试验段起点接南宁至坛洛高速公路(面层为水泥路面),重载交通量较大。试验段对比了多种类型的结构,不同结构类型段落的设置长度为 2 ~4km,主要结构设置特点如下:

①水泥路面下面层:采用 26cm 设传力杆的普通混凝土面板。

②水泥路面表面处理方式：对比了压槽拉毛、喷砂、弱酸腐蚀处理、抛丸等多种方式。

③水泥路面和沥青路面层间处理工艺：对比了1.5cm橡胶沥青防水层、反应型黏结防水层、2cm改性沥青砂粒式应力吸收层，以及不设的效果。

④沥青面层：对比了AC-13与SMA-13表面层沥青混合料，厚度取4cm和5cm两种。其中AC-13类混合料还对比了是否添加聚酯纤维两类形式。

(2)使用性能评价

①使用性能和养护成本

2010年观测时，发现试验段路面目前主要的病害为裂缝和坑槽，裂缝主要为反射裂缝，多出现在下面层路面板块缩缝处，如图9-31所示。相比之下，坛百路主线其他普通沥青路面路段的主要病害为车辙、水损害和坑槽，病害的数量、烈度和对行车安全的危害性都要大得多。

图9-31　坛百路复合式路面主要病害为横向裂缝

②不同路面结构和工艺的对比

试验段于2007年12月28日正式通车，2010年10月广西交通科学研究院曾进行了实地调查，得出如下结论：

a.针对水泥路面下面层的表面处理工艺来看，喷砂打毛的效果好于压槽拉毛，采用喷砂打毛处理工艺后的沥青罩面车辙和推移病害较少，反之则要严重得多。

b.从应力吸收层类型来看，采用2cm砂粒式应力吸收层的路段横向裂缝最为严重，但推移、车辙类病害较少。

c.罩面使用加入聚酯纤维的AC类混合料路用性能最优，采用未加入纤维的AC类混合料的路段车辙与推移较为严重，但从此后的铣刨界面看，沥青层并未见明显的变形，车辙主要发生在应力吸收层层位。

d.试验段横向裂缝类病害较多，但采用橡胶沥青黏结防水层的路段则横向裂缝发生率相对较少。

2)广西某高速公路

(1)路面结构设计

广西某高速公路主线全长177.849km，是广西第一条投资超百亿元的山岭重丘区高速公路，桥隧比达到26.4%，全线采用新建复合式路面结构，如表9-9所示。

广西某高速公路路面结构及造价 表 9-9

结构层类型	单位造价(元/m^2)
橡胶沥青混凝土 AC-13(4cm)	64.0
1.5kg 橡胶沥青黏结防水层	10.5
28cm 水泥混凝土面板(设传力杆)	154.0
0.6cm 改性乳化沥青封层	8.0
1.5kg 煤油稀释沥青透层	4.0
5% 水泥稳定碎石(基层 20cm)	45.0
4% 水泥稳定碎石(底基层 20cm)	43.0
级配碎石(垫层 20cm)	36.0
合计	364.5

(2)使用性能评价

广西某高速公路路面与国内外其他新建复合式路面相比具有以下特点：

①结构厚度较薄,仅采用单层式罩面,仅沥青罩面的造价就要低 50% 左右。

②罩面层采用橡胶粉改性沥青混凝土材料。

③混凝土下面层采用机制砂混凝土下面层,对混凝土的表面质量和处理工艺要求更为严格。

④长大纵坡较多,罩面厚度较薄,对罩面混合料的抗车辙能力要求较高。

⑤橡胶沥青混凝土施工期间为秋冬季,气候低温多雨,对施工控制极为不利。

广西某高速公路于 2011 年 1 月底通车,至 2014 年 12 月底路面出现了沉陷、车辙、拥包等各类病害,特别是路面车辙指数 RDI 在 2011 年底为 81.90,其中有 16km(单幅)路面车辙指数为 26.6 ~ 79.5,占全线的 4.50%,经处治后到 2014 年 12 月提高至 91.55。到 2014 年底统计的病害大约有 2 万 m 横向裂缝、3.2 万 m^2 车辙、3 813m^2 沉陷,如表 9-10 所示。

广西某高速公路通车至 2014 年底的路面指标发展 表 9-10

时间	路面	路面分项指标			
	PQI	PCI(路面损坏)	RQI(路面平整)	RDI(路面车辙)	SRI(抗滑性能)
2011 年 12 月	94.26	97.63	91.10	81.90	100.0
2014 年 12 月	90.82	91.03	91.71	91.55	85.31

图 9-32　车辙是广西某高速公路罩面的典型病害

广西某高速公路出现的早期病害主要为车辙（图 9-32），特别在长大纵坡路段和高温、重载作用组合的不利条件下，部分段落过早出现了车辙病害，分析相关原因大致为：首先，这是广西第一个使用橡胶沥青混合料的大型项目，由于经验不足，加上施工工期较紧，各类准备工作不太充分，特别是橡胶沥青的生产工艺未统一、质量不稳定，砂石等地方材料的备料不充分，导致橡胶沥青混合料的质量波动大，特别是高温稳定性不足；其次，机制砂混凝土下面层施工质量管控与顶部处理工艺不到位，特别是由于机制砂含粉量未控制到位，混凝土表面浮浆较多，即使刻槽拉毛后，与沥青罩面的黏结性仍不足；第三，层间界面处治整体效果不佳，虽然全线采用橡胶沥青同步碎石封层，但部分标段层间橡胶沥青撒布不均，导致部分路段表面泛油，封层整体抗剪能力不足；第四，大部分段落的沥青罩面于冬季施工，罩面混合料冷却较快，对质量控制不利；部分段落的路基沉陷也构成了重要因素之一；最后，部分专家认为该项目长大纵坡路段比率较高，对复合式路面的界面黏结性能、沥青罩面的抗剪抗车辙等能力均要求较高，4cm 的沥青罩面厚度有所不足。

3）钦州至崇左高速公路连接线

（1）路面结构设计

钦崇路吴圩至上思连接线、板利至东门连接线为二级公路设计标准，全长约 90km，采用新建白加黑式路面结构设计，因造价成本限制，对沥青罩面的厚度有一定限制。咨询单位广西交通科学研究院在吸取了坛百路、隆百路等项目的经验教训之后，从路面结构组合、界面黏结剂性能、界面处治工艺、沥青混凝土类型、橡胶沥青胶结料性能、施工质量管控等多方面，就施工工艺方面对业主提出了较多针对性建议。

路面结构为：5cm 橡胶粉改性沥青混凝土面层 + 1cm 橡胶沥青同步碎石封层 + 24cm 水泥混凝土面层 + 0.6cm 乳化沥青稀浆封层 + 透层 + 20cm5% 水泥稳定碎石基层 + 25（20）cm 级配碎石垫层，总厚度 74（69）cm，该连接线于 2013 年 1 月至 6 月施工路面。

对混凝土下面层表面采用了刻槽甚至是刻网格槽形式，并对部分表面砂浆较厚或存在污染的局部路段采用了酸洗方式，事实证明二者的组合大大提高了下面层与封层乃至沥青罩面之间的黏结能力。

此外,项目采用了在混凝土下面层接缝处粘贴玻璃格栅、玻璃纤维布等方法防反射裂缝,实践证明也取得了较好的效果。

(2)使用性能评价

2014 年对该项目回访时发现,在经过一个高温及低温季节后,全线沥青罩面无明显车辙、推移、水损害及大量横向反射裂缝等病害,仅在水泥路面下面层纵缝位置处存在纵向裂缝以及其他位置存在少量横向裂缝。2016 年 1 月回访时发现,项目横纵向裂缝发展速率均较快,但推移车辙较少,长期使用效果有待观察。钦崇连接线开裂情况如图9-33 所示。

图 9-33　钦崇连接线开裂情况

9.2.4　社会经济效益评价

普通水泥路面加铺沥青罩面后,由于沥青路面不设接缝,加上沥青混合料作为多孔柔性材料特有的降噪和吸收振动的特性,行车舒适性显著提高,噪声大大降低,《薄层橡胶沥青在北部湾水泥路面中的应用技术研究》表明,即使仅加铺 4cm 的橡胶沥青混合料罩面,车辆的振动加速度可减少 20% 以上,可显著反映行车舒适性的人体器官共振第一共振峰范围内的振动幅值降低了 50% 左右,人体不适感大大减轻。对于行车噪声而言,虽然加铺罩面后平均行驶车速提高了 12% ,但平均行车噪声却降低了 2.6dB。

根据目前的材料成本测算,新建白加黑式路面的建设成本大约为 360 元/m^2,较沥青路面要低 8% 左右,但考虑到复合式路面涉及不同类型搅拌和摊铺机械的调运和分派,实际成本二者估算相当。但在实际使用中,复合式路面体现了较普通沥青路面更低的病害率和更为优良的耐久性,养护成本大大降低,最典型的例子便是坛百路试验段,该试验段处于坛百路交通量最大的起点段,但据管养部门统计,从 2008 ~2014 年间,复合式路面路段日常养护总费用为 33.61 万元,年平均养护费用为 0.44 万元/km,相比之下,交通量更低的主线其他普通沥青路面段落的年平均养护费用为 0.77 万元/km。

复合式路面的全寿命周期成本较普通沥青路面要低得多,而使用舒适性又较普通水泥路面有了显著提高,成了恢复人们对水泥路面继续在高等级公路中应用信心的一剂良药,而随着对复合式路面技术的深入研究,特别是随着新型层间处理材料和高性能罩面沥青混合料的不断开发,复合式路面的使用寿命和功能仍将会继续提高,应用范围不断扩展,并将逐渐成为在高等级公路中与沥青路面分庭抗礼的主要路面结构。

9.3 内养护混凝土技术的发展

9.3.1 内养护混凝土技术背景

水泥混凝土是我国公路工程结构物及各类铺面工程使用的主要材料,每年用量超过 10 亿 m^3。为了延长结构物和铺面工程的使用寿命,提高混凝土的耐久性,工程界常采用添加高效减水剂和矿物掺和料以降低水灰比和提高混凝土密实性的技术措施,这在一定程度上可提高混凝土的耐久性,特别是室内试件的各类耐久性指标测试值可大幅度提高。但是,室内性能的优良往往并不能反映到实际工程中,由于用水量减少,混凝土的早期水化速度加快,早期收缩量显著增大。此外,用水量的减少和高效减水剂的使用还导致混凝土的黏度增大,施工均匀性和工作性降低,开裂趋势增加。由于公路工程除极少数特殊情况外一般为野外作业,浇筑、振捣和养护条件无法达到室内试验设定的理想条件,导致结构实体混凝土的均匀性和耐久性远劣于室内试件,这对于薄壁大截面的铺面工程、大体积的桥隧涵结构工程等体现得更加突出。

低水灰比混凝土对养生也提出了更高的要求,采用传统的保湿养生手段在养护龄期内需要花费较大的人力、物力资源,目前各类铺面工程均需要保湿覆盖和定时洒水,梁板、墩柱、墙身基础等结构物要求喷淋或滴灌养生,保湿养护所需的人工、燃料和清洁水资源等成本已逐渐占据工程成本的相当比率。而实际上,90% 以上的养护用水只能起到对混凝土表面保湿以减少其内部水分外逸的效果,并不能参与和帮助水泥水化,是一种低效不环保的技术手段。

近年来国内引进了一种国外的内养护混凝土新技术,该技术被部分专家认为可与地聚合物混凝土相提并论成为“改变混凝土应用未来的两大新技术”,目前正由设于广西交通科学研究院的广西道路结构与材料重点实验室(简称“重点实验室”)等国内多家单位进行吸收再创新和推广,其原理在于在混凝土中加入内养生剂,微细的内养生剂颗粒在混凝土搅拌过程中吸水,在混凝土硬化过程中则缓慢释放水分,保证水泥的早期水化平稳进行,从而显著降低混凝土的早期收缩。内养护颗粒的保水性还可防止混凝土内部水分外逸,早期保湿养护工作量可大大减少。此外,微细的内养生剂颗粒起到“滚动轴承”的效应,可显著降低混凝土的黏度,抵消甚至扭转因内养生剂颗粒吸水导致混凝土流动性降低的问题,混凝土的可密实性和可抹面性甚至得以提高,从而在现有施工工艺水平下,显著提高混凝土的匀质性,降低开裂趋势。

高聚物吸水性树脂材料(SAP)由于具有颗粒尺寸可控、吸水倍率大、对混凝土工作性影响小等特性,可有效降低混凝土的收缩量并提高其耐久性,是近年来得到最多关注的内养护材料。国外研究结论认为,使用掺入高吸水性树脂类养生剂的混凝土代替传统的高性能混凝土和吸水轻集料混凝土,可有效保证混凝土内部的胶凝材料充分水化,减少内部缺陷、增加密实性和减少开裂,从而提高混凝土的耐久性并延长其使用寿命。

9.3.2 内养护混凝土的室内外性能

根据重点实验室周胜波等正在进行的研究表明,当掺入相当于水泥用量0.1%的SAP颗粒(每立方混凝土成本提高10~15元)后,内养生混凝土的性能上相比传统混凝土具有以下改善:

1)施工性能

内养生剂微颗粒由于具备微粒轴承效应,掺入混凝土后可改善其工作性能,特别是延时工作性得以显著改善,如初始坍落度为185mm的内养护混凝土在1h后坍落度仅降低35mm,2h后坍落度仍可保持为80~120mm。而同等初始坍落度的普通混凝土在2h后基本已无坍落度。此外,内养护混凝土由于内养生剂颗粒类似减水剂和引气剂的微粒轴承润滑效应,黏性大大降低,因此混凝土的可密实性和均匀性显著提高,也更易提浆抹面,从而保证混凝土实体结构物特别是各类铺面工程的施工能够更为顺利地进行。内养生混凝土经时1h和2h的坍落度如图9-34所示。

a)

b)

图9-34 内养生混凝土经过1h和2h的坍落度

2)抗裂性能

室外养护的内养护混凝土在7d龄期以前的收缩率与标准养护的普通混凝土持平,但7d后的收缩率明显减小,28d收缩率较普通混凝土降低19.5%。但考虑到标准养护条件下普通混凝土的收缩率特别是早期收缩率远低于养护条件较恶劣的工程实体混凝土,因此工程实体中的养护混凝土的早期收缩率会远低于同条件下的普通混凝土,抗裂性显著提高,国外有限的工程经验证实,内养生混凝土的早期开裂率较普通混凝土可降低60%左右。

3)强度

内养生剂的掺入会对混凝土的强度有所影响,一般来说会低于标准养护下的普通混凝土,但公路工程施工一般在野外进行,现场养生条件较差,工程实体中普通混凝土的实际强度会低于标准养护试件,从图9-35的试验数据可以看出,室外不同养护条件下养护的内养生混凝土的强度均与普通混凝土相当或更高,特别在保湿条件不足时,内养护混凝土的强度较普通混凝土要高得多。

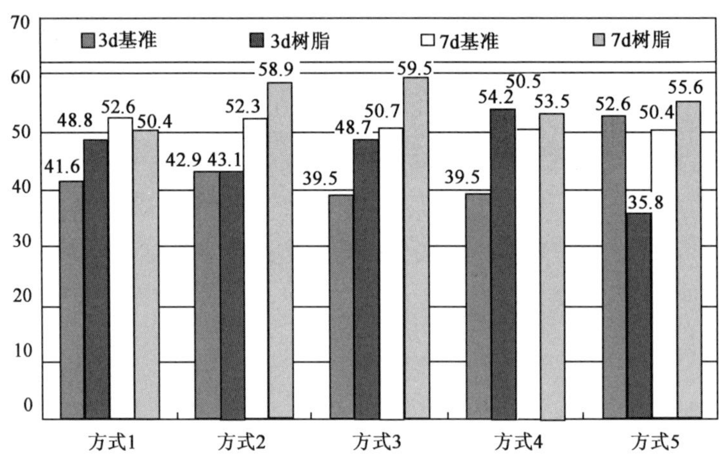

图9-35 不同养护方式下内养生混凝土与普通混凝土的强度

注:方式一:土工布覆盖并定时洒水;方式二:土工布覆盖并隔天洒水;方式三:土工布覆盖并前期洒水;方式四:无土工布覆盖定时洒水;方式五:土工布覆盖不洒水。

由于内养护混凝土具备上述优良性能,特别是具有施工性能提升,收缩抗裂性提高,对养护条件要求降低等特性,更适用于对相关性能要求较高的桥面和路面等大截面薄壁类铺面工程结构物,在未来的应用优势明显。

9.3.3　内养护混凝土的工程应用

交通运输部公路科学研究院于 2014 年底在广西某高速公路特大桥桥面铺装中使用了内养护混凝土，并在其上铺筑了沥青罩面，但该沥青罩面由于其他工程原因进行了大面积返修，因此未能观测到后期使用效果。

2015 年 6 月，重点实验室周胜波研究团队在南宁采用内养护混凝土制作了墩柱、平板和挡墙试验块（图 9-36），证实了其具备良好的施工性能和自养护性能，在室外无任何养护覆盖条件下，混凝土的均匀性和表面光洁度较好，设计为 C30 混凝土的墩柱的 7d 回弹推定强度达到 32MPa。

a)平板：1.5m×1.2m×0.2m

b)墩柱：ϕ1.2m×1.2m(7d回弹强度32MPa)

c)挡墙：3.0m×1m×0.5m

图 9-36　现场成型的平板、墩柱、挡墙实体

2015 年底，周胜波等相继在广西来宾至马山高速公路收费站广场、崇左至靖西高速公路多个桥面等处铺筑了实体工程，如图 9-37 所示，项目施工虽采用小型机具施工方式，但仍达到了使用效果，在本书编撰时虽因龄期原因未进行钻

芯等检测工作,但从施工过程、表面成型和侧面成型效果来看,内养护混凝土的施工性能良好,但长期使用效果仍需进一步观测。

a)表面

b)侧面

图 9-37 来宾至马山收费广场实体工程

附表

广西已建高速公路水泥路面一览表

序号	名称	开工时间	完工时间	里程(km)	路面结构层材料类型/结构层厚度(cm)					现状
					面层	功能层	基层	底基层	垫层	
1	桂林至柳州高速公路	1993.7	1997.5	138.425	普通混凝土/24	热沥青石屑/1	二灰碎石/18	无	级配碎石/18～20	2016 年拟加铺沥青罩面
2	钦州至防城高速公路	1994.1	1997.1	96.489	普通混凝土/24	热沥青石屑/1	二灰碎石/18～20	无	级配碎石/18～20	已加铺沥青罩面
3	南宁至北海高速公路那马至南间段	1996	1998.6	43.466	普通混凝土/24	热沥青石屑/1	二灰碎石/18	无	级配碎石/18～20	已加铺沥青罩面
4	柳州至南宁高速公路柳州至宾阳(王灵)段	1996	1998.12	137.911	普通混凝土/24	热沥青石屑/1	二灰碎石/18	无	级配碎石/18～20	已加铺沥青罩面
5	南宁至北海高速公路南宁至那马段	1996	1998.12	21.434	普通混凝土/24	热沥青石屑/1	二灰碎石/18	无	级配碎石/18～20	已加铺沥青罩面
6	柳州至南宁高速公路宾阳(王灵)至南宁段	1996	1999.1	86.399	普通混凝土/24	热沥青石屑/1	二灰碎石/18	无	级配碎石/18～20	已加铺沥青罩面
7	钦州至北海高速公路磨刀水至星岛湖段	1998.1	1999.1	50	普通混凝土/24	热沥青石屑/1	二灰碎石/18	无	级配碎石/18～20	已加铺沥青罩面

续上表

序号	名称	开工时间	完工时间	里程(km)	路面结构层材料类型/结构层厚度(cm)					现状
					面层	功能层	基层	底基层	垫层	
8	桂林绕城高速公路灵川至临桂段	1998	2000.5	23.53	普通混凝土/24	热沥青石屑/1	二灰碎石/18	无	级配碎石/18～20	已加铺沥青罩面
9	钦州至北海高速公路星岛湖至北海段	1999.1	2000.8	37.764	普通混凝土/24	热沥青石屑/1	二灰碎石/18	无	级配碎石/18～20	已加铺沥青罩面
10	钦州至北海高速公路石湾至十字路段	1999.1	2000.11	18.558	普通混凝土/24	热沥青石屑/1	二灰碎石/18	无	级配碎石/18～20	已加铺沥青罩面
11	南宁至吴圩机场高速公路	1998.11	2000.1	18.443	普通混凝土/24	热沥青石屑/1	二灰碎石/18	无	级配碎石/18～20	已加铺沥青罩面
12	宜州至柳州高速公路	1998.1	2000.12	112.737	普通混凝土/26	热沥青石屑/1	二灰碎石/18	无	级配碎石/18～20	原状
13	合浦至山口高速公路路十字路至山口段	1999.9	2001.12	37.334	普通混凝土/26	热沥青石屑/1	二灰碎石/20	无	级配碎石/18～20	原状
14	兴业至六景高速公路	2001	2003.8	99.807	普通混凝土/26	热沥青石屑/1	二灰或水稳碎石/20	无	级配碎石/18～20	原状
15	南宁至坛洛高速公路	2001	2003.12	72.768	普通混凝土/26	热沥青石屑/1	水稳/20	无	级配碎石/18～20	原状
16	河池水任至南宁高速公路都安至南宁段	2001	2003～2004	139.95	普通混凝土/26	热沥青石屑/1	水稳或贫混凝土/20	无	级配碎石/16～20	原状

续上表

序号	名　称	开工时间	完工时间	里程(km)	路面结构层材料类型/结构层厚度(cm)					现状
					面层	功能层	基层	底基层	垫层	
17	全州至黄沙河高速公路	2002	2004.12	22.3	普通混凝土/26	热沥青石屑/1～2	水稳/20	无	级配碎石/16～20	原状
18	苍梧至郁南高速公路	2003	2005.11	18.483	普通混凝土/26	热沥青石屑/1	水稳/20	无	级配碎石/16～20	原状
19	岑溪至梧州高速公路	2004	2008.1	65.45	普通混凝土/32	热沥青石屑封层/1	贫混凝土/20	水稳/20	级配碎石/20	原状
20	岑溪至兴业高速公路	2006	2008.12	137.183	普通混凝土/32	乳化沥青稀浆封层/0.6	贫混凝土/18	水稳/18	级配碎石/20	原状
21	全州至兴安高速公路	2006.7	2008.12	61.47	普通混凝土/32	乳化沥青稀浆封层/0.6	贫混凝土/20	水稳/22	级配碎石/18	原状
22	筋竹至岑溪高速公路	2008.1	2010.1	38.574	普通混凝土/30	—	水稳/20	水稳/20	级配碎石/20	原状
23	隆林至百色高速公路	2008.8	2010.12	177.849	橡胶沥青罩面/5＋机制砂混凝土/28	橡胶沥青应力扩散层/1	水稳/20	水稳/20	级配碎石/20	原状

注：二灰：石灰粉煤灰稳定基层。水稳：水泥稳定碎石基层。

参 考 文 献

[1] Vanikar S N. The Advances and Barriers in Application of New Concrete Technology[C]//2004 水泥混凝土技术与可持续发展研讨议. 2004.

[2] 申爱琴. 改性水泥与现代混凝土路面[M]. 北京:人民交通出版社,2008.

[3] Hall K T, Dawood D, Vanikar S et al. Long-life concrete pavements in Europe and canada[J]. Concrete Pavements,2007.

[4] Federal Highway Administration. Highway statistics 2011[R]. Wasington DC, The U. S. Department of Transportation,2011.

[5] Hansen W,Jensen E A, Mohr P. The effects of higher strength and associated concrete properties on pavement performance[J]. Air Voids,2001.

[6] Smiley D L. Fifteen year performance review of michigan's European concrete pavement [J]. Department Projects,2010.

[7] 傅智. 借鉴美国修筑技术提高我国水泥混凝土高速公路的质量(上) [J]. 中外公路,1995(5):22-26.

[8] Horne D. Belancio G,Garradine Jr S A,et al. FHWA Study of South African Pavement and Other Highway Technologies and Practices[J]. Contracting, 1997.

[9] 方福森. 水泥混凝土路面的调查研究[J]. 东南大学学报,自然科学版, 1964(5).

[10] Debroux R,Dumont R. Twin-Layer continuously reinforced concrete pavement on the N511 at estaimpuis (Belgium):an investigation of the optimization of surface characteristics[C]//The 8th International Conference on Concrete Pavements. 2005.

[11] 付智. 美国水泥混凝土路面滑模摊铺技术新进展[J]. 中外公路,2009,29(2):72-73.

[12] 祝新树,汪亚平,李华.《公路水泥混凝土路面设计规范》修订简介[J]. 公路,1994(12):12-15.

[13] 刘伯莹,姚祖康.《公路水泥混凝土路面设计规范》修订综述[J]. 公路, 2002(8):7.

[14] 傅智,刘清泉,牛开民,等.《公路水泥混凝土路面施工技术规范》(JTG F30—2003)编制介绍[J]. 公路,2003(7):9.

[15] 中华人民共和国行业标准. JTG D40—2011 公路水泥混凝土路面设计规范[S]. 北京:人民交通出版社,2011.

[16] 付智,李红. 高安全长寿命水泥混凝土路面结构优化[J]. 公路,2011,1:002.

[17] 长安大学,广西交通科学研究院等. 道路水泥混凝土组成设计研究技术报告[R]. 北京:中华人民共和国交通部,2008,

[18] 长安大学. 水泥混凝土路面基层长期性能研究总报告[R]. 西安:长安大学,2011.

[19] 邓学钧. 路基路面工程[M]. 北京:人民交通出版社,2000.

[20] 董开亮. 贫混凝土基层超厚水泥混凝土路面结构研究[D]. 广西:广西大学,2007.

[21] 杨桂通. 土动力学[M]. 北京:中国建材工业出版社,2000.

[22] 汪闻韶. 土的动力强度和液化特性[M]. 北京:中国电力出版社,1997.

[23] 白冰,肖宏彬. 软土工程若干理论与应用[M]. 北京:中国水利水电出版社,2002.

[24] 王星华,周海林,等. 振动注浆原理及其理论基础[M]. 北京:中国铁道出版社,2007.

[25] 陈四利,宁宝宽. 岩土材料的环境效应[M]. 北京:冶金工业出版社,2010.

[26] 日本土质工学会. 粗粒料的现场压实[M]. 郭熙灵,译. 北京:中国水利水电出版社,1999.

[27] 中华人民共和国行业标准. JTG/T F30—2014 公路水泥混凝土路面施工技术细则[S]. 北京:人民交通出版社,2014.

[28] 傅智,李红. 论长寿命水泥混凝土路面的整体结构优化[J]. 公路,2008,10:015.

[29] 徐国斌.《新建时速200公里客货共线铁路工程施工质量验收暂行标准》(信号部分)宣贯要点[J]. 铁道标准设计,2004(7):71-71.

[30] 王志军. 多雨潮湿地区级配碎石应用研究[D]. 北京:北京交通大学硕士学位论文,2009.

[31] 广西交通科学研究院. 耐久性路面技术研究报告[R]. 南宁:广西交通科学研究院,2011.

[32] 程涛,王国体. 不同脱空形式下水泥混凝土路面破坏应力分析[J]. 合肥工业大学学报:自然科学版,2009,32(4):515-518.

[33] 张擎. 考虑冲刷脱空的水泥混凝土路面设计研究[D]. 西安:长安大学硕士

学位论文,2009.

[34] 易志坚,吴国雄,周志祥,等.基于断裂力学原理的水泥混凝土路面破坏过程分析及路面设计新构想[J].重庆交通学院学报,2001,20(1):1-5.

[35] 吴超凡.贫混凝土基层混凝土路面层间作用机理及处治技术研究[D].长安大学,2009.

[36] 姚佳良,袁剑波,张起森.水泥路面蜡制隔离层与稀浆封层隔离层的试验研究[J].土木工程学报,2009(10):127-131.

[37] Suite N W. Best Practices for Airport Portland Cement Concrete Pavement Construction (Rigid Airport Pavement) [J]. Concrete Construction,2003.

[38] 黄立葵.美国路面结构与性能[J]. 公路工程,2005,30(3):157-161.

[39] 杨斌.混凝土路面几何因素对应力的影响分析[J].公路,2002,3:007.

[40] 杭伯安,王彦莹,杨忠宝.滑模摊铺水泥混凝土路面接缝设计研究[J].公路交通科技,1998,15(2):4-8.

[41] Stubstad R N,Jiang Y L, Clevenson M L,et al. Review of the long-term pavement performance backcaculation results—final report[R]. Washington DC, FHWA,2006.

[42] 黄晓明,邓学均.混凝土路面传力杆设置中几个问题的探讨[J]. 华东公路,1991,1:10-12.

[43] 胡迟春,王端宜.水泥混凝土路面传力杆相关问题的研究综述[J].中外公路,2009,29(2):82-86.

[44] 陈富强,谈至明.水泥混凝土路面横向接缝错台模型与应用[J]. 同济大学学报,2011,39(1):74-78.

[45] 彭鹏,田波,牛开民.水平安装误差时传力杆工作性能研究[J]. 公路交通科技,2011,28(6):62-66.

[46] 高伟.水泥混凝土路面传力杆设置间距分析[J]. 公路,2010,4:35-38.

[47] 广西交通科学研究院.水泥混凝土路面施工变异性及控制技术研究[R].南宁:广西交通科学研究院,2011.

[48] 长安大学.道路水泥混凝土组成设计研究[R].西安:长安大学,2008.

[49] 中华人民共和国行业标准.CCES 01—2004 混凝土结构耐久性设计与施工指南[S].北京:中国建筑工业出版社,2004.

[50] 广西交通科学研究院. 薄层橡胶沥青在北部湾水泥路面中的应用技术研究[R].南宁:广西交通科学研究院,2013.

[51] 马骉.超薄水泥混凝土路面结构设计方法[J].长安大学学报:自然科学

版,2004,24(4):1-5.

[52] 云南省公路开发投资有限公司曲靖管理处,广西交通科学研究院.云南曲胜高速公路K1+000~K15+600段路面养护处治工程关键技术研究报告[R].昆明:云南省公路开发投资有限公司,2014.

[53] Cusson D, Lounis Z, Daigle L. Benefits of internal curing on service life and life-cycle cost of high-performance concrete bridge decks-A case study[J]. Cement and Concrete Composit,2010,32(5):339-350.

[54] Esteves LP, Cachim P, Ferreira VM. Mechanical properties of cement mortars with superabsorbent polymers [M]. Advanced Construction Materials 2007. Springer Berlin Heidelberg,2007:451-462.